国际工程管理
经典案例解析

王道好　卢亚琴　蓝庆川　方　涛　李浩然　编著

U0330812

中国建筑工业出版社

前言

近几年，随着从国际工程管理实践一线逐步淡出，本人不时受邀到一些大学、专业培训机构或工程公司进行业务培训授课，主讲的内容涉及国际工程管理的方方面面。授课中发现，与系统地介绍国际工程管理的理论知识相比，学员们普遍对实际的工程管理案例解析更感兴趣，参与互动的热情更高，其中不乏一些学员对相关问题有自己独特的或深刻的见解。当然，这可能与学员们大多具有一定的国际工程从业经验有关。

鉴于这种情况，2021年上半年，本人受专业培训机构海菁汇之托，设计开发了一套"国际工程项目管理案例解析之招标投标"系列课程，共六个专题。因受新冠疫情影响，系列课程在海菁汇的线上课堂成功播出。

未曾想，播出的课程竟受到AECOM资深董事胡定成先生的关注和肯定。我与胡先生可谓君子之交，他长年深耕于工程管理领域，不仅自身事业做得风生水起，而且为人谦和、深具社会责任感又乐于助人。于是，胡先生将本人主讲案例解析系列课程一事告诉了中国建筑工业出版社。出版社的朱晓瑜编辑便联系我，鼓励我写一本工程管理案例解析方面的书。

起初，我还有些顾虑和犹豫，主要是担心自己的实践经验和理论水平有限，以个人浅显的国际工程从业经历，或许在授课中与学员们零星地分享个别案例尚能胜任，但要成书以实践案例来全方位系统地解剖国际工程管理，恐怕就难当此任了。但后来转念一想，与一次性的线上课堂案例分享相比，集案成书的受众面会更广，更具分享的便利性和持久性。而且，个人的国际工程从业经历，基本上伴随了中国当代国际工程行业从起步走到现阶段的全过程，期间积累的经验教训，既是个人的，也不同程度地带有时代烙印和行业的普遍性，特别是那些以沉重的代价换来的教训，更值得后来人警醒和借鉴。从这种意义上说，编写一本专门解析国际工程管理案例的书便有了一定的参考价值，即便写这样的书于自我是一个挑战，也不妨尝试着去做。

为丰富案例的多样性，扩大案例的内容和覆盖范围，以弥补个人工程经历和见识的不足，我在先前国外项目同事群里发布消息，欢迎大家参与编写本书，当即得到老同事们的积极响应。最终，卢亚琴、蓝庆川、方涛和李浩然答应参加编写，并很快确定了各自要写文章的篇目。有了这四位作者的加盟支持，我才有信心应承了出版社的要求。

动笔写书的过程，说来也是一件有趣的事情。如今，项目一词被赋予颇为宽泛的含义。试想，既然作者们都是做项目管理的，写作的内容又与项目管理密切相关，那么，何不将写作这一团队作业过程视为一个项目来运作呢？实际上，我们正是在推进写作过程中采用了项目管理的一些基本原则和方法，比如目标导向、进度里程碑、PDCA循环、定期沟通机制以及质量管控等，才有效保证了写作任务的顺利完成，甚至脱稿时间比预定的计划还稍有提前，尽管作者们天各一方，手头大多还有其他繁重紧要的工作要做，期间又受到新冠疫情和春节等因素的影响。

全书由五位作者分别完成的共计50篇文章构成，在整体安排上没有拘泥于项目管理的完整性和系统性要求，而是按国际工程业务的程序大致分为三个部分。其中，第一部分为市场营销，十篇文章；第二部分为项目招标投标，十一篇；第三部分为在建项目管理，二十九篇。而在每一部分也不强求面面俱到，文章中所作的分析多为根据各自具体的案例有感而发。具体到每一篇文章的结构安排，主要采取了以下三种结构形式：第一种是比较传统的案例分析形式，基本流程是先引入案例，然后进行详细的解剖分析，最后如有必要再作总结概括或提出改进措施；第二种是理论＋案例的形式，即在系统的理论阐述架构中穿插一些必要的实践案例，以增加理论的可信性和生动性；第三种是纯案例叙事形式，即只将一个相对完整的项目案例故事呈现出来，作者不作任何点评分析，将故事背后隐藏的东西留给读者自己去揣摩挖掘，相信每一个读者都能从中获得一份独特的认知感受。

本书中所选取的案例，基本都是作者们的亲身经历或见闻。除此之外，本人在写作过程中还参考采用了自己先前公开发表的一些文字、编写的培训讲义以及网络资料。

该书可为国际工程管理从业人员提供参考，也可用作相关业务培训和专业教学的辅助资料。因个人从业经历和认知有限，加之时间仓促，书中难免存在一些遗漏或谬见，恳请读者指正。

在本书付梓之际，谨以我个人的名义，感谢各位同事作者的合作支持和辛苦劳作，并代表全体作者，感谢家人们的理解和支持，还要特别感谢胡天成先生的鼎力相推和建工出版社朱晓瑜编辑提供的宝贵机会，使得本书能够顺利面世。

王道好

2022年6月于北京

目录

第三编　在建项目管理篇

第一编

市场营销篇

国际工程市场营销战略及其案例解析

王道好

1 战略案例及其解析

某国字头工程集团公司所属一个工程公司，地处西北地区，在职员工一万多人。虽然在员工规模上是个大公司，但经营规模不大，2008 年前的年产值不过 20 多亿元。而且，国际业务不强，之前充其量是给别的公司零星地做点劳务分包。整体发展水平在集团十几个工程公司排名中，属于中等偏下的局面。

为改变这个工程公司经营状况，集团从总部选派一个领导担任这个工程公司的总经理。新领导到任后，提出来要优先发展国际业务的战略口号，承诺在 3 年内经营规模翻 2 倍，年产值达到 60 亿元。

总经理去的时候还带去两个国际项目，一个是大型基础设施项目，一个是国际连锁酒店项目，总合同额在 100 亿元以上。该工程公司举全公司之力，并寻求与集团内外部的伙伴联营合作，加上新总经理从集团总部带过来的国际业务人才和社会招聘的人才，工程公司的国际业务一下子就打开了局面，这两个项目也干得有声有色，深得集团上下的好评。

这时，工程公司的一些领导似乎有点得意忘形，提出全公司国际化的战略目标，并且定了一个具体衡量指标，就是国际业务占比要达到 60% 以上。

应该说，提出全公司国际化的战略愿景是好的，对该公司的经营发展也具有一定的前瞻性。但是，他们犯了两个致命错误：一是他们初入国际工程市场，对国际工程市场不熟悉，也没有进行深入、细致的市场调研分析，包括对自身优势劣势的分析研判，对国际市场的风险性、复杂性及自身国际业务实力不足等缺乏清醒的认识。他们以为，集团内部有的工程公司成为国际强企，其国际业务占比达80%以上，认为自己提出60%是可以实现的。他们所没有注意到的是，别人的国际业务深耕细作了20余年，已经打下了坚实的基础。二是没有制定切实可行的发展战略，包括战略目标和配套的行动计划。大家都对这个愿景的热情和期望很高，都在那里喊"全公司国际化"。但是，如何把这个愿景转化为可分解、可执行的战略目标，比如计划多少年实现，分几步实现，第一步实现多少，第二步实现多少，在哪些专业领域、哪些市场国家地区实现，或者由哪个专业子公司率先实现等；相应地要采取哪些配套措施、配置什么样的资源等。这一系列问题，缺乏全面系统的战略统筹规划。没有战略规划支撑的愿景，再美好也只能是愿景。

"人无远虑，必有近忧"，受美好愿景的盲目驱动，加之国际业务的经验和资源不足、管理制度规范不健全等因素，工程公司在一些国际项目营销投标和在建执行中，接连出现严重的失误，造成严重的经济和声誉损失，也影响到工程公司及其领导在集团公司中的形象。

至今10余年过去了，工程公司的这个美好愿景好像仍然只是一个愿景。

这个案例充分说明了战略在一个工程公司国际工程业务中的重要性。国际工程市场营销作为国际工程的核心业务之一，其发展壮大自然也离不开相应的战略引领，特别是企业领导，更应该从大局和全局出发，注重市场营销战略的管理。

国际工程企业首先要通过市场分析，对国际工程市场的环境、结构分布、发展现状、未来趋势、潜在机会以及竞争对手的情况，有比较全面、系统的了解。并通过自我的优劣势及机遇挑战分析，来掌握自身的家底。在此基础上，企业可以结合自身的实际情况，综合考虑企业的经营理念、业务范围、资源配置、竞争实力及市场地位等多种因素，制定与自身发展需要相适应的市场营销战略。这是制定市场营销战略的前提条件。

市场营销战略是指，企业在现代市场营销观念下，为实现其经营目标，对一定时期内市场营销发展的总体设想和规划。相应地，国际业务市场营销战略就是，国际业务企业为适应环境和市场的变化，站在战略的高度，以长远的观点，从全局出发来研究市场营销问题，策划新的整体市场营销活动，具有全局性、长远性、纲领性、竞争性、应变性和稳定性等特点。

国际工程市场营销战略一般由营销战略目标和实施行动计划构成，简而言之，就是目标加路线图。

2 营销战略目标

2.1 定义与特点

国际工程市场营销战略目标，是在国际市场营销中对企业使命的进一步具体化，是国际工程企业希望通过市场营销活动在一定时期（比如 3 ~ 5 年或更长）内达到的市场占有率或在竞争中达到的地位，既可以是定性的，也可以是定量的；既包括量的目标，也包括质的目标：如提高企业形象、知名度，获得客户等。

市场营销战略目标作为市场营销战略的重要内容，不仅具有市场营销战略的特点，而且又有自身的一些特点，总括起来有如下几点：

（1）宏观性。即它是对企业市场营销工作的一种总体设想，其着眼点是整体而不是局部。

（2）长期性。即它的着眼点是市场营销的未来和长远，它所设定的目标是一种长期的任务，绝不是一蹴而就，需要企业经过相当长的努力才能够实现。

（3）稳定性。营销战略目标既然是一种长期目标，那么它在其所规定的时间内就应该是相对稳定的。这样，企业的经营活动才会有一个明确的方向，大家对目标的实现才会树立起坚定的信念。

（4）全面性。科学合理的营销战略目标，总是对现实利益与长远利益、局部利益与整体利益的综合反映。目标虽然总是概括的，但它对人们行动的要求却又总是全面的，甚至是相当具体的。

（5）可分性。营销战略可以分解成某些具体目标、具体任务和具体要求，不仅在内容上可以分解，在空间上和时间上也可以划分。只有把战略目标分解，才能使其成为可操作的东西。

（6）可接受性。企业营销战略的实施和评价主要是通过企业内部人员和外部公众来实现的，因此，营销战略目标必须被他们理解并符合他们的利益；其表述必须明确，有实际的含义，不至于产生误解，易于被企业成员理解的目标也易于被接受。

（7）可检验性。营销战略目标必须明确，具体地说明将在何时何地达到何种结果。目标的定量化是使目标具有可检验性的最有效的方法。

（8）可挑战性。目标本身是一种激励力量，可以激发组织成员的工作热情和献身精神。

2.2 战略目标内容构成

营销战略目标的确定可以分两种情况来进行：一是对于刚成立或刚开始涉足国际工程业务的企业来说，制定市场营销战略的首要工作是选择建立目标；二是对于具有一定历史经验的国际工程企业来说，就是根据市场和自身的发展变化情况，对已有市场营销战略目标作相应的更新调整。不同的国际工程企业，在不同的发展历史时期，其营销战略目标或其侧重点也不尽相同，主要包括以下6个方面或叫6个维度。

1. 确定国际业务在企业经营业务的份额占比

国际工程企业根据其国际业务在其整个经营业务中所占比例的不同，可以分为以下几种：

（1）探索型国际工程企业，即该企业原来从事国内工程，现在开始拓展市场，探索进入国际工程市场。像上述案例中的那个工程公司，在当时就处于国际业务的起步阶段，属于探索型国际工程企业。

（2）成长型国际工程企业，即在已有部分国际业务的基础上，逐步增加国际业务在其整个经营业务中的比例。

（3）稳定型国际工程企业，即在一定时期内，企业的国际业务占比相对变化不大。

（4）收缩型国际工程企业，即企业的国际业务占比呈逐年下降的趋势。

（5）国际化国际工程企业，即国际业务已经成为企业的主要业务和支柱业务。

（6）纯国际工程企业，即该企业的经营业务全部为国际相关业务，像早年某些行业的对外窗口企业，多年来一直坚持只做国际工程业务，即属于纯国际工程企业。

国际工程企业在制定或修改市场营销战略目标时，要根据自身的实际情况和对市场的判断，选择确定未来几年内国际工程业务在整个公司业务中应达到或保持的占比。

2. 确定国际工程结构分布

国际工程根据业务结构的不同可分为：1）投融资；2）设计咨询；3）工程承包商；4）专业分包/供货安装；5）劳务或其他服务。

国际工程按专业领域分为房屋建筑、制造、工业／石化、水利、排水、交通、有害废物处理、电力、电信及其他十大类。

一般来说，有实力的金融机构或项目开发单位，可以选择做项目投融资和项目开发，如中电投，还有国家电网下面的一些公司；工程施工单位可选择工程承包和分包，这个是最常见的；设计单位可选择项目设计、咨询和管理服务，这个方面中国有，但总体上讲，其国际业务实力还不强；制造安装企业可选择专业制造安装分包，小型企业可做国际工程的专业分包和劳务分包。大型、特大型国际工程企业可以一业为主，逐步向全产业链延伸，并做到业务领域全覆盖。比如，设计单位可以尝试做项目开发或总承包管理；知名综合性国际工程建设企业可以总承包为主，逐步开始进军工程设计咨询和项目投资开发，必要时也做一些项目分包，在业务领域上以土木工程为主，与之相关的所有专业领域都有能力经营。目前，几个央企集团公司，比如中建、中交、中铁工、中电建、中能建等等，大体上都是这种模式。

在国际市场中扮演单一角色，且从事单一业务领域的国际企业，其业务结构为单一结构；同时承担不同领域业务的国际企业，其业务结构为复合结构。

在确定或调整国际市场营销战略的结构目标时，通常面临以下几种选择：

（1）保持原有结构不变。比如在未来几年内，原来做工程总承包的仍做总承包，原来以机电产品出口为主业的仍然以机电产品为主业。

（2）结构转变。即单一结构转变为复合结构或者相反，相应地表现为国际市场营销的战略拓展或战略收缩。

（3）结构内部调整。对于单一结构来说，即包括从一种主体转变为另一主体，如从分包转为总包，从劳务转为专业分包等；也包括从一种领域转变为另一领域，比如从房建转变为水利，从石化转变为电力等。对复合结构来说，结构的内部调整是指对各种业务或专业领域的比重进行适当调整，比如增加投融资的比重、减少分包的比重，或减少对建筑、水利的投入以增加对交通领域的业务比重；或者在机电产品出口中，减少一般设备的份额，增加高附加值产品的份额等。

另外，国际工程按项目规模的大小可以分为超大型、大型、中型和小型等多种。因此，国际工程企业在选择市场营销战略的结构目标时，可能还需考虑对项目规模的倾向性。这种倾向性应与公司的综合实力和特点相适应，比如特大型、大型国际工程企业可能更倾向于承揽超大型、大中型项目；中型企业可以承担大、中、小型项目；而小型企业或许只能承担中小型项目，或在超大型或大型项目中担任分包任务。

3. 确定企业在国际市场中的地位

企业在国际市场中的地位，可以通过以下两个指标来确立：1）行业排名；2）市场份额占比。各指标又可细分为多项子指标，比如行业排名除综合实力排名外，还可细分为营业收入、合同规模、利润指标、人才指标、劳动生产率等多个子项，其中前三项最为重要。企业的排名越靠前、份额占比越高，则其市场地位越高。

国际工程企业的市场地位，根据不同的空间范围和竞争对手群体，可以细分为以下四个层次：1）国际工程行业的全球排名，最著名的有美国 ENR 排行榜，基本囊括了每年全球最大的 250 家国际工程承包商企业。另外，国际工程企业还可以加入世界 500 强企业排名。2）国际工程企业在本国同行业竞争者中的排名。3）国际工程企业在项目所在国或地区的竞争排名。4）国际工程企业在某一业务或专业领域的排名。

总体来说，中国的国际工程企业在世界的排名还是不错的，这几年在 ENR 的排名中，中国公司数量约在 1/4 到 1/3 之间，而且一直在不断增多。2020 年中国有 74 家企业上榜，中交位列第 4，中电建第 7，中建第 8，中能建第 15 位。

对于众多的中小型国际工程企业来说，每一个企业在国际市场上的地位、作用和影响力都是微不足道的，可以结合实际，制定更为长远的市场营销战略地位目标计划，并尝试从某一国家地区或某一业务、专业领域寻找突破口，力争为自身在局部市场或业务领域赢得一席之地。

对于大型知名国际工程企业来说，确定市场营销战略地位目标，就意味着在此战略实施期间内，是保持原有的市场地位，还是进一步提高市场地位，以及提高多少等方面的选择。

4. 市场划分和目标市场的选择

国际工程企业可以根据市场空间和规模大小的不同，将市场分为三种：1）单一国家市场，即国际工程企业只在某一个国家从事经营活动；2）多国市场，即企业同时在多个国家从事经营活动；3）全球市场，即企业将整个世界市场看作自己的业务市场。

国际工程企业可以根据上述国际市场的划分，结合本身的实力和业务结构特点，选择不同的模式进入目标市场，通常包括以下 5 种模式：

（1）单一市场集中化。即企业只选择一个目标市场，对其采取集中营销的策略，将市场做深做透，占据市场主导地位，即一个市场，多种业务。但是，高度的集中化会带来较高的市场风险。

（2）选择性专业化。即企业有选择地进入几个目标市场，这些目标市场符合企业的目标和资源条件，且市场间相互影响较少，分专业化的策略可以减少企业的市场和经营风险。即选择特定的几个市场，只做特定的一项业务，有限的市场，单一业务。

（3）产品和服务专业化。即企业只提供一种工程产品或服务，比如石化工程公司、发电设备或玻璃幕墙生产厂商以及工程咨询公司等，都可以选择这种模式，以发挥自身的专业优势，将产品和服务做精做细，从而在市场竞争中占据一席之地。即市场不限，单一业务。这种模式比上一种市场规模更大。

（4）市场专业化。即企业对有限的目标市场提供多种工程产品和服务，以满足目标市场国家不同客户的不同需求。有限市场，多项业务。

（5）全面进入。即企业在全球范围内向不同的客户提供不同的产品和服务，这一点只有实力雄厚的企业才能做到。全球市场，全产业链业务。

小型国际业务企业，或探索型国际业务企业，可以选择某个单一市场集中化的模式。专业化国际业务企业可选择产品和服务专业化的模式。大中型国际工程企业则与多国市场相适应。特大型国际工程企业则要将全球视为自己的市场范围，即可选择全面进入的模式。

对于大多数已经从事多年国际业务的企业来说，所要面临的选择则更多的是对市场布局的调整，即：1）是否保持原有国家市场不变？2）如果改变，是收缩还是扩展，该退出哪（几）个国家市场，该进入哪（几）个新的国家市场？3）对于全球市场来说，市场的格局、侧重点和营销的组织网络是否需要进行重构调整以及如何进行重构调整？

5. 确定营销发展目标

国际工程企业市场营销战略的发展目标主要包括以下几个指标：1）未来几年内每年新签合同额和订单数量，以及战略期内的新签合同总额和订单总数，反映的是营销发展的规模；2）战略期内新签合同额的年比增速，反映的是营销发展的速度；3）企业的合同存量，体现了企业经营发展的潜力；4）战略期内的利润额和利润率，不仅体现了企业的经营质量，也在很大程度上反映了市场营销发展的质量及未来潜力。

在制定营销发展目标时要进行综合考虑，既要有发展速度和规模，更要注重发展的质量和效益。速度和规模是短期利益，质量和效益是长远利益，须做到二者的平衡、统一才是科学、合理的。中国的国际工程企业，以前大多是只讲发展速度和规模，不讲质量和效益，很多公司都是大而不强。现在，这种情形有所好转。

6. 选择确定目标项目

规模相对较大、生命周期相对较长的一个或数个重要工程项目，可能会对一个国际工程企业一段时期内的经营发展起到关键性的作用，这样项目的营销过程可能需要耗费较长的时间和较多的其他投入，一旦签订合同对营销成果指标的影响也很大。因此，在确定市场营销战略目标时，还要瞄准一个或几个与企业能力特点相适应的重点项目作为目标项目，进行重点跟踪和营销。

除此之外，市场营销战略目标还包括一些其他目标，不再逐一展开讨论。

由上可见，市场营销战略目标不是一个简单的目标，而是由多种目标形成的组合目标，即目标体系。国际工程企业在制定市场营销战略时，可以根据自己对市场形势及自身情况的把握判断，相应地选择确定各种目标，构建企业独具特色的市场营销战略目标体系。

3 市场营销战略行动计划

在确定市场营销战略目标后，还要制定营销行动计划，并通过实施行动计划来达到营销的战略目标。行动计划一般包括以下几方面的内容：

1. 战略目标分解

就是将上述总的市场营销战略目标体系进行逐级分解，分解的方式和层级如下。

（1）时间分解：按年度进行分解。

（2）组织分解：按部门进行分解，即如果国际业务企业有多个市场营销部门，需将年度总目标分配到各个部门。

（3）空间分解：按市场区域或国家进行分解。

通过这样的多重分解，就构建了国际工程企业市场营销战略目标的多维网络体系，明确了企业不同层级的各个营销单元组织每一年度的具体营销任务目标。

2. 领导与组织机构设计

对新进入国际工程市场的企业来说，首先要在公司领导层进行分工，确定一名领导，负责分管全公司的市场营销工作，通常都是公司行政一把手（即公司总经理）负责主抓市场营销工作。然后，建立相应的总部市场营销管理部门，部门设置要综合考虑公司的组织结构、业务流程设计、规模大小、市场范围、国际业务占比等因素，使部门设置与之相匹配。可以按市场区域（国家）或业务领域的不同，来设置一个或几个专门从事市场营销的部门或分公司；也可以是将市场营销与在建项目管理业务合并，来设置一个或几个业务部门或分公司。二者各有利弊，前者可以发挥各自的专业优势；后者则责任明确，容易实现业务统筹。完成部门设置后，要对各部门进行岗位设置和责任分工，包括部门负责人和员工的数量、岗位及其责权范围等，并根据岗位设置进行人力资源配置。这些是要在总部采取的组织措施。

在完成企业总部市场营销的领导和组织机构设计后，还需要在各个市场区域或国家相应地进行领导和组织机构设计，遵循的原则和流程与上述类似。事实上，这一过程同时也是在构建国际市场营销的组织网络体系。

对于已经从事国际工程多年的企业来说，市场营销的领导与组织机构设计，就是根据新的营销战略目标要求，若有必要，对原有的企业总部和境外营销网络的领导与组织机构进行重构调整。

需要说明的是，企业的市场营销领导与组织机构设计，也是企业的组织管理和领导管理的一部分内容，本质上是一种生产关系的调整，是对企业内部相关组织结构的变动和改革。这中间牵涉的因素很多，波及企业众多领导和员工的岗位调整、业务分工和利益关系，处理不当容易造成人心浮动、人才流失和工作瘫痪等现象，因此会对公司的市场营销业务本身造成不利影响，花费的成本也高。所以，决策要慎重，设计要科学、合理，行动要迅速。并且，一旦确立要保持相对的稳定性，这样才能有利于公司市场营销业务的发展。有些公司领导层头脑发热，盲目决策，想什么时候改就什么时候改、想怎么改就怎么改，七一折腾八一折腾，本来好端端的一个公司，没几年工夫就被这么瞎折腾给整垮了，这样的教训是极其深刻的！

早先曾经有一个国际工程公司，每年开完工作会议后，都要搞一次内部竞聘，部门领导选员工，或员工选部门，折腾一次前后没有 3 ~ 5 个月消停不下来，搞得公司上下人心惶惶，没办法正常开展业务。没折腾几年公司就被折腾垮了，最后大卸八块被肢解。总经理是正厅级干部，临退休了还因此背了个行政处分。

3. 建立或修订市场营销管理制度

主要包括市场营销岗位责任制、员工守则、市场营销管理办法、程序文件、驻外机构管理办法以及业绩考核办法等。管理制度也可以是形成一套相对完整全面的国际市场营销业务指导手册，用于规范市场营销各参与方的行为和各个营销环节的活动，主要内容涵盖国际市场营销管理的目标、体系、战略、组织网络、职责、业务流程（公共关系管理、项目信息备案及投标立项、投议标管理、投标评审、递交标书、合同谈判和缔约）、品牌、激励机制、保密原则等管理流程与要求，以及市场营销管理过程中需要用到的各种文件格式模板。

新进入国际市场的企业，需要起草建立这样的管理制度；老的国际企业则需要根据营销战略要求，对原有管理制度进行必要的修改完善。比如某一集团公司对市场营销战略进行了部分调整，将原来的由集团负责的集中营销模式改为集团集中营销与各子公司自主营销相结合。为适应新的营销战略，集团公司更新了营销管理制度和流程。

4. 确定新目标市场的进入方式

如果根据市场分析和营销战略要求，国际企业确定要开拓一个或多个新的目标市场区域或国家，或者要进行业务结构转型，则都面临着如何进入新目标市场的问题。通常有间接进入和直接进入两种方式，每一种方式又有多种渠道。

间接进入包括：1）分包进入。也叫"借船出海"，就是通过为在该市场中已有工程企业的在建项目承担分包任务的方式，进入该市场。2016年北京一家建筑公司进入阿联酋市场，就是从给另一个中资公司整体分包一个房建项目开始的。2）代理进入。就是通过与对该市场有一定的影响力和人际关系的组织或个人开展代理合作，进入该市场，代理组织或个人可以是来自目标市场国、第三国或者与企业同属一个国家。3）联营进入。就是与目标市场国家已有企业（本地企业或国际企业分支机构）组成项目联营体投标经营项目，从而进入该市场。

直接进入包括：1）项目进入。即独自通过直接参加公开投标和经营项目进入新市场，这些项目主要是通过公开渠道获得其招标信息，如国际金融组织融资的项目通常要求发布国际招标公告。2）网点进入。即先在该目标市场设立营销网点，如成立代表处、分公司、区域总部等形式。然后，逐步熟悉市场，开展营销工作。

5. 制定进度计划

主要是针对新建或调整组织机构、营销网点的进度安排。为尽快开展市场营销工作，确保营销战略目标的实现，必须尽快完成相关的人事安排和机构设置，以免造成人心浮动、组织瘫痪，无法开展正常的业务活动。

6. 编制费用预算

即本战略期内市场营销所需全部成本的计划安排，主要包括：

（1）费用支付方式。各个部门和营销网点的年度费用是采取总额包干、人均费用包干的方式，还是采取基本费用加业务提成的方式等。

（2）费用来源。是由企业总部统筹还是采取各部门、营销网点自筹资金，或者采取二者分摊的原则。

（3）费用分解。即按年度、部门、驻外机构及费用明细等，将总的营销费用预算进行分解。

7. 编制营销专项培训计划

主要包括培训的目的、对象、时间安排、培训方式和培训内容等。培训的内容根据不同的培训对象不尽相同，主要包括业务培训和语言培训。业务培训的内容包括公司的总体情况、管理制度、营销战略和业务流程、新市场国家的环境、新业务领域的专业知识和工作流程、营销人员的礼仪与行为规范、营销策略技巧、境外安全和纪律教育等。

8. 选择确定市场营销方式方法

即选择确定为保证实现目标而在进行市场营销时应采取的策略。根据营销主体的不同，营销策略可以分为集中营销和自主营销两种方式。根据营销方法的不同可以分为无差异市场营销和差异化市场营销。

所谓集中营销，就是企业整合集中所有的营销资源和力量，对其进行分工和部署，统一开展市场营销，对外使用统一的品牌。

自主营销，就是企业允许各下属子企业或驻外机构，利用自身的资源和优势，独自开展市场营销，可以灵活使用旗下的多个品牌。像中国电建，除了电建这个品牌外，旗下还有中国水电、中水电顾问、山东电建等多个品牌，都可以在国际业务活动中灵活使用。各个子公司也可以独自对外洽谈承接项目。

无差异市场营销，即国际企业设计出一套标准化的营销方案，在所有的目标市场中采取单一的营销策略去开拓市场。这种策略比较适合于从事单一工程产品和服务经营活动的企业。

差异化市场营销，即根据产品和服务的不同性质，以及目标市场或目标项目的不同特点，采取不同的营销策略组合，以满足不同市场和客户的需求。

实际上，市场营销的方式方法还有很多种，属于市场营销的策略选择。在实施国际业务市场营销时，还可以根据具体情况，灵活采取多种策略组合在一起加以运用。

总之，市场营销战略目标及其行动计划，就构成了国际工程企业某一发展时期的市场营销战略，它对企业未来一段时期的发展具有重要的指导意义。因此，企业领导层应高度重视营销战略管理，亲自参与到战略规划的决策和制定过程中来。战略目标要定得科学合理，措施要切实可行，并应取得广泛共识。营销战略一旦确定，应通过适当的方式，如公司年度工作会议、职工代表大会、市场营销专题会议、公司文件或总部到驻外机构宣贯等方式，在全公司范围内得到贯彻执行。

同时，还要注重战略实施过程的动态监控，定期对执行效果进行评价和必要的调整修改，公司总部层面的评价调整以每年进行一次为宜。

国际工程高层营销风险案例分析

卢亚琴

1 高层营销案例

1.1 案例 1

2020 年 8 月 4 日各大主流媒体报道，现年 82 岁的某国前国王卡某斯目前正在其国内和国外某国分别接受涉及贪腐的调查。该国最高检已于当年 6 月开始对前国王涉嫌非法介入该国某公司某国际高铁项目并从中牟有私利 1 亿美元一案立案调查。在这起案件中，该公司成功夺标，修建国际高速铁路，造价为 67 亿欧元。卡某斯于 2014 年退位给其儿子，在上述丑闻爆发后选择流亡海外，这一贪腐丑闻在本国社会甚至世界范围内给其王室造成极大的负面影响。

1.2 案例 2

2004 年，N 国国家石油公司为获得 Y 国天然气开采权事件曝光，按照美国反贪污贿赂法，该国国家石油公司与美国司法与证券交易委员会于 2006 年达成解决协议，该国国家石油公司支付 1050 万美元罚款，其 1050 万美元利润被同时罚没，连同 300 万美元刑事处罚罚金，另要求其接受外部合规咨询为期 3 年的内控评估和美国反贪污贿赂法合规督导。该事件的余波导致公司名声和财务损害，其董事会成员及 CEO 整体更换，直至 2009 年公司的年报中呈现的公司治理之风险管控才趋于正常。

1.3 案例 3

英国油气领域某承包商的全球营销主管，于 2019 年 2 月在英国法院承认，在 Y 国和 S 国油气承包业务交易中相关 11 项贿赂指控，承认为赢得项目中标曾付钱给中间人。另外，该营销主管于 2021 年 1 月在英国法院承认，公司在 2012 年至 2018 年间累计行贿中间人 4200 万美元，获取 A 国油气项目中标额累计 35 亿美元。A 国石油公司于 2021 年 3 月 15 日正式颁布该承包商在其油气领域的项目投标禁令，同时殃及与其正在进行联合体投标的中资企业投标业务。伦敦南华克刑事法庭对该承包商处以 1.05 亿美元罚款，并判处当事人该营销主管两年刑期。经过几年的公司治理和新政策程序修改，确保其商业行为遵守相关法律法规，A 国于 2022 年 3 月 16 日取消上述禁令，但 Y 国和 S 国的禁令仍然有效。

2 风险分析

随着中国政府自 2000 年以后出台的各项政策，包括走出去、"一带一路"、国际产能和装备制造、境外工业产业园等有利于中资企业在国际市场签约的利好政策，央企、地方国有企业、私企前赴后继走入国际市场承揽业务，代理费成为行业内默认的项目开发必需费用。但随着中国政府对全球化的推进、多变金融机构采购规则、中资企业人才国际化能力日趋成熟，央企制度中明确业务要给合规让路的原则，国际工程公司高管需调整营销策略保证经营活动合规，并经得起国内外机构的审计。

合规是中资企业与国际商业法律的对标。外部审计公司的年度审计治标不治本，企业内部的月度或季度审计、风控渗透进各级管理行为才是将企业行为规范化的必走之路。

企业在开发国际市场，尤其是新进入一国别市场时，往往需要代理人对接公共关系，向当地业主推荐企业能力，提供当地政商情资、商业或法律咨询，帮助企业避免不可预见损失等。但需要注意的是，代理业务在成为一种合法商业行为的同时，也可能成为个别企业市场开发人员利用代理人进行贪腐的管道，具体表现为：1）代理人收取代理费后，与市场开发人员直接进行二次分配；2）通过分包商贪腐，即市场开发人员利用业主审批分包商资格的权力，与代理人、分包商串谋抬高分包价格并以分包商资质或履约能力等软实力为由，排除其他分包商的竞争资格。分包商中标后直接向代理人、业主、企业市场开发人员输送利益。

另外，一些市场开发决策者盲目采信代理人信息，容易造成决策失误。市场开发应以实现项目盈利、促进企业发展为基本原则，高层营销人员不应受代理人单方面提供项目预算信息的影响，不应干涉项目技术商务专家对项目实施重点难点及风险的判断意见。否则，极易造成报价决策失误，导致报价水平严重偏离正常范围。报价过高将失去宝贵的竞标机会，过低则加大中标履约风险，特别是若听信代理人的标价信息，以非合理低价中标，项目进入履约阶段后，不仅项目团队执行困难重重，同时因经济纠纷案件、履约失败的严重后果，影响公司在驻在国建立起的声誉，业绩下滑继而导致人才流失，造成企业发展困局。

3 高层营销决策人员的职业素养要求

国际工程的高质量发展要求一个国际工程的全生命周期都做到风险可控，而高层营销决策人员良好的职业素养对规避项目前期风控具有重要作用，包括决策者的大局意识、法律意识、责任意识、诚信意识、环保意识、合作意识、安全意识以及奉献精神和团队精神等。

大局意识。就是须坚持国家利益高于一切的原则，努力树立和维护国家和企业的国际形象，积极促进国际经济合作和文化交流。

法律意识。主要包括：遵守我国宪法和各项法律和政策；遵守市场国家的法律、宗教信仰和风俗习惯；遵守行业规范，自觉维护行业秩序；遵守企业的各项规章制度；严格遵守合同的规定，认真履行合同规定的义务等。

责任意识。即认真履行岗位职责，促进企业经济效益的提升，推动企业在工程所在国的健康发展，维护企业的利益。同时，积极履行企业责任，为工程所在国的经济、社会和文化发展作贡献。

诚信意识。按合同规定履约，重约守信，保证项目的质量、安全、健康和环保。拒绝商业欺诈和商业贿赂行为。

环保意识。在营销提案中注意保护当地环境，具有绿色建筑和低碳经济意识。注重环境友好和节能的协调，将保护环境贯彻于项目全生命周期。

合作意识。具备行业共同发展理念，能与总部、驻在国机构有效沟通，能与项目经理部其他人员共同合作，履行合同。能与国内外分包商、供应商及其他相关干系人沟通和合作。能与本国员工、当地雇员和第三国雇员沟通和合作，共同实施项目。

安全意识。具备安全风险洞察力，能判断并采取措施应对恐怖活动、战乱、政变、动乱、生产事故、自然灾害等对人员和生命财产造成的危害。

奉献精神。具有强烈的事业心和奉献精神，积极进取，勇于创新，能全身心投入工作中，为实现目标奋斗开拓。

团队精神。有较强的凝聚力和号召力，公私分明，心胸开阔，从善如流，善于沟通交流和协作配合，能带领团队实现共同的目标和战略。

4 专家的作用和要求

在市场开发中，技术商务专家不应受行政权力影响，对项目技术商务重难点及风险做出合理判断，不仅要从设计技术路线、施工资源配置、价格水平上做到科学合理真实，而且要从法律、商务、合同、履约各个维度对风险上行或下行尽可能量化，将下行风险合并入工程成本，将上行风险合并入潜在利润或不可预见费，并在项目执行过程中将上行风险转化为利润。同时，风险量化能为高层决策提出可行意见，但应注意在量化时既不能无谓拉高风险量化值，也不能过于冒险激进对风险没有应对措施，还要根据合理量化的风险大小，在投标阶段提前谋划、适度部署或配置可化解风险的资源。

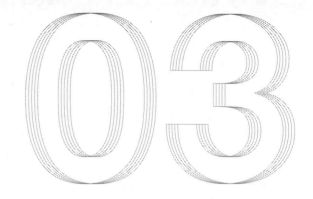

境外市场营销七步实操程序详解

王道好

本文以一个国际工程企业采取直接进入的方式新开辟一个国际工程市场，在目标市场国家或地区开展市场营销工作为例，来讨论市场营销的实操程序。从进入目标市场国家到最终获得项目合同，通常要经过以下 7 个程序步骤：1）设立市场营销网点；2）熟悉当地市场情况；3）建立市场关系；4）获得项目信息；5）确定目标项目；6）开展目标项目营销；7）组织参与项目招标投标。现详解如下：

1 设立市场营销网点

1.1 三个条件要求

要在一个国家或地区开展市场营销，应尽早在当地设立组织机构。组织机构要满足以下三方面的要求：

1. 符合公司总部的决策

营销组织机构是公司总部国际工程市场总体营销网络布局的组成部分，机构的名称、形式、位置、营业范围、作用、规模、内部结构及主要负责人等，应按总部的决策和总体营销战略部署的要求执行。

2. 符合当地相关法律法规

目标市场国家对外国公司在当地开展工程业务活动的组织机构，可能会有明确的要求，一般都会要求必须先注册成立合法的组织机构才能营业。中东一些国家要求，境外公司必须与当地组织或个人组成联营公司，且当地人的持股比例至少占51%。除此之外，一些国家还可能有业绩资质方面的要求，甚至对办公场所的大小、设施配备、人员构成等都有明确要求。因此，设立境外分支机构时应按其规定，到当地有关部门申请注册，获得经营许可和资质。

3. 满足工作需要

设立境外组织机构是为了便于在当地开展市场营销业务，因此，机构的性质、规模、结构及资源配置要与其承担的任务相适应。如不相适应，要么不能满足工作需要，要么造成资源浪费，影响工作效率。

1.2 营销机构设立的程序

组建境外营销组织机构的一般程序是：

（1）到当地相关部门了解成立组织机构的要求；

（2）按其要求准备申请文件，包括机构负责人的授权文件；

（3）准备办公场所设施；

（4）提交申请文件供当地主管部门审核，审核期间当地主管部门可能还会亲自去办公场所实地核查；

（5）获得经营许可和资质；

（6）完成组织机构内部人员配置和相关管理制度、工作生活设施等建设；

（7）到中国驻当地使领馆、经商参处或行业协会登记备案。

需要说明的是，一些国家对申请文件要求极为严格，因此，申请的递交可能遭遇多次反复，耗费较多的时间和费用，需要公司总部及相关方的大力支持和配合。如果对业务流程要求等不熟悉，公司可以考虑聘请当地有经验和人脉的公司或个人代为办理或提供咨询服务。笔者在迪拜曾工作过的一个中阿合资公司，其当年注册申请就是委托一个专业代理全程办理的。

1.3 机构的名称、规模与作用

根据境外营销组织机构的作用和规模不同，机构的名称可以是办事处、代表处、经理部、分公司、区域总部等形式。其中，办事处、代表处规模较小，一般只能承担市场信息的收集工作和招标投标的现场沟通协调工作，并为在建项目（若有）提供一些服务。经理部、分公司则可以全面负责一个市场国家的营销和在建项目的经营管理工作。区域总部可以直接负责一片区域市场内多个国家国际工程经营管理工作。如果需要，可下设多个国家代表处、经理部、分公司等分支机构。中国很多国字头的工程集团公司，海外业务的营销网络就采取这种布局模式。

1.4 机构的选址

机构的位置一般选在当地国的首都或经济相对发达的城市或工程市场集中的地区。如果已经有在建项目，也可选在项目所在地，或与其办事处合署办公，达到资源共享、节约成本的目的。

1.5 机构的性质

境外组织机构的性质通常是公司总部全资拥有；或按当地法律规定，与当地组织或个人名义共同出资。有实施在建项目的，也可以考虑用项目登记注册，成立项目公司。而私营企业在选择对外开展国际工程合作的方式上，可以有更多的灵活性。

1.6 两点说明

1. 资源配置的本土化国际化

在内部资源配置方面，不仅有来自企业总部的资源，也可以利用当地或来自第三国的资源，特别是人力资源。利用包括当地人力资源在内的国际资源，往往不仅具有成本优势，而且他们熟悉当地情况，没有语言障碍，又方便管理，也体现了企业的国际化形象，值得在资源配置时充分考虑。

2. 注册证照的审核升级

如果当地法律法规要求对营业执照年审，则应按其要求进行年审。经营过程中，如果业务的发展需要更高级别的营业资质，则可按要求申请办理资质升级。

2 熟悉当地市场情况

在制定国际工程市场营销战略、确定目标市场国家时，通过对国际工程市场的分析，我们对全球及目标国家的国际工程市场在整体上有了初步的了解，但这种了解只是宏观层面的，尤其是对目标国家的市场情况的了解还不够深入、细致。因此，一旦进入一个目标市场国家开始进行营销工作，还需进一步分析了解该国的具体市场情况。

相对于全球市场情况的宏观分析，对一个国家的市场情况所作的分析属于中观分析，分析的内容基本与宏观分析相似，只是针对的市场领域局限于该国的国际工程市场，要求更为具体透彻，包括：

1. 该国的市场环境

如政治、经济、法律、社会、科技、人口、宗教、文化、市场供应等状况和自然环境条件，该国与中国的政治、经济和外交关系，及其与国际金融组织的合作关系等。

2. 该国的工程市场结构

如目前的基础设施状况，各类在建项目的数量、规模及其领域和地区的分布情况，各项基础设施的未来规划和发展潜力评估等。

3. 竞争对手情况

即在该国开展业务活动的所有主要的同行业竞争对手的情况，包括来自中国、当地和其他国家的工程企业。对竞争对手的了解，不仅有利于自身在未来竞争中增加获胜的机会，也便于在必要时选择合适的合作伙伴。

必须指出，由于工程市场的多面性、复杂性和多变性，对一个国家的国际工程市场的了解，不可能在短时间内一蹴而就，形成的判断也不会一成不变；相反，它是一个长期的动态过程，需要对之进行长期的观察和分析研究，才能逐步丰富对该市场的认识，形成较为全面、客观的判断，为营销的决策和实施行动提供准确可靠的依据。

3 建立市场关系

3.1 关系分类

市场关系是参与市场的相关方之间的关系，在国际工程市场中，主要是承包商与业主的关系。但是，境外市场营销组织机构，作为国际工程市场营销的主体，在实施市场营销的过程中，却要与众多相关方发生或多或少的交往和联系，主要包括：

1. 所在国的国家管理组织关系

包括其国家和地方的政党、行政、法律（包括立法、司法和执法）、经济、行业规划和主管部门。

2. 工程客户关系

包括各种竣工、在建和待建项目的投资人、业主和设计 / 咨询单位或个人。

3. 竞争 / 合作关系

包括竞争对手、合作伙伴、供应商、分包商、代理商等。

4. 公共媒体关系

包括各种报纸、杂志、电台、电视台、网络媒体等。

5. 公司内部关系

即与公司总部、区域总部、相邻驻外机构、在建项目等关系。

6. 驻外使领馆关系

即与我国驻当地的使领馆、经商参处、行业协会的关系。

7. 其他社会关系

如当地华人社团或个人，有一定社会地位和影响的组织（如工会、协会等）或个人，以及其他关系等。

3.2 建立市场关系的重要性

由于上述组织和个人与市场营销存在或近或远的联系，因此，市场营销的重要工作之一，就是要建立和发展与他们的关系。建立和发展市场关系，既是市场营销组织在市场中存在本身的需要，也是向市场相关方彰显己方这种市场存在的需要。同时，在构建市场关系中，通过沟通交流可以让相关方认识了解自己的目的和公司的情况，增强对方的信心，也可以为市场营销获取有价值的信息和资源，或者赢得其他支持和帮助。市场关系越广越深，获取市场的机会就越多。所以，在某种程度上说，建立和保持市场关系的过程，实际上也是广交朋友的过程。通过广交朋友，达到营销组织与市场相关方相互间增信释疑和良性互动，进而获得帮助和商机。所谓的"多个朋友多条路"，就是这个意思。

4 获得项目信息

4.1 市场营销的方式

在国际工程市场中，一份项目信息就意味着一份商机。只有通过建立市场关系，在市场关系交往中首先获得项目信息，开展有目的的营销，最终才有可能获得客户订单。

市场营销的目的是获得客户订单。根据营销者对待客户订单态度的不同，市场营销表现为三种行为方式：

1. 消极营销

即坐等客户主动找上门来签订项目订单，这种行为方式在竞争性国际工程市场中是不足取的，但时常会发生，特别是实力强、市场口碑好的企业，往往有客户主动找上门来洽谈项目合作。这里要特别提醒，主动送上门来的不一定是块香甜的蛋糕，要注意防范风险。

2. 积极营销

即主动出击，在市场中寻找和追随客户，以争取获得项目订单。这是国际工程市场营销中最常见的一种方式，也是"找项目"的应有之义。

3. 创造性营销

即在市场关系交往中，发现或培养客户的潜在需求，为其提出满意的工程产品和服务项目方案，从而创造出新的项目客户订单，这是国际工程市场营销中值得鼓励的最有价值的行为方式。

说到这里，我们不妨简略地探讨一下"一带一路"倡议。中国提出的"一带一路"倡议，从商业的角度看，可以称得上是在国家层面开展的面向未来的史无前例的营销创新。中国助力"一带一路"沿线国家的基础设施建设，不仅便利了中国与他们之间的经济贸易往来，而且可以促进当地社会的民生和经济发展。只有他们变得更加富裕了，才会产生新的和更高的需求，从而成为中国产品和服务的新客户。当然，"一带一路"倡议也为中国的国际工程企业带来了前所未有的商机。

4.2 项目信息的分类

市场关系交往是获取项目信息的有效途径。在同上述各类市场关系人的沟通交流过程中，任何一方都有可能提供项目信息。

1. 按提供的方式不同

项目信息通常分为直接信息和间接信息。直接信息是由市场相关方直接发布或提供，主要来源于上述市场关系人中的前两种，即政府相关部门、项目投资人/业主/咨询工程师等；间接信息是经由第三方获得项目信息，主要是由上述市场关系人中的后面5种组织或个人提供。他们本身不是信息的源头方，只是信息的公开或非公开传递者。

2. 按信息的载体不同

除了有纸质项目信息外，还有电子项目信息和口头项目信息。一些特定市场关系人在非正式场合，不便以书面的形式传递项目信息，则可能多选择电子网络信息，甚至只是模糊的口头信息，需要营销者敏锐地捕捉和把握。

4.3 获取项目信息的方式

作为营销者，获取项目信息的方法有多种，如从各种媒体和信息传播渠道、各类政府文件、正式拜访、参加聚会活动、私下交流等，都可能有机会获得项目信息。笔者觉得，能不能获得项目信息，有时不在于项目信息本身，而在于营销者的机智和敏感度。

另外，还有一类有价值的项目信息，即由中国政府或金融组织主导的国际工程援助项目或经济合作项目，国家倡议类（如"一带一路"、互联互通等）项目，通常由中国的国际工程企业承担实施任务。项目信息可以通过使领馆、经商参处、公司总部等渠道获得。这类项目通常由总部负责跟踪推进，所属境外机构负责在当地的联络配合。

4.4 项目信息的动态管理

无论采取何种方式和渠道获得的项目信息，应在境外营销组织内及时汇总，建立动态项目信息库，以方便市场营销管理。

5 确定目标项目

如上所述，在市场交往的过程中，营销人员会从不同的渠道获得大量的项目信息。这些信息有真有假，有的模糊、有的清晰。因此，需要对其进行甄别筛选，剔除虚假信息，排除不可行的项目信息，留下可信又可行的项目信息作为市场营销的目标项目。

5.1 项目信息可信性判断

拿到项目信息后，首先要对其可信度进行分析判断，可以从以下几个方面进行：

（1）信息来源的渠道。通常由政府规划、行业主管部门、项目业主、设计、咨询单位等发布的信息可信度较高，道听途说的信息则需要进一步核实。

（2）信息内容。可以分析信息的内容是否真实、可靠，那些夸大其词的信息往往不可靠。

（3）实地考察。为落实信息的真实性，有必要进行现场考察，向项目周围相关人员了解情况。

（4）多方求证。即向项目相关单位或其他第三方询问求证。

（5）直觉判断。从事市场营销多年后，积累了一定的市场经验，对项目信息的真伪有时凭直觉就能判断出来。

（6）冷处理。就是把项目信息暂时搁置一边，一些谣言信息会随着时间的推移不攻自破，烟消云散。

5.2 项目可行性分析判断

通过项目信息可信性分析后筛选出真实的项目信息，再对这些真实信息进行初步的可行性分析判断，主要考虑如下几个因素：

1. 客户需求
即是否符合项目业主或当地社会当下或未来一段时期内的需求。

2. 客户实力
是否与业主或该国的经济实力、科技水平、融资能力等相适应。

3. 项目可行性
即项目本身是否可行，包括项目规模、技术难度、周围环境等。

4. 企业自身匹配度
即是否与本企业的实力、业务结构、营销战略等相符。

5. 其他主要潜在风险分析
如项目的社会环境和自然环境等。

5.3 可选为目标的项目

综合考虑上述因素，在分析判断项目的可行性时，可重点考虑以下几类项目：

（1）已列入所在国发展计划且优先实施的项目。

（2）国际金融组织贷款支持的项目。

（3）中国政府或银行各类贷款支持合作的项目。

上述这些项目资金落实了，付款有保证，可以干。

当年笔者在中东做市场开发时，在巴林和安曼分别追踪过房屋建筑项目，一个是巴林的简易别墅项目（相当于国内的安置房项目），一个是安曼健身体育设施和商住房综合体项目，项目都有规划方案，而且还到项目实地考察过。但是，资金没落实，需要与当地公司联合开发销售后才能回款。巴林和安曼这两个国家，不像沙特、阿联酋、卡塔尔那样有油气资源，因此老百姓手里没什么钱，房子建好后能不能顺利销售出去，很难保证。最后，考虑到资金风险，我们选择了放弃。

（4）虽未列入所在国发展计划，但通过企业的努力可以列入并优先上马的项目。

（5）技术可行、风险较小的项目。

（6）已经启动了前期工作（如可研、初设、动迁等）的项目。

（7）与企业自身的能力、业务领域和发展方向相适应的项目。

（8）其他合适的项目。

完成可行性分析判断后，就将那些虽然真实但并不可行的项目信息排除在外，留下了既真实又可行的项目信息作为目标项目，进一步开展有针对性的市场营销工作。可以建立目标项目信息库，包括项目的名称、规模、类别、目前进展的状况、预计启动开发的时间等，对目标项目信息实行动态跟踪和管理。

6 开展目标项目营销

6.1 目标项目营销评审决策

初步将项目信息确定为目标项目后，是否对之开展进一步的营销工作以及如何开展营销，由于项目营销需要一定的时间和经济成本投入，所以应对目标项目营销进行评审决策。重要的项目信息要经过境外组织机构和企业总部两级评审决策，评审前应准备尽量详细的项目信息资料。评审决策形成的决议，最终明确了目标项目，即可按决议要求开展更为细致的营销工作。

6.2 目标项目营销的工作程序内容

围绕目标项目可以开展以下几方面的营销工作：

1. 制定项目营销专项方案

即针对该目标项目制定专门的营销计划，并指定专人负责目标项目的营销工作。

2. 接触项目业主或相关单位

在与业主或相关单位接触时，表达参与实施项目的意愿。

3. 开展促销宣传

宣传的方式有多种，比如当面口头介绍公司的总体情况和实力，播放视频资料，呈送公司宣传册，邀请对方浏览公司网站，或到公司在建项目、竣工项目或总部参观访问等。促销的重点应放在公司在该国的经营情况，及其与本项目类似的经验和能力。促销的目的是加深对方对公司的了解，增强其对公司的信任和信心。

4. 收集研究项目情况

包括项目的规模、性质、地点，项目的业主、咨询或其他相关方的情况，项目的规划、可研、融资、设计、招标投标情况，项目当前的进展状态、存在的问题以及未来的进展安排等。需要收集研究的资料相对来说比较复杂、全面，收集研究的过程是一个由浅入深、由粗到细的渐进过程，要花费大量的时间精力，还要有一定的专业知识和经验。收集资料可以通过接触项目相关单位或实地考察等方式进行。

5. 参与项目前期进程

如果认为有必要，国际工程企业可以参与到目标项目的前期进程中来，包括规划、融资、地勘、初设、场地准备等活动，为业主提供项目解决方案。在增加业主好感的同时，也增加了企业对项目的了解程度和掌控力，为今后做好项目投标工作并最终赢得项目合同奠定坚实的基础。参与项目前期进程是否采取收费方式，则要视具体情况综合考虑来确定。

6. 完成目标项目营销分析报告

即针对该项目进行市场微观分析。通过上述营销活动，在对目标项目的环境、特点、目前的进展及存在的问题等方面有了深入、细致的了解后，可以编制较为完整、客观的目标项目营销分析报告，作为重要的依据供开展下一步项目营销和投标决策参考。

7 配合或组织参与项目招标投标

针对所营销的项目和驻外营销人员机构的不同情况，营销人员在这一环节需做的工作有所不同。下面就三种典型情况，来讨论营销人员在配合或组织参与项目招标投标时的工作任务。

1. 规模和难度小的项目

对于规模不大且技术含量不高的项目，比如以日工计价的劳务分包项目、简单的小型供货安装项目，以及营销人员有过类似工作或投标经验的一般性项目，可以由境外营销人员直接组织投标报价。

2. 非公开竞标类项目

如直接受邀进行议标项目，或由承包商负责解决项目融资问题的工程，境外营销机构视具体情况，可直接或者配合总部相关部门人员，与客户商谈签订合作协议或项目合同。

3. 大中型国际竞标项目

如果境外营销机构无法单独完成这类项目的投标，可以将编投标和合同的技术商务澄清谈判等主要技术性强难度性大的工作，交由总部相关部门或人员完成，境外机构人员只承担力所能及的以及相关的配合工作，包括但不限于：购买、编制和提交资格预审文件，填报投标意向函，购买传送招标文件，收集提供当地市场信息，组织安排与相关方的会议，组织或参加现场考察和投标澄清会议，办理或协助办理投标保函，完成或配合完成标书封装、投递和开标活动，开标后的信息跟踪、答疑及公关活动，获取中标通知书，组织参加项目合同的商签工作，安排来境外参加投标人员的工作和生活服务工作等。

在市场营销活动中，有时营销人员不适合直接公开地接触项目业主或其他相关方，可以通过项目代理或其他第三方作为双方沟通交流的桥梁。需要指出的是，当下中国对外经贸活动的环境发生了深刻的变化，在选择项目中介合作中如何做到合规经营就显得十分重要。而且，选择时也要注意到，有的可能不仅起不到什么实质性作用，有时还可能起坏的作用。某中资公司初入南亚某国市场时，有个当地人找上门来要做代理，双方签署了合作协议。后来，了解到这家伙就是个开摩托车修理店的小老板，根本起不到作用，倒是隔三岔五地来要代理费，公司只好尽量远离他。

本文介绍的营销程序，只是营销过程中通常要经历的几个过程，由于多数情况下同时有多个目标项目在追踪营销，同一时刻每一个项目的营销进展也不尽相同，所以这些营销活动并非严格遵从上述那样固定的顺序。

国际工程市场营销策略技巧及案例解析

王道好

国际工程市场营销策略，就是国际工程企业以工程客户需要为出发点，根据在市场中获得的客户需求及其支付能力的信息，有计划地组织各项经营活动，通过相互协调一致的策略组合，为客户提供满意的产品和服务，并实现企业目标的过程。

常见的国际工程市场营销策略，主要包含以下 4 个因素（简称 4P），即：1）工程产品和服务（Product）；2）价格（Price）；3）促销（Promotion）；4）营销网点布局（Place & Distribution）。在营销过程中，针对这四个因素采取不同的策略，就形成了国际业务企业独具特色的营销策略组合。而如何进行策略组合，则是选择策略的一种技巧。

除此之外，国际工程市场营销中还采取了一些新的营销理念，也涉及项目投融资问题，这些都可以视为市场营销的策略。

1 产品 / 服务策略

为方便描述，下面如无特别说明，产品一词就包含了产品和服务两种意思。国际市场营销中实施产品策略时，主要面临以下几方面的选择：

1.1 产品的品种、数量

即企业是向国际市场提供单一产品还是同时提供多种产品。一般来说，小型企业只能向市场提供单一产品，而大型综合性企业有能力同时提供多种产品。一些航母级别的企业集团，向市场提供的产品可以是全方位的。

1.2 产品的特色

即产品是通用产品还是差异化产品。通用产品是一般企业都能提供的产品，可以满足国际市场的普遍需求，如土木工程施工承包。差异化产品是只有一家或少数几家企业能够提供的产品，以满足国际市场的特殊需求，比如玻璃幕墙、核能发电设备的供货安装等。

1.3 产品的质量

主要是国际企业对产品质量的方针和投入，在产品质量上是要求精益求精，还是仅仅满足客户对质量的最低要求。工程建造质量的最低要求，是满足项目合同规定的标准。

产品质量影响客户的使用体验和企业的市场声誉，也体现了企业的技术和管理水平，同时又与生产成本相关联，进而影响其对外销售报价。所以，企业的市场营销策略也应涵盖其产品质量的方针政策。

1.4 产品的调整

包括四个方面：1）品种数量调整，即是否在原有产品基础上增加或减少产品的品种数量；2）结构转型，即是保持传统产品不变，还是转向新的产品；3）产品延伸，即是否在保持原有产品的基础上，向上游或下游产品延伸；4）产品创新，即是否需要根据对市场需求的科学预测，投入资源研究开发新产品，以抢占先机，满足未来的市场需求，比如高铁线路、清洁能源项目等。近年来，某大型能源建设集团公司在国际工程市场开发中，主动顺应时代发展要求，逐步减少传统的火电项目，将重点转向太阳能、风能等清洁能源项目的开发经营。

1.5 品牌的使用

即在市场营销中是否使用品牌以及如何实现品牌增值。

在多产品、多品牌的情况下，要决定产品与品牌在市场中的匹配性。比如，一个国际工程企业可能同时拥有分别以工程承包、设计咨询为特色的两个品牌，那么在进行承包类项目营销时，可选择使用以工程承包见长的品牌和业绩；在进行设计咨询类项目营销时，则选择以设计咨询为特色的品牌和业绩为宜。

1.6 附加产品

即在满足客户订单需求的同时，是否提供额外的产品，比如承包商免费为业主提供项目规划设计、工程运营维护人员培训，赠送施工设备设施以及改善当地基础设施条件，等等。例如，某国际项目承包商在投标时承诺，在项目结束后将其生活的营地和一些施工发电设备无偿留给业主，方便业主对项目的长期运营维护，这是原招标文件中没有要求的，就属于附加产品。

2 价格策略

国际工程市场的情况可谓千变万化、千差万别，为适应不同的国际市场行情，可采取的价格策略灵活多样，常见的有 6 种价格策略。

2.1 低价策略

低价策略是以低于市场价格水平，甚至是以低于成本的价格，获得订单的价格策略。通常在以下三种情况下，可以考虑采取低价策略：1）急于进入新市场的需要，即先以较低的价格获取订单，从而进入某一新市场，站稳脚跟，再图发展；2）资源有效利用的需要，在已有市场内缺乏后续订单，却有大量可利用的剩余资源（如库存材料、下场施工设备设施和项目管理人员），这些资源如不加以有效利用，不仅造成资源浪费和贬值，而且储备处置也需要额外支出较高的费用；3）排挤竞争对手的需要，包括已进入和拟进入该市场的竞争对手，减少未来市场竞争的激烈程度。

2.2 低盈利价格策略

就是以较低盈利水平的价格，争取多拿合同，以扩大市场占有率，实现规模效应。在国际工程充分竞争的市场环境下，这是众多企业经常不得不采取的价格策略。

2.3 保守价格策略

即在报价时考虑风险因素和盈利较多，以较高的价格报出。保守价格一般很难获得订单，通常在下列情况下，可以考虑采用：1）初入市场试水，即在刚进入某一新市场时，对市场的情况不了解，不宜贸然行动，以保守的价格参与竞争，用于试探市场的价格水平，为今后的市场开拓做好准备；2）任务饱满，即企业目前的合同存量很充裕，对一般性订单不感兴趣，但出于照顾老客户情面的考虑，参与报价竞标，但价格较高；3）彰显市场存在，即通过参加报价竞标显示自身在市场中的存在，同时也对其他竞争对手造成一定的心理压力；4）市场竞争的其他特殊需要。

2.4 稳定收益价格策略

即不管市场情况如何变化，在竞争中总是以相对稳定的盈利水平来确定价格，通常在竞争程度较低的行业，且自身有某种独特产品的情况下，才有取胜的机会。

笔者曾经合作过一个德国公司，它是专门做大型冷冻石化原材料储罐的，一个罐的有效容积是 8 万 m^3，当时是全球最大的罐体，这活儿属他们的独门绝技，别人练不了。那么，他们的价格基本上就是稳定收益价格，找的都是老客户，不投标，双方通过议标确立项目合同，稳稳地把钱赚了。

2.5 规避竞争价格策略

即在竞争程度较低的情况下采取的价格策略，一般收益较高。在以下几种情况下可以考虑采用：1）有限邀请招标或议标报价；2）拥有独特的竞争优势，比如，可以为业主解决融资问题，这是其他一般竞争对手所不具有的，这个是现在许多中国公司的优势；3）拥有差异化的产品。

2.6 高风险高收益价格策略

即认为执行工程项目的风险较高，比如市场价格波动大或在发生战乱、政局不稳的国家做国际工程，需要考虑足够的风险准备金和利润，因而价格很高。

2008 年，某中资承包商在中东投标一个房建项目，是上半年投的，当时当地的建筑材料价格飞涨，钢筋一度涨到了12000 元/t，而且好像还没有停下来的势头。所以，承包商在报价时就把材料涨价风险足足地考虑了进去。不料 2008 年下半年项目开工后，赶上了全球金融危机的爆发。到 2009 年上半年后，危机后果开始显现，当地建筑材料价格断崖式下跌，钢材一度降至 4000 多元/t。在 4 年施工期内，项目一直是资金充裕，承包商最后也是赚得盆满钵满。

而在同一时期，另一家中资公司承接了一个价值 50 多亿元的房地产开发项目。为应对材料涨价风险，开工后直接从国内一次性进口了 6000t 钢筋，单价大概在6000 元/t。结果金融危机爆发后，业主资金断裂，项目不得不终止合同。结果这6000t 钢筋就砸在了这家承包商手里，损失惨重。

3 促销策略

国际工程市场促销是一个含义较广的概念，泛指国际工程企业在客户中进行的旨在影响其购买行为的所有活动。促销策略则是对促销的人员、方法、内容的选择组合，通常包括人员推销策略、公共关系策略、广告策略及其他促销措施。

3.1 人员推销策略

需要指出的是，国际工程市场与一般的国际贸易市场是有所不同的，主要表现在两个方面：1）产品不同，国际工程产品在数量、价格、体量、技术难度、生产交货方式等方面，与国际贸易中的普通商品存在明显区别；2）客户不同，一般商品面对的销售对象是大量的普通消费者，而国际工程的客户则是具有特殊需求的个人或群体，客户的要求复杂，投资巨大，客户的数量要比一般消费者少得多。下面主要从工程的角度来讨论人员推销策略。

国际工程市场的这种特殊性，决定了其促销策略的特殊性，也就是需要更多地采取营销人员与个别客户面对面交流的推销方式。因此，要特别重视推销人员在国际工程市场促销中的关键作用。要发挥营销人员的作用，首先要有人，人从哪里来；

来的人是否能胜任，不能胜任怎么办；人来了，也能胜任工作了，但怎样调动他们的积极性；根据这样一种思维逻辑，人员推销策略的重点，就应该集中在营销人员的管理策略上，包括营销人才的来源、营销人员的培训以及营销人员的考核激励等。

1. 营销人才来源策略

国际工程市场营销人才主要来自以下几方面：1）企业总部或总部所在国，他们与总部沟通容易，忠诚度高，会在市场上加强公司的外来形象。2）目标市场的当地人才。当地人中除了能使用当地语言外，还能使用国际通用语言，甚至企业总部所在国的语言（即汉语），有当地的社会关系资源，有工程、营销教育背景或工作经验，将是不可多得的营销人才；这里面从企业总部所在国移居到目标市场的人才，即当地华人，他们懂得两国的语言文化，在当地有一定的影响力或人际关系，也可以加入到营销团队中来。3）来自第三国的国际人才，懂得国际语言或当地语言，有丰富的国际工程管理或营销知识和经验，加入营销团队有利于加强公司的国际化形象。

2. 营销人员培训策略

国际工程市场营销对促销人员的基本素质有一定的要求，主要包括：1）一定的工程专业知识或工作经验；2）一定的合同商务知识和能力；3）良好的沟通能力和技巧，包括流利的外语表达能力；4）懂得国际商务交往礼仪，举止得体大方；5）掌握一定的推销技巧；6）对目标市场国家及本企业的总体情况有一定的了解。

除此之外，营销人员应忠诚于企业，为人诚实可靠、性格开朗、乐于助人，并具备较强的环境适应能力。优秀的市场营销人员还应具备较高的市场调研、预测判断和分析决策能力。

当促销人员的能力素质无法满足工作需要时，则要通过系统的培训来加以提高。

3. 营销人员的考核激励策略

对于大多数人来说，一般都需要鼓励和特殊的刺激才会努力工作，并且激励的力度越大，努力的程度会越高，就越有可能取得更大的成绩。

对营销人员的绩效管理应强调目标导向，定期对员工完成的业绩目标进行评价考核，以考核结果作为激励的依据。

由于国际工程市场营销的特殊性，营销业绩的表现与普通产品销售的业绩呈现不一样的态势，普通产品的销售业绩通常表现为连续的缓慢的增长或下降态势，而对国际工程营销的个人或小团体来说，其新签合同额则多呈垂直跳跃式的变化态势，"三年不开张，开张吃三年"是司空见惯的现象。因此，在制定国际工程市场营销的考核激励制度和措施时，要充分考虑其市场营销的特点，将长远激励和短期激励、物质激励和精神激励有机地结合起来，以充分发挥激励应有的积极作用。

激励政策要用好，否则会起相反的效果。比如有一个集团公司，他们的营销策略是，集团是营销中心，子公司是利润中心。这样，集团的营销人员就拼命拿项目，不管赚不赚钱都要拿，有时与子公司联合投标时逼着子公司降价也要接项目，因为拿得越多集团得到的业务提成奖金就越多。但是，这样却苦了下面干活儿的子公司。子公司没钱干项目了，还得找集团解决资金问题，长此以往造成恶性循环，集团经营状况也不会好。

3.2 公共关系策略

公共关系是指一个企业或组织运用各种传播手段，通过双向信息交流或其他活动，在组织与公众之间建立相互了解和信赖的关系，树立企业良好的社会信誉和形象，从而促进组织本身目标的实现。

如上所述，国际工程产品不同于一般的商品，而且有时是一种公共产品。国际工程产品的特殊性，使得它与当地社会环境要不可避免地发生交互影响，这种影响可能是正面、积极的，也可能是负面、消极的，往往会成为社会关注的热点和焦点。

国际工程市场营销的公共关系策略，就是建立和保持良好的公共关系，目的是利用公共关系作为一种促销手段，发挥其在市场营销中的重要作用。在维护和利用公共关系方面，可以采取以下一些措施：

（1）尊重和支持当地的政府目标，与当地政府保持良好的关系，让当地政府认识到，国际工程企业在当地的经营活动有利于其社会经济发展。

（2）利用各种宣传媒介、团体或个人，以第三者的身份正面宣传企业，使当地社会对国际工程企业产生好感。这个比王婆卖瓜自卖自夸效果更好。

（3）听取和收集当地社会各个方面对本企业的各种意见，迅速采取措施，消除相互间的误解和矛盾。

（4）同与国际工程企业业务活动有关的重要部门和关键人物保持良好的关系。

（5）积极参与有利于当地社会的各种公益活动，如捐助支持当地的教育、文化、慈善机构以及基础设施的改善等。

（6）协调内部的劳资关系，尊重当地雇员的社会文化习俗和宗教信仰，保障他们的正当权益。

3.3 广告策略

广告是企业以支付广告费用的形式，通过适当的媒体，向消费者传播商品和服务等信息的一种促销手段。

严格地说，国际工程企业的广告并不是广而告知那种意义上的广告，因为其受众不是普通大众，而是特殊的小众群体，只是二者在形式上有些类似，比如都可以印刷品、视听资料的形式出现，且其功能与预期效果也是相同的。

但是，二者又存在明显的区别，主要表现在：1）广告的内容不同，普通广告的内容多半是围绕具体的商品展开宣传；而国际工程广告则主要围绕国际工程企业进行宣传。由于工程产品是订单式生产，在客户未下单前，产品是不存在的，因此工程广告的宣传重点是企业的能力、特色和以往的工程经验，以增强客户的信任。2）传播的媒体和方式不完全一致，普通商品广告可以采取多种大众媒体进行传播，而国际工程的广告不必采用大众媒体，而是要当面呈递、演示，或者通过邮寄、互联网、专业杂志刊登等方式传送。3）广告的容量大小不同，通过大众媒体传播的普通商品服务广告，受成本、占用时间或版面等因素影响，广告的容量不能太大；而国际工程广告容量相对大一些，可以全面、系统地宣传国际工程企业。

国际工程广告的另一特点是，可以利用在建或竣工项目作为活的广告，特别是在目标市场国家如有成功的类似工程实例，就更具说服力。所以，工程实例也是国际工程企业可以选择的一种广告策略。

3.4 其他促销措施

其他促销措施是指除上述人员推销策略、公共关系策略、广告策略之外，所有旨在宣传企业实力、提振客户信心的营销活动或措施，比如：

（1）争取政府支持，开拓国际工程市场。这里所说的政府是指企业总部所在国的政府，即中国政府，包括中央和地方各级政府以及中国驻当地使领馆、经商参处等。具体的活动包括：企业领导随政府代表团到目标市场国家访问，并视察驻外机构或在建项目；安排当地国家政府领导人到中国访问；请政府领导、大使参赞等在目标市场国家牵线搭桥，或出席企业举行的相关业务活动等。前几年，国家主要领导人在全球范围内推销中国高铁，就是典型的例子。

（2）积极参加与本企业有关的一些商业技术活动，如当地的项目推介会、进出口交易博览会、招商引资会、施工设备展销会、工程相关专业的国际学术会议、合作论坛（如中非合作论坛、中阿合作论坛）、承包商年会、中资企业年会等。

（3）开展团队合作营销。任何一个大型目标订单的营销，都不是靠某一个营销人员的单打独斗能成功完成的，而是需要一个团队齐心协力和分工合作，包括团队负责人、主营销人及各种技术、商务支持人员等，实施在同一营销目标引领下的分层级专业化营销。所谓分层级，有两层含义：一是指营销的过程，即从一般认识到谈项目、谈企业能力、再谈技术、谈商务等这样由浅入深、由一般到具体逐层展开的；二是指参与营销双方的人员也是由高层领导、项目负责人、业务人员等不同层级构成的，应注意相互间层级的对等，以尊重对方为前提。

（4）注意发挥高端营销的作用，所谓高端营销就是由高层领导人参与的市场营销，包括双方国家各级政府及企业组织高层领导人。当年我们在中东做市场开发，但凡有集团公司领导来中东视察工作，我们都会尽量安排领导与当地的一些部门或客户见面。

领导人参与营销的方式，有主动和被动、直接和间接之分。主动参与是指领导人出于不同的目的或战略考虑，主动参与到市场营销活动中来；被动参与是指领导人应营销主体任意一方邀请而参与其中，这种邀请可能是单边垂直的，也可能是双边交叉的（即一方主体邀请另一方的高层领导）。直接参与是指领导人亲自参与到市场营销中来；间接参与是指领导人不亲自出面，而是通过其他适当的方式参与或干预营销活动。比如，如果我们搞不定业主，但是我们跟他们的总统关系很好，去求助总统，但他又不好直接出面，他会选择比较合适的方式来干预这个事儿。

由于国际工程的特殊性，双方高层的对接和参与，在国际工程市场营销中具有不可替代的作用，特别是在双方形成合作意向和营销进程中的关键时刻，其作用更为显著。发挥高端营销作用，就是要发挥高层领导人在国际工程市场营销中的重要影响力和关键决策作用。

（5）充分发挥互联网在市场营销中的作用

互联网是一个抛开了时间和地域限制的虚拟世界，作为一种信息双向交流和通信的工具，它把国际产品、服务及其相关方都集中在互联网这样一个虚拟空间里。在这个虚拟的空间里，企业的广告、资料收集、市场调查分析、客户和项目信息以及营销活动中的信息交流，都通过互联网转化为数字化行为，任何信息都可以在任何时间通过互联网直接迅速地传递到世界的任何一个角落。营销人员对产品服务的推销，不再是面对面地与客户交流，而是可以通过互联网与客户在网上进行视频见面交流。客户也不再是被动地接受来自企业营销人员的信息，而是可以选择利用互联网、多媒体手段，主动与企业建立双向互动的联系和关系。互联网在市场营销中的运用，不仅大大方便了双方间的沟通联系，也大大节省了营销成本，提高了营销效率。因此，要充分认识并发挥其在市场营销中的作用。像最近两年全球发生了新冠疫情，通过网络进行市场营销显得尤为重要。

4 营销网点布局策略

国际市场营销网点布局有三种情况：1）无境外营销点；2）分散营销网点；3）全球营销网络。

1. 无境外营销点

一些初入国际市场的企业，或企业的业务主要是为国内其他国际企业提供专业分包、供货、劳务服务，营销的重点对象是国内的这些国际企业，在境外交易中不以自身企业的名义正式出现。另一种情况是，企业依靠国外的代理或工程合作伙伴进行市场营销开发工作。在互联网高度发达的今天，一些国际企业甚至可以将网络营销作为其主要营销手段。在这些情况下，企业暂时不必在境外设立专门的营销组织，这是一些中小型专业国际企业可以选择的一种权宜之计。

2. 分散营销网点

即国际企业根据营销需要，在国外有选择性地设立一些营销机构，机构间分散独立，缺乏相互联系和系统性。这种情况比较常见。

3. 全球营销网络

即把全球国际市场视为企业的市场范围，对市场进行整体划分和营销网络布局，形成比较全面和相互关联的营销网络。通常是把全球市场划分为多个区域市场，设立区域市场总部或分公司，在区域市场内选择一些目标市场国家设立营销点。这种布局在纵向上，形成了公司总部—区域总部—目标市场国家网点的关联互动；在横向上形成了区域总部间的呼应，以及区域内网点间的关联互动，从而建立了覆盖全球的营销网络。全球营销网络是有实力的大型综合性国际工程企业在进行市场开发时的必然选择。

5 营销新理念

随着社会的进步、市场形势的变化和客户要求的提高，为适应市场发展的需要，除了上面提到的网络营销外，国际市场营销还出现了其他一些新理念、新方向，现简单介绍如下：

1. 社会营销理念

传统的市场营销观念强调的是客户需求和企业经营目标，而回避了客户的需求、利益与社会长期福利之间隐含着冲突的现实。社会市场营销观念则是对市场营销观念的修改和补充。它认为，企业的任务是确定各个目标市场的需要、欲望和利益，并以保护或提高客户和社会福利的方式，比竞争者更有效、更有力地向目标市场提供能够满足其需要、欲望和利益的产品或服务。社会市场营销观念要求市场营销者在制定市场营销政策时，要统筹兼顾三方面的利益，即企业利润、客户需要的满足和社会利益。总之，社会营销理念的本质，是在营销中考虑了社会大众的长远利益，体现了企业的社会责任担当。

2. 绿色营销理念

在当今的社会经济发展条件下，社会发展与环境的矛盾日益突出。因此，经济的发展要求人们更加重视自身的生存环境，以牺牲环境为代价来换取经济发展的观念，已逐渐被摒弃。为了追求生活质量的提高和人类的长期生存发展，客户环保意识的增强，也驱使越来越多的客户追求产品的安全性、健康性和无害化，与之相伴的绿色营销也就成为一种新的营销观念。

实际上，绿色营销理念是社会营销理念的延伸和具体化，体现的是企业社会责任中的环境责任。在国际市场营销中，绿色营销理念有以下几方面的含义。

（1）产品的生产过程绿色、环保

国际企业要通过利用现代化管理手段、先进的设计、生产工艺和设备，尽可能节约资源和能源投入，减少废弃物的排放和环境破坏，生产和交付一个绿色环保的产品。

（2）产品使用运行过程绿色、环保

即产品交付后在使用或运行过程中，要尽量安全可靠，耗用的资源和能源少，对人体或周围环境的损害或其他负面影响最低。

（3）市场营销过程绿色、环保

即在国际市场营销的各个环节和各种活动中，尽量节约资源，避免造成资源浪费、环境污染或干扰。

（4）企业形象的绿色、环保

国际企业在内部员工教育、外部宣传报道方面要精心策划，从理念识别、行为识别、视觉识别等方面，突出企业的绿色环保形象。

运用绿色环保理念营销的一个成功案例是2008年北京奥运会。2001年，北京市奥组委正是以"科技奥运、人文奥运、绿色奥运"的全新理念，赢得了国际奥委会的认可，从而获得了2008年奥运会的举办权。2003年，笔者参加了奥运会头号工程——国家体育场的投标工作，为了在投标中彰显"绿色奥运"的理念，我们标书的用纸就全部选择了再生纸。

3. 大市场营销理念

大市场营销亦称大营销，它是针对贸易保护主义下的封闭性国际市场提出的营销理念，即在贸易保护主义思潮日益增长的条件下，从事国际营销的企业为了成功进入特定市场从事经营活动，除了运用好产品、价格、渠道、促销等传统的营销策略外，还必须依靠权力和公共关系来突破进入市场的障碍。更具体地说就是，企业为了成功地打入特定市场，并在那里从事业务经营，在策略上必须综合协调地使用经济的、心理的、政治的和公共关系的手段，冲破各种贸易壁垒和公众舆论方面的障碍，使企业在市场上取得有关方面的支持和合作，使外部环境朝有利于企业自身的方向转化，而不是仅仅服从和顺应外部宏观环境。

与传统的市场营销相比，大市场营销主要存在以下几方面的不同。

（1）营销目标

传统市场营销的目标在于明确目标客户，并比竞争对手更好地满足客户需求，即市场需求已经存在。而大市场营销除了满足这些需求外，还要致力于开发新需求。

（2）营销对象

传统市场营销针对的主要对象是客户或项目业主相关方。对于大市场营销除了这些对象之外，企业还可能需要与立法机构、政府部门、政党、公共利益团体、工会、宗教机构及一些国际组织打交道，企业必须争取他们的支持，或至少使他们不成为阻力，因此营销的复杂性远高于传统市场营销。

（3）营销手段

传统市场营销是在研究市场后，采取产品、价格、网点及促销的 4P 营销组合手段，来实现营销目标。而大市场营销除了运用这些手段外，还要用好政治权力和公共关系这两种手段，以达到预期的效果。

（4）成本投入

由于大市场营销涉及面更为广泛，手段更为复杂，营销工作难度更大，需要打开的"大门"更多，因此需要投入更多的时间、人力和经济成本。

对于国际工程企业的市场营销来说，大市场营销观念具有重要的现实意义，重视和恰当地运用这一观念，有利于企业突破贸易保护障碍，进占国际工程市场。像近些年，一些西方国家的企业，为了打开中国这样一个庞大的市场，就常常采取大营销手段。

6 投融资策略

6.1 一般概念

所谓投资是指企业为获取未来收益而将一定数量的货币资金、股权以及经评估后的实物或无形资产等作价出资，进行各种形式的投资经营活动。投资经营中的资金来源，通常有企业的自有资金和外部资金。当自有资金无法满足投资需要时，就需要通过一定的筹资渠道，应用一定的筹资方式，经济有效地筹措和集中资金，以满足投资需要，这就是融资。

以国际工程为例，其市场营销中的投融资策略，是指国际工程企业以投融资为重要的营销手段而开发实施国际工程项目。

6.2 投融资与营销

自国家实行改革开放政策以来，中国工程企业追随"走出去"的国家战略，纷纷跨出国门参与国际工程的市场竞争。在"走出去"的前 30 年，中国国际工程企业以劳务输出、专业分包和施工总承包为主，属于产业链的中低端。

进入 21 世纪以后，特别是自 2008 年全球金融危机后，由于国际经济形势的变化和我国劳动力成本的上升，加之部分国家为保障本国就业而采取限制外籍劳务的措施，我国国际工程企业的市场竞争力因此受到严重影响。

同时，经过改革开放 30 余年的发展，中国的社会经济迅猛发展，综合国力和国际地位显著提高。因此，中国有责任和经济能力，广泛参与国际经济技术活动，以重塑中国的国际形象。这无疑为中国国际工程企业的经营发展提供了前所未有的历史机遇。

为有效应对国际工程市场挑战，抓住历史机遇，提高市场竞争力，图谋企业的长期发展，国际工程企业必须进行结构的转型升级，逐步向产业链高端延伸，在完成劳务输出、技术输出后，开始尝试资本输出。因此，参与国际工程项目投融资成为国际工程企业发展的必然选择；相应地，投融资也成为其市场营销的重要手段和优势。说白了，就是中国企业能为国际客户解决购买产品的资金短缺问题，这一点并不是所有其他国家的企业都能做到的。

据了解，投融资项目已经成为一些国际工程公司的主要业务来源，无论是产值规模还是利润收益，都是如此。一些集团纷纷成立了海外投资子公司，专门负责海外项目的投融资。

6.3 投资项目

或称项目投资。国际工程项目投资是指国际工程企业将资本投放到母国以外的国家和地区，从事工程项目开发经营活动而获得一定的利益回报的经济行为。

国际工程项目投资最常见的合作模式是 PPP 模式。PPP 是英文"Public-Private Partnership"的简写，即"公私合伙制"。简而言之，是指公共部门通过与私人部门建立伙伴关系提供公共产品或服务的一种方式。具体地说，就是在公共服务领域，政府采取竞争性方式选择具有投资、运营管理能力的国际资本，双方按照平等协商原则订立合同，由国际资本提供公共服务，政府依据公共服务绩效评价结果向国际资本支付对价。这种方式目前在国内工程市场也开始流行起来。

投资项目最常见的运作模式是 BOT，即建造（Build）、运营（Operate）、移交（Transfer）。它是指政府部门就某个基础设施项目与私人企业（项目公司）签订特许权协议，授予签约方的私人企业（包括外国企业）来承担该项目的投资、融资、建设和维护，在协议规定的特许期限内，许可其融资建设和经营特定的公用基础设施，并准许其通过向用户收取费用或出售产品以清偿贷款、回收投资并赚取利润。政府对这一基础设施有监督权、调控权。特许期满，签约方的私人企业将该基础设施无偿或有偿移交给政府部门。

2000 年左右，某中资国际公司为了帮助柬埔寨的战后重建，在当地投资修复了一个小型水电站项目，项目运营模式就是 BOT，通过电站发电向当地电网送电，来收回成本和取得利润。

6.4 项目融资

项目融资是与企业融资相对应的，它是指贷款人向特定的工程项目提供贷款协议融资，对于该项目所产生的现金流量享有偿债请求权，并以该项目资产作为附属担保的融资类型。它是一种以项目的未来收益和资产作为偿还贷款的资金来源和安全保障的融资方式。在这种融资方式中，银行承担的风险较企业融资大得多。如果项目失败了，银行可能无法收回贷款本息，因此项目融资结构往往比较复杂。为了实现这种复杂的结构，需要做大量前期工作，前期费用较高。项目融资一般适用于竞争性不强，且有较强经济效益、社会效益的资源开发和基础设施类项目，如电力、供水、高速公路项目等。

中资国际承包商在国际工程市场营销过程中，可以充分利用中国政府或银行的资金，为项目业主解决融资问题，以此增加竞争优势，获得项目合同。

总之，项目投融资已经成为中资承包商国际工程市场开发中可以采用的一种营销策略。

"借船出海"能否行稳致远
——国际工程市场经营策略案例解析

王道好

1 概述

自改革开放以来，中国建设工程企业纷纷走出国门，参与国际工程市场的竞争合作。特别是 2010 年以后，国内出现宏观经济增速回落，建筑产能过剩和资源成本上升等现象；国际上受全球金融危机、经济全球化以及"一带一路"倡议等的影响，工程企业的内外经营环境发生了明显的变化，其生存和发展面临着前所未有的机遇和挑战。无论是主动还是被动，越来越多的工程企业把征战海外作为转型发展的战略目标。

在开拓国际市场时，工程企业可选择的策略路径通常有以下三种：1）"借船出海"，包括参与中国政府的援外项目、中国资本海外投资建设项目的实施，或作为中国国际承包企业的分包合作伙伴；2）"造船出海"，即通过直接参与国际招标投标获得项目；3）"买船出海"，即收购境外公司或与外国公司合资、合作。此外，还有所谓"抱团出海""借助东风"等策略方式。

在这些开拓新的国际市场的策略路径中，"借船出海"是最为常见的一种方式，也是一条较为经济的捷径。下面我们以一个工程案例，来深入剖析这种合作经营模式的利害得失。

2 案例描述

　　某工程公司新一届领导班子上任后，决定将重点转向开拓国际市场，并选择以中东市场作为发展国际业务的突破口。为尽快在该地区某海湾国家获得新项目合同，公司采取了"借船出海"经营策略，并与某央企国际公司达成战略合作协议。这家央企国际公司在此国设有全资分公司，经营国际工程业务数十年，以房屋建筑为主营方向，在当地建立了广泛的人际关系和良好的业绩口碑。无论在当地的中资公司中还是房建市场上，都具有不可小觑的影响力。

　　合作协议约定，双方对外以该国际公司当地分公司的资质业绩，联合开发该国房建工程承包项目。项目中标后，分公司提取一定的管理费，交由工程公司全面负责实施。为叙述方便，以下称央企国际公司当地分公司为"船主方"，新进入该国市场的这家工程公司为"借船方"。

　　不久，双方在该国首都联合投标的一个大型酒店总承包项目获得中标，项目总建筑面积约 6 万 m^2，合同价格约 1.2 亿美元，工期 36 个月。按事先约定，项目合同签订后，船主方主要负责与业主方的沟通联系，向业主提供预付款和履约保函，并为借船方进场人员办理工作签证；借船方则以船主方名义组建现场项目部，全面负责项目的具体实施，并向船主方提供银行反担保。业主支付的工程款全部进入船主方的账户，在按事先约定的比例扣除船主方管理费和为项目垫付的其他费用后，剩余部分可由借船方申请用于项目实施中的各种费用支付。

　　由于该项目的预付款比例较高，项目启动后，借船方除了承担人员动迁的境内费用外，无须额外投入多少其他资金。为实施好该项目，借船方充分利用公司内外和国内外优势人力资源，组成项目建设团队，还特意聘请具有丰富的国际工程项目管理经验，并曾多次担任国际项目经理的高级人才担任项目经理。由于项目资金充裕，项目部组织管理能力强，加上船主方的支持配合，项目在克服开工初期的暂时困难后，工程施工进展顺利，赢得了船主方、咨询工程师和业主等方面的一致好评。同时，项目部经测算预估，工程竣工后借船方能获得一定的利润回报。

　　因此，双方都对合作深感满意。在此基础上，到了项目实施后期，双方有意继续沿用这种合作模式承接后续项目。随后，船主方在当地承接了一个别墅群地上部分的整体分包项目，分包包干价约 5000 万美元。双方协商约定管理费比例后，由借船方负责实施。基于上一个项目合作中建立起来的友好信任关系，加上自身业绩产值和稳住市场的需要，借船方并未对新项目实施的环境条件和价格水平进行细致的分析评估，就草率地接下了项目施工管理，而且也没有向船主方提供银行履约反担保。

借船方从在建的酒店项目部抽调了部分管理和技术人员，组建了别墅群现场项目部。实际上，这个别墅群项目对借船方来说，已经是一个第三包工程了。因此，项目部面临诸多不利条件，主要包括：1）作为一个再次转包的工程，经层层剥皮后，合同价格已经非常低了，且合同及支付条件极为苛刻；2）因为是非法转包，借船方项目部不能直接与业主咨询工程师直接沟通，一切联系只能面向总承包商；3）包括项目经理在内的项目管理团队整体能力不足，特别是在面对强悍凶狠的当地总承包商时，劣势尤为明显。

进入项目不久，现场管理就出现被动局面，主要表现为资金不足和施工进展缓慢，加之管理不善，导致二者相互影响形成恶性循环。面对这种局面，借船方的酒店项目部已经到了项目尾期，本身资金也不宽裕，除了提供少量的资金、材料和人员支持外，多数情况下也是爱莫能助。在项目前期，船主方因为有借船方在酒店项目上的预期利润在手，对别墅群的用款申请尽量满足要求。后来经统计发现，别墅群项目的成本超支额很可能大于酒店项目的利润，船主方就逐渐减少了对项目的资金垫付，并要求借船方筹措资金，确保别墅群项目顺利完工。

正值此时，借船方公司领导换届。新领导到任后认为，公司投入大量的人力物力，几年下来为对方干了两个项目，不仅没见到任何效益，反而要大把大把地倒贴钱，这是不可接受的。由于项目合同是以船主方的名义签署的，为维护自身的市场信誉，无奈之下船主方只好设法筹措资金，并介入现场项目部协助管理，最终以严重的经济亏损为代价，艰难地完成了别墅群工程项目。

再后来，船主方多次试图找借船方继续合作实施项目，目的可能是希望通过后续项目赢利，来弥补别墅群项目的亏损，但始终没有得到借船方的积极响应。双方在两个项目上的经济往来也成了一时难以理清的糊涂账，双方的合作关系就此终止。

3 利弊分析

借船出海这种合作模式，对双方来说都是利弊共存，下面分别从船主方和借船方的角度加以梳理分析。

对船主方来说，主要的好处是减少了项目执行过程中的资源投入，减轻了执行中的麻烦和风险，可谓省心省力。因此，在不增加资源投入的情况下，可以充分发挥自身在市场开发方面的优势，把更多的精力集中到承揽新项目上，从而扩大市场经营规模和赢利空间，提升其市场地位和影响力，可以说通过借力，起到了四两拨千斤的市场杠杆作用。同时，通过提取固定比例的管理费，确保了自身能够获得稳定的项目经营收益，可谓稳赚不赔。

但是，船主方是以牺牲部分潜在的项目经营利润为前提，与借船方达成项目合作的。而且，由于项目合同是以船主方名义对外签订的，如果借船方执行力不足，导致项目经营失败，首先要承担市场信誉损失的仍然是船主方。因此，船主方无法真正完全有效地转嫁项目执行风险，最终可能不得不面临名利双损的结局。另外，船主方还存在引狼入室，乃至被喧宾夺主的风险，因为借船方通过实施项目，不仅增加了对市场的了解，积累了业绩、实力和经验，培养了一批国际化人才，而且摸透了船主方内部的相关实情信息和资源渠道，未来很可能成为船主方有力的市场竞争对手。

对于借船方来说，最大的好处是借助船主方的先发优势，以较少的开发成本，就能快速进入一个新的国际市场，不失为开拓国际工程市场和扩大经营规模的一条捷径。同时，通过执行国际项目，可以掌握国际市场行情，熟悉国际项目运作程序惯例，增加业绩实力和经验，培养造就一支国际工程人才队伍，并通过精心组织对项目实施的经营管理，来获得应有的经济收益，为进一步开发国际市场奠定坚实的基础。

当然，借船方也需承担船主方转嫁的经营管理项目过程中的各种风险，实施过程中的决策和行动，可能会受到不合理的限制、监控和干预，影响了项目管理效率。而且，由于合同价格被扒了一层皮，工程款结算和支配还可能受到额外制约，项目的经济性变差。所以，在同等资源投入和管理水平条件下，借船方实施项目过程更加困难，管理效率下降，最终的经济收益也会降低甚至亏损。如果考虑项目所在国的法律法规、业主戒心及合作协议条件的限制等因素，导致借船方无法与船主方共享项目业绩，那么，借船方实施项目就不过是在为他人作嫁衣裳而已。

4 对策建议

4.1 选择大于行动

选择是一种决策，要优先于行动，选择不当就会导致方向上的根本性失误。

首先，双方选择合作伙伴时都要慎重。要分析明确自身在合作中的需求，考察评估对方能否满足这些需求，包括对方合作的目的意愿、业务范围、市场信誉、经管实力、业绩经验、资源储备等方面的综合权衡。作为船主方，选择的合作伙伴要在专业领域和实力上与拟让其承担的项目任务要求相匹配。为避免造成潜在的同行业竞争，要尽量避免选择与自身经营专业领域相同，且实力相近甚至超过自己的合作伙伴。

其次，是选择合适的合作方式。实际上，在借船出海框架下，可以有多种具体的操作方式。借船方除了作为总承包商，参与实施中国政府的援外项目和中国资本海外投资建设项目外，还可以作为其他中资企业在国际承包项目上的联营或分包合作伙伴。如果双方企业的实力旗鼓相当，经营业务相近或互补时，可以选择联营合作。如果借船方实力明显低于船主方，或业务范围不同时，可以选择分部分项工程分包合作。原则上，不提倡整体转包的合作方式，因为许多国家和项目业主都禁止非法转包，有的项目合同对此作出了明确规定，所以私自转包有违法违约经营的风险。另外，项目实施中双方的行为会遮遮掩掩，带来操作上的不畅，合作中万一出现矛盾纠纷，也不便通过法律途径解决。

作为船主方，为避免行船偏离正常航道，应选择己方人员担任船长。换句话说，在组建项目管理团队时，应由船主方担任项目经理。为加强项目管理，降低项目执行风险，船主方甚至可以安排其他主要项目管理人员，如商务、财务、技术和施工等方面的负责人。

此外，作为借船方，还要慎重选择市场国家、业务领域和项目规模。陌生的市场环境和陌生的业务领域，对于企业来说都意味着未知的潜在风险，贸然同时进入，再加上承担的项目规模远超自身的实力，又是同新选的伙伴合作，多重因素叠加，无疑大大增加了借船方项目合作经营的风险。

4.2 基于理性和规则

借船出海说到底是一种出于赢利目的而寻求互利合作的经济行为。双方在洽商合作时，既要对合作前景抱有乐观的憧憬，同时又要对合作中可能遭遇的风险和挑战做好足够的心理准备。针对具体的项目合作，船主方不能为了吸引对方合作而故意夸大项目的收益，却隐瞒项目的困难和问题；借船方也不能盲目偏信对方的言辞，或为拿到项目而做无底线的妥协退让。否则，双方终将为不理性的言行付出沉重的代价。

双方一旦达成合作意向，就应签订正式的合作协议合同，尽量明确、详细地规定合作双方的责任、权利和义务，条款内容要体现诚实、信用、公平、合理原则。

更重要的是，合作协议合同签订生效后，双方都要严格遵照执行，在履行各自的责任义务的同时，维护自身应有的权益。协议合同未及的事情，双方可以本着互谅互让的精神，尽量通过友好协商解决。

4.3 互利双赢思维

在合作实施项目中，双方难免会因为利益冲突而产生矛盾。常见的情形是，在项目实施过程中出现资金短缺或最终出现亏损，借船方不愿意按事先协议倒贴资金，船主方不得不承担额外的经济责任；相反，项目实施过程中出现资金富余，借船方也无法调用他途，即使项目最终赢利也很难要回属于自己应得的部分，而船主方却因此获得了额外的经济利益。

借船出海是一种双方相互取长补短也势必互有得失的合作方式。既然船主方利用了借船方的项目执行力，理所当然须让出一部分经济利益。同样地，借船方借助了船主方的市场开发优势，并通过执行项目积累业绩经验培养人才，就要有为此付出一定经济代价的心理准备。

所以，双方不应只顾及项目合作中一时的输赢得失，而是要从合作大局和长远发展着想，在严格履行双方合作协议的前提下，在面对具体问题和困难时，还能做到互谅互让，携手共克时艰，一起努力把在建项目执行好，把市场的蛋糕做大，这样双方才能长期合作下去，最终共享市场发展壮大所带来的多重红利。

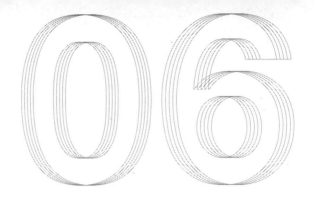

一个人能否撑起一片天空
——国别市场领导经营案例解析

王道好

1 案例描述

可以说，李某将毕生的精力都奉献给了中东这片热土。

早在 20 世纪 80 年代，李某大学毕业后就职于北京一家大型央企。当时，正值国家实行改革开放的初期，一些富有开拓精神的中国企业，纷纷开始走出国门，参与国际市场的合作竞争。李某所供职的这家央企，作为行业对外经营的窗口单位，敏锐地捕捉到国际工程市场的先机，决定在承担原有行业产品国际贸易的同时，开辟第二战场，进军国际工程承包市场。

于是，根据公司的统一部署，当年还是朝气蓬勃年轻人的李某，在经过短暂的业务和语言培训后，就肩负公司开疆拓土的重任，只身一人，来到这个海湾国家。

初来乍到，人生地不熟，遭遇的艰难困苦可想而知，连吃住生存都成问题，何谈承揽工程。一来公司没有工程业绩，当地业内连他们公司的名字都没听说过；二来李某本身是新手，手中又无人力和设备，两手空空，谁愿意将工程交给这样的人去干。无奈之下，李某只能一个接着一个地跑建筑工地，看能不能找到一星半点儿劳务分包干。但多半不是被拒之门外，就是被礼貌地请出工地。好不容易遇到某个工地缺干活儿的人手，李某不管是否赚钱就赶紧先应承下来，再匆忙从国内找来几个木工或泥瓦工，领着大家一起干。海湾国家地处沙漠地带，夏天非常炎热，当时条件非常艰苦，工地上没有合适的地方供午间休息，李某和工人们就只能钻入施工设备或活动板房底下，承受高温酷暑的煎熬。

渐渐地，李某在市场上建立了一点人脉和信誉，找他干活儿的人慢慢多了起来。但是，他并不满足于提供劳务服务，开始尝试做一些分包工程。又经过多年的积累，有了一定的业绩、经验和资源，工程经营实力显著增强。

经过几十年的开拓发展，这家央企在当地的工程经营状况早已是今非昔比。分公司在首都长期租下一层写字楼作为办公场所，在职员工数十人，建立了相对完善的组织机构和管理制度。公司品牌在当地业界具有良好的声誉和市场渠道，特别是李某个人，与该国的许多皇室家族成员建立了长期互信的私人关系。近十年来，分公司的经营规模基本保持在年合同额数亿美元、在建项目十多个的水平上，在当地的中资企业中位列前茅，成为当地一个不可小觑的竞争者。

显然，公司在当地所取得的辉煌战绩，与李某持续数十年来的奋力拼搏分不开，可以说是李某为公司在中东市场打下了一片天地。而作为开疆拓土的管理者，李某不仅一直担任公司在该国驻外机构的首要负责人，而且长期担任公司总部的副总经理，各种荣誉奖励也纷至沓来。

几十年海外一线的打拼磨炼，李某的个人综合素质也得到全面提升，工作上既是强有力的领导者，又是专业的实干家。在对外关系方面，李某就像一位资深的职业外交官。在外界看来，李某就是公司的名片和形象代言人，甚至出现只认李某其人、不知公司其名的现象。多年的市场开发经验，不仅培养了他超凡的社交能力，练就了一口流利的英语，也在社会各界结识了大量朋友，集聚了广泛的市场开发资源。在分公司内部管理方面，由于他个人的资格、能力、年龄、行事风格和团队内部传统等方面的原因，李某长期处于无法撼动的绝对核心领导地位，其他副手和普通员工只有听命执行的份儿。在业务能力方面，李某又是多面手，覆盖了国际工程整个业务链的各个环节。在市场开发过程中，不仅能提前获得新项目信息，而且在编投标过程中还亲自审阅招标文件、编制技术方案和报价文件，负责合同谈判签署等工作。在项目实施过程中，不管是项目部内部，还是项目部与业主咨询或分包之间，出现沟通协调问题，李某总是亲力亲为，出面调停解决。因为需要亲自出面处理的事情太多，他每天像一个永不停歇的马达一样高速运转，往往是刚忙完一场活动，又赶紧去赴下一场活动，仿佛总有忙不完的工作在等着他。

在这样年复一年忙碌的工作中，李某到了快退休的年龄。于是，早已身心疲惫的他，向总部提出了退休申请。考虑到李某在分公司的重要地位和作用一时无人能够替代，总部领导班子研究决定，要求李某在到法定退休年龄后继续留任三年，先前的一切待遇不变。

在李某领导经营该国工程市场的这些年里，分公司也曾有过一些分管业务的副手，包括工程技术、商务合同、金融财务副总经理，但都因各种原因先后离开了分公司。只有一名负责行政后勤的副总经理，一直跟随李某协助工作。另外，在李某延期留任期间，分公司从外引进一名年轻的女性专业人才，担任工程商务副总经理。而在中东国家，女性是不宜抛头露面的，个别客户甚至拒绝与女性见面交流工作。加上年龄、资历和性格等多方面原因，经综合考虑，李某留任期结束后，总部只得任命原分公司分管行政后勤的那位副总经理为分公司总经理，并聘请李某作为高级咨询，辅佐新任领导的工作，同时希望利用他在当地的人际关系，继续为分公司的市场开发发挥特殊作用。

当年，李某为公司工程市场开创了一片新天地，并独自支撑经营发展数十载。现在的问题是，作为公司的一个重要的市场，在后李某时代还能否继续经营发展下去。

2 案例分析

从案例可以看出，这家公司能在一个国家市场持续经营几十年，实属不易，李某在其中所做的努力和贡献功不可没。同时，公司也为李某的职业发展提供了难得的平台。正是在长期国际工程市场的摸爬滚打中，他一步一步地成长为一个既强势又有很强工作能力、不可替代的分公司领导，成就了自己一生事业的辉煌。

实际上，在当下各类社会组织里，类似李某这样的领导并非个案。他们一般具有两个显著的风格特征：一是浓厚的个人英雄主义色彩，下属作用显著弱化；二是发号施令带有强迫性，凭借创业时期的特殊贡献，在组织里唯我独尊，下属只有服从和执行的份儿。造成领导强势这种局面的原因是复杂的，既有民族历史传统的遗传，也跟社会环境、个人际遇直接相关。

从民族历史来看，古时候的领导行为主要体现在战争状态和官办项目（如兴修水利、大型建筑等）强制性工作中。要将大量分散的人聚集在一起完成一项事业，势必要求高度集中进行控制管理，权威式领导因此应运而生。民众从事的多是体力工作，无须智谋筹划，目的也简单，也没有什么深刻的道理可言，由一个领导发号施令，下面照办执行就行了。需要提防的是民心，既然民众要为长官卖命，又得不到什么个人好处，靠高压强制是形势所迫，没有别的选择。

从现实际遇和个人因素来看，中国近几十年的改革开放和社会经济飞速发展，为社会各界提供了前所未有的历史机遇。许多公司成功地创立和发展，其背后都同一个传奇式的核心人物分不开。他们中有的人天生具有领导秉性，不甘平庸，高瞻远瞩，敢于冒险；也有的是机缘巧合，经过不懈的奋斗，成就了一番事业，在造福社会的同时，实现了个人的人生价值，成为令人敬仰的时代英雄。

就具体的个案来说，强势领导的产生和持续存在，须具备一定的内外在条件。内在条件包括：其个人能力远远超出下属，掌握着不为他人所掌握的信息资源，拥有绝对的权力或不容置疑的权威等。外在条件主要是，下属员工惰性强，不求上进，缺乏自我意识和主张，知识能力也不足等。另外，如果出现紧急情况，亟须有人出面当机立断，也为强势领导的产生提供了现实的机遇。

在社会组织里，强势领导所产生的积极效应是显而易见的，如在组织的事业初创和发展中的开拓先锋作用，组织团队中榜样示范作用，紧急关键时刻的主心骨作用。在领导组织的过程中，能够以强烈的个人愿景引领团队的持久发展，以突出的个人能力提升整个组织的工作效率，以不容置疑的个人权威维护团队的团结统一。而且，组织的行动决策令出一人，节省时间，行动快，效率高。这一点在遭遇突发情况时显得尤为迫切重要。

而强势领导所产生的负面影响也是不容忽视的，主要表现在：1）自视甚高，刚愎自用。强势领导往往过度自信，一旦形成定见，轻易不会改变。如果这种成见是错误的，加之决策上的独断专行，一旦贯彻下去就会给组织带来巨大的灾难。2）弱化下属的作用和能力，难以培养合适的接班人。就像本文的案例那样，一个领导成为一个分公司的化身，一切都是他一个人说了算，分公司似乎离开了李某就不转了。最终的结果是，即便领导延迟退休了，下属里仍无法找到一个合适的人选继任。事情搞到这种份上，不能不说是这个公司和领导的悲哀。3）王权思想严重，领导高处不胜寒。由于在组织的创业发展过程中发挥了不可或缺的作用，强势领导往往居功自傲、高高在上，享受着人们的敬仰或吹捧以及号令天下的快感，自我感觉良好。久而久之，思想被自我或下属所蒙蔽，于是只求维持现状，不再奋发图强，成为影响组织事业进一步长期健康发展的障碍。而且，不受约束独霸一方的权力，最终很可能给自己和组织带来灾难性的后果。4）事必躬亲，未能发挥领导的真正作用。一些强势领导，最初是从基层的具体业务做起，一步步提升为组织的首要领导的，并因此练就了一身的业务本领。但是，有的人并未随着职位的升迁而同步实现角色转换，在业务上事无巨细，始终热衷于大包大揽、事必躬亲。一个领导到了一定层级，如果仍然过分关注细节，必将影响他认识事务的站位高度。造成的结果就是，领导个人工作压力大、负担重，成天忙得晕头转向，能有多少心思和精力去从战略的高度谋划组织事业的长远发展？而下属员工则责任轻负担小，创新活力不足，业务能力提升慢，职业晋升希望不大，做一天和尚撞一天钟。现代组织管理强调的是发挥团队整体的智慧和力量，一个人的精力和能力毕竟都有限，光靠一个人的努力是家庭作坊式的做法，在创业初期小打小闹尚且可行，但终究无法实现组织整体规模的大幅度扩张。就像李某所在的分公司，虽然最早来这个国家开拓业务，如今其经营规模和市场影响力却被后来的几家大型中资公司反超。

3 改进建议

或许，强势领导现象会在相当长一段时间内继续存在，但从总的趋势看，是与当今时代发展的潮流不相适应的。过去强势领导所赖于产生和存在的条件，在今天已经发生了明显的变化，主要表现为：1）随着社会的发展，组织的事业越来越专业化复杂化，组织间的竞争更加激烈，组织的内部结构越来越复杂庞大，因此组织的管理越来越复杂，对管理者的要求更高、更全面；而个人的知识能力毕竟有限，由一个人独当一面，像古代将军率兵打仗那样去管理一个组织，是很难胜任的。2）人们获取信息资源的渠道多种多样，没有一个人能掌握组织的全部信息资源。3）随着人们的择业更加自由开放，没有人可以拥有绝对的权威，即使你拥有企业的大部分或全部产权，也只能对企业的发展方向和命运有绝对的发言权，而不能完全左右企业中每一个人。4）人们受教育程度普遍提高，个性意识和进取心增强，因此越来越不愿在居高临下的强制下，甘做任人摆布的绵羊。

因此，在新的社会环境条件下，那些过去惯于强势行事的领导，要想真正履行好职责，发挥其在组织中的应有作用，就必须首先从自身做起，切实改变工作态度和作风，正确处理绝对权威与协商民主、方向引导与适度放权、底线原则与方式灵活的辩证关系。

不可否认，在从事具体的领导工作中，每一个领导者都会形成自己的独特风格。

根据戈尔曼的研究，一共存在 6 种领导风格，分别为：1）远见型，即动员大家为了一个共同的想法而努力，同时对每个个体采用什么手段来实现该目标，往往会留出余地。2）民主型，即通过大家的参与而达成一致意见。3）关系型，即以人为中心，努力在员工之间营造一种和谐的氛围。4）教练型，即注重发展人才以备将来之需，帮助员工们了解自身的优点和弱点，并将这些与他们的个人志向和职业上的进取心联系起来。5）示范型，即树立极高的绩效标准并且自己会带头做榜样，在做事情时总是强迫自己又快又好，而且他们还要求周围的每一个人也能够像他们一样。6）命令型，即需要别人的立即服从。

从以上 6 种领导风格中可以看出，前 4 种完全不同于强势领导风格，后 2 种则多少带有强势领导的影子。戈尔曼认为，掌握了前 4 种风格的领导，往往会营造出最好的工作氛围并取得最好的绩效。至于命令型风格，他特别强调在采用时必须谨慎，只有在绝对需要的情况下才可以使用，诸如一个组织正处于转型期或者敌意接管正在迫近时。如果在危机已经过去之后，一个领导人还仅仅依赖于命令型领导风格或者继续使用这种风格，就会导致对员工士气以及员工感受的漠视，而这带来的长期影响将是毁灭性的。对此，作为一向强势的领导，在改进工作作风时尤要引以为戒。

从组织管理的角度看，也需采取多项综合措施来改进强势领导的工作作风，规范其领导行为。具体包括：1）加强组织措施，根据工作实际需要配齐领导班子，实行集体领导制度；原则上不安排一个领导特别是一把手长期在一个地方或部门工作；如果发现某领导作风长期过于强势，可以考虑调离换岗；2）建立民主决策制度，对重大事项的决策，规定必须经民主协商集体决定，不得一把手一个人说了算；3）建立监督检查网络，包括上级定期的监督检查，同级和下级的民主评议和投诉举报等；4）完善绩效考核制度，对领导绩效的考核，不仅要看经营规模、发展速度和利税贡献等经济指标，也要评价领导作风、廉政建设、人才培养、团队文化建设等软指标的完成情况。对于那些为企业创业发展作出过特殊贡献的元老领导，功过是非的评价及工作岗位的安排，要做到既区别对待又客观公正。

4 结束语

国际工程市场的开发经营，是一个长期艰苦而复杂的过程，成败的关键在于领导。由于社会历史传统、现实环境机遇及个人特质等方面的原因，一些人在长期的国际工程市场创业发展过程中，逐渐成长为强势、有能力且独霸一方的领导者。但是，在新的环境条件下如何保持市场的长期繁荣壮大，作为国际工程市场的领路人，唯有切实转变工作作风，努力适应新时代的要求，才能有效带领整个团队，共同开拓更大的市场空间，保持其长久的繁荣、昌盛。

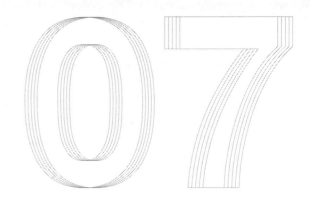

中东地区 2020 年典型优秀融资案例简析

卢亚琴

1 阿联酋乌姆盖万海水淡化融资案

阿联酋乌姆盖万海水淡化项目 IWP，开发商为沙特 ACWA Power，阿联酋主权基金 Mubadala，阿联酋联邦水电管理局 FEWA 以 40% ∶ 40% ∶ 20% 股权比例组成项目公司投资该项目。

项目融资 688 亿美元由 7 家银行组成银团筹集资金，分别为渣打银行牵头（Standard Chartered）、阿布扎比第一银行（FAB）、韩国产业银行（Korea Development Bank）、三菱日联银行（MUFG）、桑巴银行（Samba Bank）、西门子银行（Siemens Bank）和三井住友银行（SMBC）。

融资由阿联酋联邦主权担保，名义期限为 28 年，是融资期最长的水项目之一。贷款期 24.5 年，无追索融资结构。项目公司与 FEWA 签订了 35 年运营协议，由阿联酋财政部提供 35 年的信贷支持。乌姆盖万政府将在后期持有部分股权。

项目融资关闭于 2019 年 11 月 7 日，优先债务于 2020 年 3 月开始提取。

该项目融资是中东地区项目融资案例中没有因融资期限过长（28 年）导致任何融资额度降低的成功案例。

2 沙特财政部巴士采购绿色融资案

该项目是沙特财政部为提升利雅得公共交通能力从德国 MAN Truck&Bus，及戴姆勒子公司 EvoBus 采购巴士，2.58 亿美元贷款的代理行为汇丰银行，法国农业银行负责贷款管理工作，信用保险由德国信保公司欧拉爱马仕（Euler Hermes）担保。

该批巴士将服务于即将建成的利雅得城轨系统，预测巴士及城轨投运后将减少城市内汽车出行 25 万次 / 天。融资协议中明确了该项目对环保的积极影响。

项目融资结构设计符合绿色融资准则（Green Loan Principles），是沙特第一个由绿色信用保险的交通项目案例，同时也是第一个由沙特财政部发起的信保融资案例。

沙特 2030 愿景是为降低国家经济对石油的依赖、多元化发展经济并发展公共服务。该项目融资成功案例将为诸多符合类似绿色愿景的项目融资开好先例。

3 巴林阿杜二期水项目再融资案

巴林阿杜二期的 44% 优先融资额是在项目施工期提取，因新冠疫情影响，项目公司需在不影响现有融资协议框架下的各方义务和责任，在 6 个月内完成 44% 优先债务融资的再融资事宜。银行拉高对各方新冠应对措施的尽调要求，两个融资步骤创新，各类因素促使再融资认购份额为预期 1.3 倍，除了原有投资人阿拉伯石油投资公司（APICORP）、沙特法国银行、利雅得银行，另外新增沙特拉吉哈银行（Al Rajhi Bank)、阿拉伯国家银行、巴林国民银行参与银团提供贷款。

该项目建设期内优先债务再融资案例，是巴林所有 IPP/IWP 中第一个全追索框架下的再融资成功案例，是 GCC 国家第二例成功案例。

4 阿布扎比石油公司（ADNOC）天然气管线公司收购案

ADNOC 公司的天然气管线公司名下 40 亿美元债券再融资竞标中，Galaxy 管线资产公司中标。

2020 年间，全球基础设施公司（Global Infrastructure Partners）带领的投资人团收购天然气管线公司 49% 股权，收购价格为 100 亿美元，包括 80 亿美元债务。投资人团由全球基础设施公司、布鲁克菲尔德资产管理公司、意大利能源基础设施公司 Snam、安大略教师基金 OTPP、新加坡主权投资公司 GIC、韩国 NH 投资证券公司组成，将收购后的新债券再融资额度定义为 40 亿美元，连同 3.2 亿美元债务解决储备金，由 12 家银行俱乐部会员提供贷款。

该项目是 2020 年全球最大能源基础设施收购再融资案，为阿联酋带来 101 亿美元外部投资，直接促进当地股市及债市繁荣、经济发展，为日后 ADNOC 天然气管线上市后被 30 倍超值认购的优秀表现夯实基础。该项目成功落地也证明了国际投资人对 ADNOC 低风险、以创收为导向类资产的强烈兴趣，在阿联酋及所在地区树立了大规模能源基础设施投资和货币化的标杆。

5 富吉拉 F3 电站融资案

F3 IPP 是富吉拉第三座燃气循环电站，总装机 2.4GW，项目开发商为联邦水电局 EWEC、日本丸红 Marubeni。

项目购电协议签署于 2020 年 2 月，融资关闭于 2020 年 6 月中旬。在新冠疫情导致的诸多不确定因素下，投资总造价 12 亿美元中，项目融资 9 亿美元为非追索优先债务，2 亿美元为股权转债务过桥贷款，另外增值税部分由渣打银行在项目建设期间提供贷款。

值得重视的是，日本国际合作银行 JBIC 提供长周期、可再融资软结构（Soft Mini-perm Structure) 融资条件，同商业银团一起为优先债务部分提供 80% 的贷款。

该项目确保阿联酋电网在即将到来的可再生能源间歇性供电时代的能源稳定安全，为阿联酋电网提供了灵活性，为 GCC 其他国家树立了一个重要的榜样。

6 迪拜光伏产业园 5 期 900MW 融资案

该项目 EPC 承包商为上海电气公司，运营商为开发商沙特 ACWA Power 的全资子公司 NOMAC，度电价格为当时全球最低光伏电价 1.6953 美分。

2020 年中期，在新冠疫情导致的诸多不确定因素下，在中资银行大幅缩减海外贷款业务的情况下，项目优先债务融资 4.195 亿美元由包括中资银行在内的 9 家区域内外银行提供，另外有 1.125 亿美元次级债务由三家银行提供贷款，旨在保证项目经济可行及增加电价竞争力。

以上贷款期限 27 年，即建设期 3 年，购电协议期 25 年中的前 24 年。项目融资无政府担保来支持购电方的付款终止义务，购电协议中规定购电方即迪拜水电公司 DEWA 是违约独家追索方。项目融资结构为可再融资软结构。

7 埃及单轨铁路融资案

2018 年埃及政府授权国家隧道管理局开始单轨铁路 PPP 招标，加拿大蒙巴迪尔（Bombardier）公司同联合体成员阿拉伯建筑公司（Arab Contractors Construction）、奥斯康建设（Orascom Consturction) 于 2019 年中标，并承担 30 年运营权责。

19 亿欧元贷款由摩根大通作为代理行，另有其他 8 家商业银行提供贷款。其中英国出口信贷公司提供了最大份额贷款，也刷新其海外基础设施融资金额纪录。贷款期为 14 年，还款到期日为 2034 年 12 月 18 日。

8 阿布扎比路灯 PPP 案

Noor LED 路灯更换 1 期项目，旨在将现有 43000 盏路灯更换为节能 LED 灯并整合交通运行管理。合同模式为 DBFOM 即设计、施工、融资、运行、维保，DBFOM 合同周期为 12 年，阿布扎比当地公司 Tatweer 作为项目开发商中标，路灯供货商为意大利灯具公司 AEC Illuminazione。

2020 年 8 月完成融资关闭，项目收益按照智控系统电费节约及特定系数调整后支付开发商 Tatweer。阿布扎比市政府节电估值总和为 7190 万美元，可供 8000 个家庭用电。1 期项目成功落地，为政府更换其他区域路灯增加信心，目前 2 期工程以 1 期 3 倍规模设计，预计在 12 年特许经营期内可实现 1.92 亿美元的能耗节约。

该项目是典型小而美的融资案例，融资快速关闭得益于政府投资局的背后支持，同时也是政府公共基础设施引入 DBFOM 模式的成功示范，为区域内更多政府基建或政府公司投资项目 DBFOM 或 PPP 开发模式做好示范。

以上融资案例均为中东北非区域优质项目融资案例，值得业者参考借鉴。

新能源及绿氢项目营销案例分析

卢亚琴

1 新能源发展的前景与挑战

新能源一般是指在新技术基础上加以开发利用的可再生能源，主要包括太阳能、生物质能、风能、地热能、海洋（潮汐）能和核能等；此外，还有氢能、沼气、酒精、甲醇等。

相关国际组织和国家提出的减碳倡议，包括中国的"双碳"目标即"2030 碳达峰，2060 碳中和"，已经为低碳能源系统及产业板块的耦合提出要求。利用新能源的驱动力直接表现为：减少二氧化碳排放，降低发电成本和制氢成本，减少能源进口，提高可再生能源利用率，以及平复电网波动和推动技术革新。一些国家的能源电力行业在新能源领域研发的配套科技与设备等更新迭代，金融或货币行业对新能源项目的偏好支持，以及政府承诺的中长期减碳目标，使得新能源电力行业的前景极其乐观。

另外，一些国家不仅分别制定了不同时期新能源占能源总结构的目标份额，而且已经设定了相应的行动路线图。同时，面对光资源、地热资源、风资源、潮汐、生物质等初级资源自然生发的天然不稳定性，以及高企的投资成本风险，如何保证稳定电力，提升发电效率，保障投资收益，则是工程设计师在可再生能源项目设计时面临的重要挑战。

2 氢能应用发展述评

氢能作为新能源形式之一，由于其独特的优势而备受重视。随着减碳目标的推进，在交通领域如船舶、汽车、飞机、地铁、轻轨用氢燃机代替现有燃机，在工业领域如燃煤电厂、燃气电厂、钢厂、水泥厂、造纸厂等，用氢气替代煤炭和天然气，既是行业技术研发的目标，也是"双碳"目标实现的基础。

在现有电厂改造过程中，天然气代替煤炭，天然气掺氢的技术革新，对氢气的规模化生产提出了新要求。因此，大规模可再生能源联网实现规模电力输出，利用电解槽或电解膜技术制氢并安全有效储存运输，是目前新能源项目期望达到的目标。以煤炭作为燃料的工业生产用燃机，将逐步被氢燃机取代，或天然气燃机会被改造为掺氢燃机。

整体来看，氢燃机虽能极大提升能源效率且减碳效果显著，但高氢含量对燃烧系统的影响不容小视，具体表现在：1）为达到同样的热负荷，燃料系统需要供应更大的燃气流量；2）氢气流动速度是天然气的 3 倍，火焰快 10 倍，可快速形成易爆环境，气体混合控制过程中喷射后势能减低导致凝聚性低，稳定火焰短且更靠近燃烧器喷嘴，增加回火风险；3）氢气对一般钢材具有腐蚀性，接触材料需升级为不锈钢材质；4）氢气点火能小，点火浓度宽且极易点燃。

国际知名能源电力行业厂商，如西门子能源、三菱重工、GE 等，在氢能部分领域内的应用研究已经陆续商业运行。

西门子能源在全球石化与钢铁冶炼以及其他化工行业的高氢合成气机组，运行已超过 53 台 250 万小时，100% 全氢燃机全尺寸 DLE 整机示范项目验证已于 2019 年完成。全球首个工业级零碳电 – 氢 – 电转化全氢燃机项目，在以西门子能源为首的电力投资商、政府资金、燃机设备商、科研机构团体，已经于 2020 年 5 月在法国 Smurfit Kapaa 电厂开始建设制氢工厂及储氢设施，旨在实现从新能源存储到 100% 全氢零碳发电后减少年二氧化碳排放 6.5 万 t 的目标。

3 氢能项目开发的问题与机遇

按照氢气产出方式不同，氢能分为灰氢、蓝氢、绿氢、粉氢，其生产方式分别来源于石油炼化副产品、天然气重整制氢、可再生能源电力电解水膜制氢、核电电解水膜制氢。

现阶段氢能尚无规模化的成熟应用案例，但氢能的经济利益前景使得无论从政府开发商或私人开发商层面，都决心抓住机会并获得相当的市场份额。氢气加氮气可合成氨燃料，合成氨技术已非常成熟。绿氢和绿氨作为能源替代的终端产品，承购方（Offtaker）或承购协议落地是新能源及绿氢项目融资关闭、项目启动的关键。

在氢能应用起步阶段，即使是政府主导的项目也需在全球范围内寻找承购方，比如阿联酋阿布扎比石油公司的蓝氢蓝氨承购方是日本、韩国电力企业。部分私人开发商的绿氢承购方对投资方违约风险顾虑较大，承购义务存在不确定性，因此私人开发商为降低投资风险，选择在绿电及绿氢产业链上，将自身定义为绿电的购电方而非投资方。但市场中成熟的国际绿电投资人看重的是全产业链投资回报。成熟的中资绿电 EPC 承包商或有意向参与绿电投资、建设和运维工作，从而实现 EPC 业务带动能力，但也会因私人开发商的有限担保条件从风控层面放弃此类投资。

4 氢能项目案例

阿曼位于阿拉伯半岛东南沿海，是波斯湾通往印度洋的门户，东临阿曼湾、阿拉伯海，海岸线长 1700km，境内大部分海拔 200 ~ 500m。阿曼的天然风资源及光资源，以及成熟的港口设施，为绿氢投资提供巨大优势。

比利时德米公司 DEME 与阿曼石油公司 OQ 于 2020 年签署联合体协议，分期开发电解总能力为 1GW 绿氢及匹配的绿电项目。

从 2021 年 2 月开始，联合体公司在全球范围内为风电、光伏、输配电、储能、绿氢厂广泛招标不绑定技术商务方案，同年 7 月与德国 Uniper 公司签署承购协议并进驻股东序列，10 月在风电场建设测风塔，11 月联合体公司根据多家不绑定方案，拟定绿电由 620MW 风电、690MW 光伏、400MWh 储能装机构成，为 500MW 电解能力的制氢厂提供电力。同时，为保证制氢厂产能，绿电网络将采取微电网智控系统，实现投资收益最大化。

截至笔者发稿前，项目 EPC 招标投标工作正在进行中。该项目进度时间表符合氢能应用的市场热度，将成为 GCC 区域内氢能产业化的标杆项目之一。

当地国本土承包商竞争力分析

卢亚琴

1 政府对本土承包商的支持战略

在中东一些石油国家，若项目投资来自于当地政府，本地公司的技术及施工能力完全满足项目需求，同时项目又对该国的国民经济具有重要战略意义，那么政府通常会直接将项目授标给本地公司。而且授标前，政府会使用并购手段，将承接重任的公司控制权掌握在自己手中。

比如在阿联酋，经过 2021 年一系列并购后，有 4 万名多国员工的当地承包公司 Trojan Holding 更名为 Alpha Dhabi Holding，后者成为 IHC 公司的子公司，IHC 持有 Alpha Dhabi Holidng 45% 股权。IHC 作为阿布扎比政府资金支持的国际投资手臂，是阿布扎比最有价值的上市公司，业务涉及资本管理、数字通信、房地产、食品及配送、农业、工业、水电气基础设施、健保、旅游零售等方面的全球投资。而阿布扎比政府第三大主权基金 ADQ 持有 IHC 50% 股权，所以 Alpha Dhabi Holding 实际上是一家具有政府背景的承包公司。

目前，阿布扎比的一些战略项目，包括阿布扎比机场扩建、阿布扎比国家博物馆、阿布扎比古根海姆博物馆、阿布扎比哈里发港口扩建、长期战略原油基地等项目，全部授标给了 Alpha Dhabi Holding，或 Alphas Dhabi Holding 持 65% 股权的国家海事疏浚公司 NMDC 和国家石油建设公司 NPCC。截至 2021 年底，Alpha Dhabi Holding 市值达到 738 亿美元，IHC 市值为 763 亿美元，ADQ 主权基金为 1100 亿美元。

2022 年，预计属于 ADQ 全资持有的阿布扎比核电公司、港口公司、机场公司、铁路公司、医院、保险公司、媒体公司、展览公司将陆续上市。相关阿布扎比战略的项目也会源源不断地授标给 Alpha Dhabi Holding，或与其组成联合体的公司。

2 当地国价值 In-Country Value

近年来，中东一些石油国政府为促进当地经济增长，提高当地就业率，打造工业供应链和价值链，保证经济内循环动力，出台了当地国价值政策，要求参与政府公司投资招标的本地或国际企业持有当地国价值证书，部分政府公司招标将此证书作为必需文件。

当地国价值证书采取积分制，积分的多少取决于企业在当地创造的价值，包括雇用本地人、当地置产、当地材料及设备采购、对当地学校医院等机构捐赠等。

3 当地承包商竞争力分析及应对策略

中东石油国很早就明白自己国家的人口数量有限，人才有限，相继开始着手打造优质的营商环境。以阿联酋为例，在 2020 年 11 月，阿联酋被 Future Brand 评选为十大最有影响力国家，与日本、瑞士、挪威、德国、加拿大、丹麦、芬兰、瑞典、新西兰齐名，阿联酋排名第 9 位。同期，该国政府定义了未来 50 年的发展计划和战略方向，确保国家在区域和全球的领先地位，营造营商环境和激发创业精神，发展对外贸易和伙伴关系，吸引外商投资，吸引人才和技术，建设国家领导干部的能力并培养其领导未来经济的能力，从而进一步巩固国家的经济领导地位。

中东本土承包商，由于本国政府在战略和政策上的大力支持，无疑巨大地增强了其市场竞争力。一方面，因为能够优先获得大量优质的政府资金项目，包括一些大型战略项目，本土承包商通过执行这些项目，迅速积累大量的资金、人才、物力和经验，显著提升其管理能力。另外，一些政府背景的承包公司，必要时还可能额外获得政府的资源支持。所以，与国际承包商相比，在其国家投资项目的竞争上，本土承包商处于绝对优势的地位。另一方面，在参与非政府投资项目的公开竞争中，财大气粗的本土承包商只要愿意，完全可以采用低报价策略，来挤压甚至排除其他竞争对手。所以，作为国际承包商，在这些中东国家的市场竞争中势必面临巨大的挑战和生存危机。

尽管当地国家资本支持的承包企业被优先授标大量战略项目，但往往因技术和人才储备的暂时不足，他们又不得不与国际承包商建立战略合作框架，形成从项目设计、采购、施工到运维的全生命周期紧密联合。这就为在当地的国际承包商谋求生存发展提供了一线商机。在中资企业中，中国化工建设和中国建筑在属地化合作方面做得较深。比如，中国化工建设与阿联酋 NPCC 签署战略合作协议，共同开发，共同履约，相信不久的将来，该联合体将在阿布扎比工业化工领域发挥专业优势，为其国家工业化进程作出较大贡献。另外，印度疏浚公司 DCI 与阿联酋 NMDC 签署合作框架协议，共同在 GCC、印度、非洲及孟加拉参与项目投标及履约；韩国大宇公司 Daweoo 与 NMDC 签署 MoU，拟在中东北非区域共同开发实施项目。

综上所述，以签约和履约指标评价，中东地区的当地承包商竞争力将会在未来多年处于绝对领先地位。中资企业应以同当地公司联合为切入点，在工程承包市场上，尤其是当地国政府战略项目上，寻得商机并站稳走远。

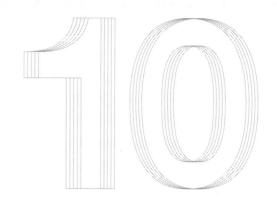

混合风光互补抽水蓄能项目营销案例分析

卢亚琴

1 混合风光互补抽水蓄能项目的战略意义

当下全球能源议题聚焦能源转型，中国政府承诺将在 2030 年实现碳达峰，2060 年实现碳中和。世界多个经济体将实现零碳排锁定在 2050 年。

利用非石化能源替代传统的石化能源，如何实现能源成功转型，如何制定政策规范，如何规划能源基础设施投资，如何进行技术革新，成为各国政府、能源投资公司、研发设计咨询机构提前思考布局的要务。

非石化能源包括太阳能、风能、潮汐能、地热能、生物质能、水能、核能、氢能。混合风光互补抽水蓄能项目是将风电场、光伏电场、抽水蓄能电站三个独立电场的功能整合，完全利用可再生能源即风能、太阳能、水能为终端用户提供稳定及经济的电力。

2 工作原理

在混合风光互补抽水蓄能系统中，风光互补解决了风能和太阳能资源不稳定性和不连续性的缺点。抽水蓄能单元替代储能电池单元，解决了储能电池成本高、寿命短、储能时间短、不易维护、酸液泄漏等问题。

该系统中的核心工作组件包括风光互补单元、控制器、直流负载、交流负载、逆变器、可逆式水泵水轮机组。水泵水轮机组置于上、下水池之间，当抽水蓄能单元处于发电状态时，上水池放水，冲击水泵水轮机组发电，水流入下水池；抽水时，水泵水轮机组从下水池抽水至上水池。

3 营销案例

上述项目的选址需要有丰富的风资源、光资源，可建设具有一定高差上下水库的山区。笔者所在区域为阿联酋，是典型热带沙漠国家，计划在已建 250MW 抽水蓄能电站现有发电规模的基础上，增加风电和光伏电场，建设抽水蓄能电站、风光电场微电网，提高现有抽水蓄能电站的可利用小时数，降低弃风弃光发电量，最终提高电网绿电占比，助力能源转型。理论研究证明：风光互补抽水蓄能可以节约电网为吸纳风电和光伏发电等新能源增加的旋转备用容量的 70%，即风电和光伏装机的 70% 装机规模。

目前该项目抽水蓄能电站和光伏电站正在建设中，风电测风塔正在可行性研究中。抽水蓄能电站和光伏电站的运行可以实现日常的能量转换，即在非用电高峰时段通过太阳能发电启动泵系统将下水库水抽至上水库，在用电高峰时段利用上水库水力发电。抽水和发电周期的时间在一年中是不同的，但抽水蓄能电站的正常运行会考虑到每个机组在抽水模式下平均有 3 次启动和 3 次停止，在发电模式下有 3 次启动和 3 次停止。抽水蓄能电站会平衡电网电压并在同步调相模式下连续运行，即在同步补偿模式或静态同步补偿模式下连续运行（Statcom），提供或吸收无功电流，从而快速响应与电网连接点电压实现电网平衡。

因项目所处沙漠海洋性气候条件下的山区，是国家自然保护区，项目建成后水库蓄水发电和光伏发电的经济效益同电厂区对山区地形地貌的保护区内野生动物的影响和环境可持续性影响需进一步检测。尤其在全球气候急剧变化的客观影响下，在高温高热环境里抽水蓄能电站的发电出力是否达到设计水平，需进一步观测。

4 结束语

混合风光互补抽水蓄能发电是一种新近出现的电力生产模式，适合在特定资源环境条件下采用，与传统的石化燃料或其他单一的发电模式相比，尽管具有可持续的清洁能源和平衡电网负荷的明显优势，但其结构复杂，投资相对较大，且能量转换中也会存在一定的效力损失，同时也可能对周围环境和气候产生一定影响。特别是其在高温高热条件下的发电出力是否能达到设计要求，尚待验证。因此，相关投资人在选择这种发电组合时，应从资源条件、经济、环保及可靠性等方面综合考虑。

第二编

项目招标投标篇

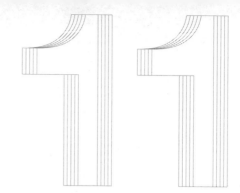

国际工程项目联合体投标案例分析

王道好

1 联合体投标案例

为举办 2008 年奥运会，北京市政府就标志性奥运场馆——国家体育场（鸟巢）项目的投融资、设计、建设管理、施工、测试、赛事服务及赛后维护利用与移交，于 2003 年举行了全球公开招标。这是一个境内涉外项目，属于国际工程的范畴。

北京某大型建筑工程集团公司，以"不惜一切代价，志在必得"的信心和决心参加项目竞标。为此，集团不仅成立了专门的奥运项目投标办公室，还聘请专业的项目管理咨询公司，由其指派具有海外项目工作经验的专家，全程协助指导编制投标文件的日常管理工作。

为全面满足业主对承包商的资格要求，集团牵头组建了投标联合体（Consortium），由国内外 13 家单位构成。其中，该集团作为牵头方占股51%，负责投标的组织领导、资金支持和后勤保障工作，并承担建设管理、施工组织设计、赛后运营维护与移交、商务报价等投标文件的编写工作。其余的 12 家公司作为合作方共占比 49%，分别负责投资、设计优化细化、建设监理、信托保险、场馆测试、赛事组织服务、财务分析等方案的编写任务。在这 12 家合作方中，有两家国际合作方需要特别提及，一是投资合作方，为一家美国公司；另一个是赛事组织服务方，为欧洲一个从事足球赛事中介服务的个体经营者。由于牵头方先前没有与国际伙伴合作承包经营项目的经验和资源，这两家国际合作方都是临时通过互联网渠道取得联系的。

投标书共计 10 个专项方案，均采用中英文对照，最终按期完成投出。据说在开标现场，该投标联合体由于参与方过多而受到其他竞标者的当庭嘲笑。不过，经过评标，该联合体以综合得分第一名的结果获得了中标通知书。

但是，在合同谈判过程中，联合体却遇到了麻烦，主要的问题是联合体中投资方，那家美国公司，要么迟迟不能到场参加谈判，要么最终也不能给出令人信服的投融资方案承诺，使业主对该联合体的投融资实力十分担忧。最终，业主不得不取消了该联合体的中标资格，转而将项目授给了评标综合得分第二名的竞标人，该竞标人是以某知名建筑集团和大型银行为主的 5 家单位组成的联合体，在联合体的简洁性及融资能力上明显优于上述那一家。

从这个例子我们可以看出，此次奥运投标的成败均在联合体，正所谓"成也萧何败亦萧何"。

2 联合体投标优缺点分析

奥运会场馆作为举世瞩目的项目，其体量规模大，专业涉及面广，质量要求高，建设工期紧，运营过程漫长复杂，北京市政府为展现开放公平、接轨国际的姿态，采取了类似 BOT 模式的国际招标来选定承包商。任何以国内建设工程为主业的承包商，都很难以一己之力完全满足业主的要求。因此，组建联合体，充分利用国际国内的资源参与竞标，就成为一条可供选择的途径。

从业主的角度看，具有工程建设实力的承包商，通过组建联合体，广泛吸收国内外专业优势资源，使业主对奥运场馆项目的要求全面得到满足，尤其是联合体中吸纳了国际合作伙伴，体现了业主在场馆建设上以开放的精神举办奥运的国际化形象。而且，投标书中还明确承诺，联合体各方对业主承担全部和连带责任，有效降低了业主在场馆投资建设运营中的风险，解除了业主的后顾之忧。

从承包商的角度看，作为国内大型建筑企业竞标奥运场馆项目，除了发挥自身超强的工程建设实力外，通过牵头组建联合体，吸纳国内外相关资源，形成优势互补，强强联合，使其整体实力更加均衡全面，因而增强了业主对己方的信心，提升了投标竞争力，也为进一步开展广泛深入的国际工程合作奠定了基础。由于联合体中各合作方在投标和工程实施中都要承担各自的责任和工作范围，相互间的责任界限明确划分，这不仅减轻了牵头方的工作负担和资源投入，分担了其独自投标时的风险，而且也方便其牵头管理。由于共同的目标和连带责任的关系，为了整体的利益，相关方还会顾全大局、互谅互让、精诚团结、互助协作。联合体协议约定，联合体内成员不得单独或以其他联合体成员身份参与同一项目的投标，这在一定程度上减轻了竞争压力。另外，由于联合体的临时性特点，投标一旦结束或者中标后履约完毕，联合体即告解体，各合作方原则上不再相互牵连。

联合投标作为一种国际工程投标合作模式，还具有其他一些优势。例如，一个国际承包商与项目本土的实体组建联合（或联营）体投标，可以作为开拓进入一个新市场的手段，可以享受一些国际金融组织贷款项目的价格优惠，还可以充分利用当地合作方的"天时地利人和"诸多优势便利。另外，中国建筑企业与国际上有实力的承包商合作，可以学习借鉴其可取之处，提升企业国际化经营管理能力。

当然，任何事物都是既有优势长处，必然也存在问题和缺点。就本题的案例来说，联合体成员数量过多，加之各方经营思维方式、管理流程以及民族性格等的差别，而各方又缺乏先前的合作经验，相互间很难马上建立信任关系，因此给其内部的沟通协调管理带来巨大难度，必然造成无谓的严重内耗，导致管理效率降低和成本增加。

组成联合体并不一定能保证整个联合体各种实力的均衡提升。比如在本案例中，负责赛事组织的合作方仅为一家个体经营者，其经营业绩、财务实力、组织赛事的资源和能力都非常有限，远远不能满足奥运会这样大型国际性竞赛项目对组织者的要求。这样的合作方加入联合体，不仅没有增强整个联合体的赛事组织实力，反而有滥竽充数的嫌疑。

一般来说，在联合体内部协议、合同或章程中对成员的责任、权利、义务都会有所界定，但很难做到全面细致，难免有冲突或遗漏的地方，容易造成执行时的困难，往往会发生见到利益就上、见到责任就躲的情况。

联合体各成员如果参与报价，对其自身承担的工程部分就难免有虚高的成分，每一位成员都这样做且不作统筹调整的话，无疑将推高联合体整体对外报价，这样的价格水平很难有多大的竞争力。

联合体如果中标，在实施项目时，因为各自承担的任务是相对独立的，派出的管理团队也是相对独立的，无形中增加了管理资源的投入，造成资源的浪费和成本的增加。

对于由国际承包商与当地实体或个人组建的联合体来说，虽然有上述优势，但也不排除有可能被有意挖坑陷害，就是常言所说的"强龙压不过地头蛇"。

3 改进与防范措施

针对上述的案例和对联合体投标特点的认识，我们提出如下几条改进或防范措施：

1. 联合体成员数量不宜过多

像本案例中由13家单位组成的投标联合体，规模过于庞大，构成过于复杂，很不利于其运作管理。可以说该联合体最终没有中标，在某种程度上未尝不是一件幸事。否则，真要中标实施项目，联合体内部沟通协调管理将是十分头疼的难题。个人认为，联合体成员数量在2～5家为宜。

当然，就本案例来说，联合体成员数量过少，从表面上看似乎不能全面满足业主的多方面专业要求，但这个问题也不是没有解决的办法。个人认为，可以选择实力强大的少数几个合作伙伴组成联合体。这些成员的主业范围能充分满足业主的主要诉求，包括投融资、建设施工、设计等。而其他的一些要求可以采取专业分包的形式。这样一来，既减少了联合体成员数量，又全方位满足了业主的招标要求。

2. 慎选合作伙伴

案例中联合体痛失中标机会的直接原因，是其国际投资方在谈判中无法圆满回应业主的要求。而这家投资人是牵头方在投标期间通过网络临时选择的，有临时拼凑的意味。当然，我们不能否认网络渠道在当下经济活动中的重要作用，问题是面对虚拟的世界不能过于草率盲信。否则，稍有不慎终将功亏一篑，造成难以挽回的损失。

无论采取什么方式建立联系，要选择合作伙伴，相互间都必须进行严格的专业性的审查评估，包括其资质资格、业绩、专业能力，以及参与投标的意愿、真实意图和目的等，最好是有过先前成功合作的经验。为选好用好合作伙伴，承包商可以建立自己的合作商信息库，实行动态更新管理。

慎选合作伙伴还包括在编制投标文件过程中，如果发现某合作伙伴的确不是理想的选择，可以在投标前果断予以剔除或更换。

3. 建立明确可行的体制机制

由于联合体是为了某一特殊目的临时建立的组织，内部各方因为利益、信任、制度、文化等方面的原因，管理起来难度相对较大，必须建立起一套切实可行的管理体制和机制，其中重要的一环就是建立内部合作合同、协议或章程等合同文件，尽可能详细全面地规定联合体运作的原则、机制和程序，以及各方的责任、权利和义务范围，包括责任追究机制，作为规范内部管理的法律依据。像本案例中投资方未履行其职责，给其他各方造成损失和伤害，如果合作协议中有明确规定，受害方完全可以通过法律手段追究其责任。

4. 善于总结合作中的经验教训

本案例中联合体合作失败的教训是十分明显的，但相关方和个人事后是否进行过认真地反思总结，是令人怀疑的。国际工程是一项充满风险和挑战的行业，工作中出现失误在所难免。重要的是，我们要善于总结、反思失败中的教训，积累成功中的经验，这样我们才能逐步成长壮大起来。

像本案例中的联合体最终功亏一篑，个人认为，其主要问题就是联合体的选择过多过滥，也没有建立应急防范措施和追责机制。

4　本文小结

本文通过联合体投标案例、特点及改进措施的分析，主要回答了三个基本问题：一是联合投标既有优势也可能存在难以避免的问题，是否选择联合投标，要根据业主要求、项目特点及自身的实际情况等因素综合考虑确定，回答的是选不选的问题；二是联合体中合作伙伴数量不宜过多，其实力要匹配，回答的是如何选的问题；三是要建立明确可行的运行规则和追责机制及必要的应急防范措施，回答的是如何运行管理的问题。

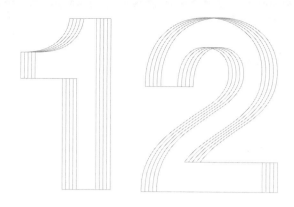

国际工程项目投标管理案例及七大核心详解

王道好

1 投标管理的作用

首先，我问大家一个问题，投标需要管理吗？

之所以会提出这样一个问题，是因为以个人的经验来看，在笔者这些年有限接触到的有关国际工程项目招标投标的文献资料中，绝大部分都是在谈如何做标，包括招标文件一般都有哪些程序要求，技术文件应该怎么编写，商务文件有哪些价格构成，以及编投标采取什么策略技巧等等。

这些问题重要吗？当然重要，但并不是投标工作的唯一或者说全部。精通这些问题可以使你成为一个编写投标书的专家，但不一定保证你投标工作能够取得成功，实现事先确定的投标目标。举一个简单的例子，一般招标都有一个投标书送达的截止时限，编制和投递投标文件（简称"编投标"）过程中如果由于管理不到位，导致标书无法按时编制出来，或者编好的标书没有按时限送达业主指定地点，结果被业主拒收或直接废标，那么你编制的标书再完美又有什么用呢？

个人认为，投标是一个技术活儿，一个投标团队就像一支乐队，即便乐队每一位成员都是技艺精湛的演奏家，如果缺乏一个统一的指挥，也很难奏出和谐动听的曲子来，而发挥这个统一指挥作用的正是我们所说的管理。

下面我们介绍一个国际工程项目投标团队的例子。

2 投标管理团队案例

为参加某些大型国际体育场馆建设项目投标，某大型建筑集团公司，从集团所属各部门和专业子公司抽调了精干的力量，并利用包括国际社会在内的广泛的社会资源，形成了强大而全面的投标阵容。集团指定一名副总裁专门负责投标领导工作，并成立了专项投标办公室，具体负责投标工作的日常运作管理。投标办公室自编制资格文件开始，到部分场馆项目中标为止，历时近一年，耗资数千万元，集团内外数十家单位参与其中，涉及人员以千计。这样一个规模的团队作业，如果缺乏有效的组织管理，是很难顺利完成投标任务的。

下面我们具体看一下投标办公室的组织机构设置图（图1）。

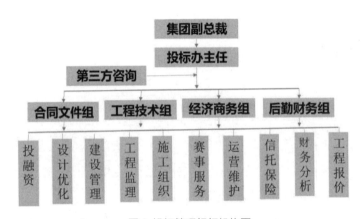

图1 投标管理组织机构图

在机构图中，集团副总裁和投标办主任作为投标团队的领导者，主要负责投标相关重要问题的决策，属于决策管理的范畴，而第三方咨询除了为辅助决策提供专家建议意见外，也要协助指导投标团队对整个投标过程的计划安排，也就是投标的整体策划。而采取这样一种组织机构形式，以及它内部的职能定位，并且对外组建投标联合体，这些工作属于组织管理的范畴。在组织机构内部，工程技术组、商务经济组和合同文件组，除了要负责一小部分投标文件的编制外，更主要的工作是负责对集团下属相关参与单位和合作单位编标进程和质量的把控，这就涉及编制投标文件过程控制问题。财务后勤组则负责投标团队的后勤保障，也是投标管理的一部分。

由此可见，这个集团为专一项目竞标组建的投标办公室，与其说是投标专业团队，不如说是投标管理团队。下面我们详细分析投标管理工作的具体内容。

3 投标管理的工作内容

所谓的国际工程项目投标管理，就是对其投标活动中的各个环节进行决策、组织、计划、实施控制、竞标谈判、支持服务及总结评价的过程。现分别介绍如下。

3.1 投标的决策管理

投标决策是投标人在投标可行性分析的基础上，选择确定投标目标和为实现目标应采取何种措施的过程。投标决策是一个持续的过程，几乎伴随投标活动的全过程。在投标过程中的不同阶段，决策的内容各不相同。在投标前期，需要决策的主要问题是：1）是否参加投标；2）如果决定投标，则需要确定投标的目标，并选择投标方式。在编制和投递标书阶段，需要决策的主要问题是：1）选择确定投标报价的策略方法；2）确定最终报出的投标价格。而开标后需要决策的主要问题是，是否选择中标及为此应采取的策略措施。

3.2 投标的组织管理

对于一个具体的国际工程项目，投标人一旦决定参加投标，就要立即着手组织建立投标工作团队，调配利用企业内外部资源，尽快开始编投标及相关工作。投标团队的组织形式通常有以下几种。

1. 临时性投标团队

类似于实施项目时成立的项目部，即投标单位从组织内外部抽调安排相关技术管理人员，组成临时投标团队，全面负责完成项目投标的所有工作。

2. 专业性投标团队

一些国际工程企业在其组织内部设有专门负责市场开发和投标工作的职能部门，如市场开发部、投标管理处等，大的职能部门还可能根据专业领域或国际市场区域的不同细分为多个科室，这样的部门或科室长期从事同一区域或同类专业领域的国际工程项目开发工作，具有丰富的经验，熟悉区域市场情况，适合承担国际工程项目投标。

3. 组合性投标团队

即指定一个投标负责人或建立一个小型的投标管理团队，负责投标工作的统筹协调管理，而投标的具体业务工作则由企业内部各职能部门或专业部门完成。像本案例中的投标办公室基本上就是一种组合性团队，主要任务不是具体做标而是投标管理。

4. 驻外机构投标团队

如果承包企业在拟投标项目所在国家或地区设有分支管理机构或在建项目，并且该分支机构或在建项目部有足够的能力承担编投标工作的，可交由他们完成编投标工作，总部进行必要的决策、支持、协助和把控。

3.3 投标的管理策划

重要的大型国际工程项目投标开始前，应进行投标管理策划，也就是事先对投标过程的组织、进度、流程、资源等进行计划安排，用于指导控制编投标过程，确保投标目标的实现。

在投标管理团队组建后，应由团队负责人（俗称"标头"），牵头负责进行投标管理策划，策划的输出结果是投标管理计划，主要包括投标目标、进度计划、组织及资源安排、投标合作方式、投标管理制度等。

3.4 编投标的过程控制和检查

从管理的角度看，编投标的过程控制和检查的重点是对投标进度的控制和投标书质量的检查，目的是按期完成一份高质量的投标文件，力争实现预定的投标目标。

进度控制的主要工作包括：①根据投标进度计划的要求，组织安排投标工作，确保按招标文件规定的时间要求完成相应的任务；②申请投标延期；③延期后进度计划调整；④延误后的应急处理。

投标质量检查的方式包括：①自我检查；②小组检查；③评审检查；④最终检查。

3.5 开标后澄清竞标与合同谈判

对投标人来说，投标书送递招标人并在规定的时间开标后，原则上说，大部分投标团队成员的工作基本告一段落，可以适时离开团队。

开标后，投标人要根据开标结果及预先设定的投标目标的不同，按照相关决策要求开展相应的工作。如果出于种种原因，投标人不想承接此项目，则可以通过适当方式让招标人了解其真实想法，顺利退出投标竞争。如果开标结果是标价偏高，则失去了竞争力，基本中标无望，投标工作就此结束。

但是，如果标价排名靠前，且预设的投标目标就是争取中标，投标人则应至少保留部分投标团队成员，开展开标后的标价澄清竞标和合同谈判工作。

3.6 投标的后勤服务保障

投标是一件相对复杂艰巨的工作，需要有良好的后勤服务保障才能顺利开展。这些后勤保障主要包括：1）投标团队办公场地和设施的提供和运行维护及必要的生活起居安排；2）投标过程中不可避免地要发生一定的费用支出，因此投标企业应为投标工作提供必要的资金支持，并加强资金的计划和使用管理；3）出国人员的服务，如护照、签证、换汇、机票酒店预订，以及在国外的生活工作便利等。这些服务管理可由社会化、公司内部提供，也可能需要投标团队安排专人负责或成员个人自行管理。但无论管理方是谁，投标的后勤服务保障都是投标管理工作的一部分。

3.7 投标工作的总结评价

投标工作结束时，应对整个投标过程进行总结评价，主要是回顾投标过程，对比投标的实际结果是否达到了预期的目的和效果，分析总结投标过程中的经验教训，提出改进措施意见，形成投标总结评价报告。要将报告及招标投标文件进行整理归档，妥善保存，以资借鉴。如果项目投标最终中标，则投标团队应尽早向项目执行团队进行交底，移交相关文件资料。

4 本文小结

本文的内容有三点：1）与其他涉及投标问题的观点不同，强调了管理在投标过程中的重要作用，回答的是投标要不要管理的问题。2）通过一个大型投标管理团队的案例，来说明投标中所涉及的一些管理工作。3）重点分析了投标管理的具体内容，也就是解决如何进行投标管理的问题，包括投标的决策、组织、策划、过程控制、澄清谈判、后勤保障及总结评价等7个方面，这些是投标管理的核心工作。

国际工程项目投标决策案例分析

王道好

1 何谓投标决策

所谓投标决策，是投标人在投标可行性分析的基础上，选择确定投标目标和为实现目标应采取何种措施的过程。

整个投标过程可以分为三个阶段，即投标前期、编投标期（即编制和投递投标书）和开标后期。在不同阶段，投标决策的侧重点各不相同。一般来说，在投标前期，需要决策的主要问题是：1）是否参加投标。2）如果决定投标，则需要确定投标的目标，并选择投标方式。在编制和投递标书阶段，需要决策的主要问题是：1）选择确定投标报价的策略方法；2）确定最终报出的投标价格。而开标后需要决策的主要问题是，是否选择中标及为此应采取的策略措施。

下面我们通过一个具体的案例，来看一看在不同阶段是如何决策的。

2 投标决策案例描述

南亚某国政府申请了一笔亚行贷款，用于该国西部某一片区的农业基础设施综合改造项目，该项目共分为 4 个标段。中国一家国际承包商首次进入该国市场，参加了其中的后面两个标段的资格预审并获得通过，即第 3 标段乡村泥石路面的升级改造，预计造价在 500 万美元以上；第 4 标段金属结构浮桥的设计、制造、安装、运维保修及配套土建工程，预计造价 100 万美元左右。

发布招标公告后，该承包商面临投标与否的相关决策。承包商分析认为，第 3 标段规模相对较大，技术难度较低，并了解到共有 8 家承包商通过了资格审查，其中就有在此国深耕多年的其他中国公司，因此必然面临较为激烈的竞争。另外，施工中少不了要与沿线村民发生矛盾纠纷，这对初入该国的承包商来说是不易处理的。第 4 标段则规模较小，技术独到而且单一，不是常规土建承包商所擅长的，因此竞争程度较低，仅 3 家承包商通过了资格审查，而且现场工作和投入较少，主要工作在中国境内完成，因此操控容易，很适合作为新入市场的切入点。经分析比较，该承包商决定，放弃第 3 标段，主攻第 4 标段，通过与国内厂家合作做标，并力争中标，另辟蹊径来打开该国市场。也就是说，在投标前确定了投不投或投哪一段、投标目标以及做标方式等一系列问题。

编标期间，承包商了解到，仅自身和一家印度承包商购买了招标文件，因而竞争程度变得更低，加之中国厂家浮桥技术的独特性，以及初入该国市场对市场行情不甚了解。综合考虑这些因素，承包商决定最终以相对较高的价格投标。可见在此阶段，承包商主要通过形势分析确定了投标报价问题。

开标时发现，业主仅收到该承包商一家的报价。承包商由此相信，业主要么选择废标，要么不得不将该标段授予自己。于是，承包商决定先采取冷处理的策略，不急于率先同业主联系，等业主主动找上门来。这样就可以掌握谈判的主动权，以便在下一步的澄清谈判过程中采取较为强硬的立场，达到以理想的价格获得中标的目的。就是说，在此阶段，承包商选择以中标为目的，并确定了相应的竞标谈判策略。

3 投标决策内容分析

3.1 投标前期决策

1. 投标与否的决策

影响投标决策的因素来自承包商内部和外部两个方面。内部因素包括承包商的技术经济和管理实力、业绩信誉，以及当前的经营状况与战略规划，如业务的范围、规模及其饱和程度、就业情况、总体盈亏状况以及战略发展方向等。

外部因素主要包括业主和监理工程师的资信和能力，竞争对手的数量、实力、优势及其在建工程状况，招标文件确定的要求和条件是否可以接受，工程项目的特点等。其中，工程项目的特点包括项目的环境、性质、规模、实施的难易程度以及潜在风险等。

通常在下列情况下，承包商应考虑主动放弃投标：1）本承包企业主营和兼营业务范围之外的项目；2）虽在业务范围之内，但工程规模和技术要求远远超出其承担能力的项目；3）当下生产任务饱满，而招标工程竞争激烈必然导致盈利水平较低或风险较大的项目；4）参与竞争的对手实力过分强大的项目；5）业主或项目的合法性存疑、资金不落实、合同和付款条件极为苛刻的项目。

2. 确定投标目标

如果承包商决定参加投标，并以中标为目的，那么对同一招标项目，又可以有不同投标报价目标的选择，包括以下几种选择：

（1）生存型。投标报价是以克服企业生存危机为目标，争取中标可以不考虑种种利益原则。

（2）补偿型。投标报价是以补偿企业任务不足，追求边际效益为目标。

（3）开发型。投标报价是以开拓市场、积累经验，为后续项目投标和业务发展为目标。其特点是不着眼一次投标效益，用低报价吸引业主。像本案例就属于开发型，不过是承包商把握住了项目的独特性和竞争程度低的特点，而选择报了一个较高的价格。

（4）竞争型。在充分竞争的条件下，以低盈利为目标，以有竞争力的报价达到中标的目的。这是最常见的一种投标目的。

（5）盈利型。承包商自身具有独特的优势，以实现最佳盈利为目标进行报价。

需要指出的是，选择参与投标并非以中标为唯一目的，还可能是为了实现投标人的其他意图或目标，通常包括以下几种情况：1）投标人新进入一个市场或专业领域，对市场行情、竞争程度和价格水平不了解，通过参与合适项目的投标，可以增加对新市场新领域的了解；2）投标人因种种原因在某一传统市场已经多年未参加投标竞争，需要通过参与投标向竞争对手彰显自身的存在；3）其他目的，比如为保持与老客户的友好关系，自身营销宣传的需要，或者配合合作伙伴的投标行动等，所有这些都可能成为投标人投标目标的选项。

3. 选择投标形式

工程项目承包方式主要有：总包、分包、转包、联合承包四种方式。四种承包方式相应产生了总包价格、分包价格、转包价格、联合承包价格四种不同的价格形式。

获得投标资格的投标人向招标人投标时，可以选择独家总承包或联合总承包，而在编制投标报价文件时，可以考虑采用自行编制的总承包或联合总承包的价格，也可以部分或全部采用分包商或转包方提供的价格。

需要指出的是，就像上述案例那样，承包商投标前可能同时面临多个项目投标的情况。那么，选择投哪一个或几个项目？如果选择了多个，哪些是重点必保中标的项目等等，也是投标前期决策需要确定的。

3.2 编投标期决策

在此阶段的决策，除了重大技术方案或合作方式的选择外，经济决策主要内容是：1）根据对招标项目特点的分析研究，确定投标的总体价格水平；2）确定最终对外报价。

1. 确定投标的总体价格水平

投标时，既要考虑自己公司的优势和劣势，也要分析投标项目的整体特点，按照工程的类别、施工条件、竞争程度等考虑投标的总体价格水平。

一般说来，在下列情况下的报价可适当调高一些：1）施工条件差的工程，如场地狭窄、地处闹市，或地处偏远、交通闭塞的工程；2）专业要求高的技术密集型工程，而本公司在这方面有专长，声望也高时。

下述情况报价应适当降低一些：1）施工条件好的工程，工作简单、工程量大而一般公司都可以做的工程。如大量的土方工程、一般房建工程等；2）本公司目前急于打入某一市场、某一地区，以及虽已在某地区经营多年，但即将面临没有工程的情况（某些国家规定，在该国注册公司一年内没有经营项目就撤销营业执照），机械设备等无工地转移时；3）附近有工程而本项目可以利用该项工程的设备、劳务或有条件短期内突击完成的；4）投标对手多，竞争激烈时；5）业主非急需工程；6）支付条件好，如国际金融组织融资、现汇支付、国际通用货币比例高。

2. 最终报价决策

投标报价决策是投标报价工作中的重要一环。在标书最终报出前，投标负责人应召集编标人员和本公司有关领导或高级咨询人员共同研究，就标价计算结果进行静态、动态分析和讨论，作出有关调整标价和最终报价金额的决定，并选择调价的策略方式。

3.3 开标后决策

开标后，投标人可以根据预先设定的投标目标和开标结果做出决定，是努力争取中标还是主动放弃中标，并选择应采取的相应策略措施。

1. 开标后的进退选择

当投标前期确定的目标是力争中标时，投标人可根据自身标价水平及其在竞争中的排位情况作出进退选择。

（1）投标人的报价排在前两名的，通常应不放过任何竞争手段，争取中标。

不过，需要注意的是，如果开标后发现，投标人的报价远远低于其他承包商的报价，除非投标人的确有某些非同寻常的优势，或出于某种特殊投标目的的考虑，否则，意味着投标人对市场的价格水平把握不准，或在投标中出现了重大失误，如果中标履约，可能会招致严重的经济损失。在这种情况下，投标人需慎重考虑，是否应该主动放弃中标的机会。

（2）投标人的报价排在第三、四名的，应调整竞争策略，争取得到报价答辩的机会。特别是对投标人经营影响较大的项目，更应通过报价答辩，发挥报价条件中的独有专长，争取跻身前茅，提高中标概率。

（3）投标的报价明显高于竞争对手的价位，如果报价条件无明显优势，或者投标项目无太大吸引力，基本中标无望，就应毅然选择放弃，以减少投标费用支出。但也需通过总结报价失利原因，积累报价经验。同时，要摸清竞争对手的实力和竞争手段，以便为今后的报价竞争做好准备。

另外，如果投标人初设的投标目标原本不是为了中标，但开标后投标人的报价排位很靠前，中标希望很大，投标人应在认真分析判断的基础上做出进退决策，如无特殊情况，仍应选择争取中标。

2. 选择澄清谈判策略

投标人对报价澄清希望达到的目的不同，对澄清策略也可以做出不同的选择，包括：1）修正报价条件，增加承包费用，力争中标；2）修正报价条件，保证中标，同时适当降低承包费用，取得更好的经济效益；3）修正报价条件，使其失去中标机会，体面退出投标活动；4）修正报价条件，不以中标为目的，而是借机宣扬自身的形象和实力，为以后招标投标活动创造良好印象。选择什么样的策略，要根据投标人的投标目的来决定，借报价澄清的机会去实现。

4 本文小结

我们可以简单地用 WCH 三个字母来总结本文的内容：1）W 代表 What，投标决策是什么？2）C 代表 Case，即介绍了一个投标决策的案例；3）H 代表 How，即如何进行投标决策，系统讨论了在投标的三个不同阶段的决策侧重点和应考虑的因素。

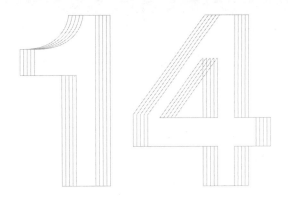

国际工程项目投标谈判案例分析

王道好

1 案例描述

　　某年初，一家中国国际工程承包商参加了南亚某国政府的一个金属浮桥设计、加工安装和运营维护项目的投标。开标后该承包商发现，只有他们一家递交了投标书，竞标形势对他们非常有利。因为在这种情况下，业主面临两种选择：要么根据招标文件规定，废标后重新招标；要么只好把标授给这家承包商。而这个项目规模不大，且技术独特，如果重新招标，不仅要产生额外的时间和经济成本，而且最后结果也不见得就比这一次好，弄不好这个项目可能就不得不取消了。所以，承包商预判自己中标的可能性非常大，为获得下一步在谈判中的主动权，承包商决定先采取冷处理的策略。

　　这样，2月初投完标后，承包商投标人员就返回了国内，不再主动联系业主。果然，业主坐不住了，两个月后放出风说，这家承包商很奇怪，往常别人开标后都积极与业主联系，怎么至今都不见这家承包商有任何动静呢？

　　获得这一信息后，承包商立即给业主传话说，对这个项目很感兴趣，一直在等业主评标呢。如果中间有什么需要他们做的，一定竭尽全力配合。这样，双方于4月份开始通过信函往来进行答疑澄清，内容主要包括如下技术和商务问题：

（1）设计保证书和职业赔偿险

业主提出，招标文件中要求，承包商应提交设计保证书和职业赔偿保险，但投标书中没有提及此事，承包商对此作何安排？

承包商的答复是，一定会在与设计人的协议中要求其提供设计保证书和职业赔偿险，但设计服务协议只有等业主授标后才能签署生效。

（2）油漆寿命

招标文件要求浮桥设计寿命为 20 年，业主怀疑，承包商采用的油漆能否确保使用 20 年？

承包商回答说，虽然浮桥总体设计寿命是 20 年，但并不是所有的部分都保持同样长的寿命。原设计方案中采用的油漆寿命为 3 ~ 4 年，若需更换为长效油漆（20 年），则需补充报价 400 余万当地币（约占总报价 6%）。后在价格谈判中作为让步条件，承包商承诺免费更换。

（3）浮桥钢板厚度

业主担心，浮桥钢板厚度仅 4 ~ 5mm，能否保证 20 年的使用寿命？因为邻国一个正在使用的浮桥，采用的钢板厚度在 10mm 以上。

承包商澄清说，本浮桥采用的不是普通钢材，而是耐腐耐磨性高的舰艇用合金钢，并且在行车道上加焊了防滑条，更有利于提高其耐磨性。而材质大幅度减轻后，有利于使用中的装拆运输，因为根据招标文件要求，由于季节原因浮桥每年需装拆和上岸储存一次。为证明钢板厚度的合理性，承包商还向业主出示了中国国家规范中的相关技术数据，以及厂家以前建造的一些同类浮桥的使用寿命。

（4）备品配件

业主要求提供 20 年寿命期的备品配件。

承包商则表示，招标文件中从未提出备品配件问题，承包商承诺 20 年使用寿命，并不意味着要承担其间的备品配件费用，正像汽车制造商不会提供汽车使用寿命期间所需的备品配件一样。后来，承包商就此补充报价 390 余万当地币，并最终被业主接受。

（5）一般费用

业主要求提供一般费用的构成明细，并在 24 个月合同工期内按均摊支付。

承包商在提供费用明细后提出，根据进度计划安排，承包商的绝大部分工作任务将在开工后 5 个月内完成，因此 95% 的一般费用在开头 5 个月内平均支付，最后 5% 在合同期结束时支付。业主最终接受了此方案。

2 价格谈判

6月初，承包商派谈判代表去见业主，双方主要就价格问题，先后经过五轮面对面的交流谈判，最终达成了一致，8月业主正式签发了中标通知书。

谈判一开始，业主认为，承包商的报价太高，以钢材的单位造价来衡量，价格简直高得太离谱，直接提出要求降价25%。

为证明报价的合理性，承包商从各个不同角度作了充分论证，向业主进行了反复耐心的解释说服工作。总结起来承包商给出的理由有如下几点：

（1）采取了不平衡报价，即材料报价中还包括了那些施工中必定会发生而其他任何价号中没有包含的工作费用。

（2）与普通钢材价格没有可比性，国际市场上普通钢材的价格的确比我们的低，但本浮桥采用的舰艇用钢和合金钢，这类材料的材质优、用量小、生产成本高，市场上难以获得，其价格自然不是普通钢材所能比的。

（3）采用了以价换质的方案，经方案比较，如果采用普通钢材，单价的确会低一些，但重量增加一倍以上。这样不仅总价更高了，而且使用中更笨重，大大增加了人工处置的难度。

（4）拥有独特先进的技术，这是一种较为独特先进的浮桥技术，世界上只有少数几个国家掌握，所选厂家是中国唯一能够生产这种浮桥的厂家，部分核心构件是其专利技术，且制造工艺复杂。正如汽车的品质和价格不是以其重量来衡量一样，高技术含量的浮桥的性能和价格也不能简单地用其吨位来衡量。

（5）运输成本高，因为浮桥成品中的主要构件是大体积空箱结构，要经过长距离的国际国内水陆运输，因此抬高了运输相关费用。

（6）项目特殊性，该项目是以设计供货为主又有少量现场工作的工程，且整个项目规模不大，因此承包商在成本上无法享受单纯的供货或单纯的土建施工项目的优势，却不得不面临其两面的劣势。规模小又导致相关管理费用占比升高。

（7）遵循公开招标的通用规则，由于这是一个国际公开招标项目，开标后业主要么接受承包商的报价，要么拒绝，却没有权利要求承包商降价，正如承包商在开标后发现形势对己方有利也不能随意抬价一样。

（8）承担更换油漆的费用，这是承包商的让步条件，相当于降价2.5%（扣除原油漆的费用）。

基于上述理由，承包商认为其报价是合理的，业主再要求降价是不可接受的。

承包商派出的两名谈判代表，其中主谈人态度强势，副手则态度温和，二人在谈判中配合默契，就是所谓的"一个唱红脸，一个唱白脸"。最后一次谈判，从早晨业主上班时开始，一直持续到下午下班时才结束。可以说，整个谈判过程既是双方专业、智慧和准备程度的体现，也是对双方心理和身体耐力的考验。

直到最后时刻，承包商才表示，为了表达真诚合作的愿望，愿意整体降价0.5%。双方就此达成一致，当即在会谈纪要上签字确认。

3 对案例的分析认识

这是一个非常成功的谈判案例，下面谈一谈对投标谈判的几点看法，也是个人的一些经验之谈。

（1）从投标管理中的决策角度来看，承包商在开标后，对形势判断准确，目标也很明确，选择的策略恰当。

（2）充分利用于己有利的形势，本案例中就是独家报价和独特的技术优势等。一般项目投标中的优势还包括报价靠前、有良好的同类项目业绩、为业主提供额外的产品或服务等。

（3）谈判中采用充分有利的论据，谈判的目的是要争取自身利益的最大化，这里面没有对错或真假的问题，凡是认为对自己有利的，都可以用作说服对方的理由。

（4）坚持灵活性与原则性并用，谈判的过程是双方博弈妥协的过程，不存在一方完胜另一方完败的结局。重要的是，要清楚己方的根本目的和底线是什么，要在坚持底线实现目的的前提下，适当作出一些妥协让步，特别是招标文件有明确要求的，比如案例中的设计责任和长效油漆，应尽量答应遵守。在经济上，承包商以降价0.5%的代价，换来中标项目和23%的最终盈利，同时也给业主谈判代表以台阶下，使谈判圆满结束。很难想象，如果一直坚持分毫不让，最终的结果会是什么样。

（5）内部配合协助的重要性，这不仅表现在谈判桌上谈判代表间的默契配合，而且还可能需要场外其他技术商务人员包括合作方的支持协助。这好比是打仗，战友们在前方打仗不仅需要相互配合，而且还需要后方源源不断地输送枪支弹药。

（6）寻找第三条解决问题的路径，即当双方的意见僵持不下时，换一种思路使双方均可接受。比如，业主要求一般管理费按24个月工期平摊支付，承包商则最终提出95%前5个月平均支付，最后5%竣工时支付。

（7）利用有利机会争取额外报价，比如招标投标文件中的模糊点或缺陷。在本案例中，20年使用寿命所需的备品配件，招标投标文件均没有提及，承包商拒绝提供，迫使业主接受补充报价。

（8）澄清谈判程序问题，原则上，开标后的澄清谈判遵循"先技术后商务，先易后难，书面和面对面并用"，并且以书面文字为准，经双方签字确认后，最终成为项目合同文件组成部分。

（9）谈判者的身心素质，谈判不仅需要智慧技巧，更是对双方心理素质和身体耐力的考验，因此谈判者应具备良好的身心素质。

4 本文小结

本文的内容有三点：1）完整呈现了一个成功的国际工程项目投标谈判的全部过程；2）重点聚焦双方面对面的价格谈判，包括谈判中承包商所展示出的充分论证、良好的身心素质以及团队的默契配合；3）结合该案例，着重谈了个人对开标后澄清谈判的一些认识和看法。

价值工程在国际工程项目投标谈判中的应用案例分析

王道好

1 价值工程的基本概念

根据百度百科的定义，价值工程（Value Engineering，VE），也称价值分析（Value Analysis，VA），是指以产品或作业的功能分析为核心，以提高产品或作业的价值为目的，力求以最低寿命周期成本实现产品或作业使用所要求的必要功能的一项有组织的创造性活动，有些人也称其为功能成本分析。

价值工程涉及价值、功能和寿命周期成本等三个基本要素。价值工程是一门工程技术理论，其基本思想是以最少的费用换取所需要的功能。

价值工程有如下几个特点：1）以使用者的功能需求为出发点；2）对功能进行分析；3）系统研究功能与成本之间的关系；4）努力方向是提高价值；5）需要由多方协作，有组织、有计划、按程序地进行。

价值工程在工程设计和施工、产品研究开发、工业生产、企业管理等方面取得了长足的发展，产生了巨大的经济效益和社会效益。下面我们通过一个案例，来看承包商是如何在国际工程项目投标谈判中运用价值工程的。

2 投标谈判应用案例

中东某国私营业主为投资建设一个高层商业建筑项目，进行了非公开的邀请招标，项目总建筑面积 6 万余平方米，工期 48 个月。主要分项工程包括深基坑开挖与围护工程、钢筋混凝土结构工程、机电设备供货安装工程、室内装饰装修工程、家具供货安装工程、玻璃幕墙工程及室外景观工程等。

中东国家的项目，特别是一些私人业主项目，通常有两点惯例作法：一是有限邀请议标，即业主收到各承包商的投标报价后，一般不当众开标，而是私下轮番找各投标人进行谈判来压低价格；二是指定供货商、分包商名录，即项目中使用的产品或分包商名录都在标书和合同文件中有明确规定，并且崇尚欧美品牌，承包商只能首先在这些名录中选择。

某中资公司在该国从事建筑工程承包经营活动已达数十年，并与该业主先前有多个项目成功合作的经验，本次受邀参加了该项目的投标，并以 4.5 亿当地币的价格位列投标报价第三名。

鉴于以前成功合作所建立的互信关系，谈判期间业主有意将该项目售给这家中资公司，但嫌其价格太高，要求降价。

为此，承包商提出实施价值工程，具体说就是在建筑室内装饰装修、家具和玻璃幕墙的材料供货商和分包商的选择上，改用中国品牌和施工方。一个众所周知的事实是，欧美许多品牌的产品，包括知名品牌，都是由中国厂家代工生产的。而中国生产的产品，一旦贴上欧美品牌的标签，其市场价格就会成倍甚至十几倍地上涨。理性的客户应该在乎的是工程产品的内在品质，而不是虚设的名头。为保证材料的质量，承包商承诺，施工期间可以免费安排业主人员亲自到中国各相关厂家挑选确定材料样品。如果业主能够接受中国产品和专业分包，承包商将给以最大限度的降价。

对于这家承包商来说，选择中国供货商和专业分包商，在价格上享有两重优势：一是中国产品和专业分包本身价格总体上就比中东欧美的便宜；二是这些厂家和分包单位都是其以前的合作方，在报价上必定给以特别优惠。另外，在沟通管理上更容易，交货交工时间更有保证，因此既可以降低管理成本，又保证了工期的实现。

业主接受了承包商的建议，双方经多轮谈判，最终以 4.25 亿当地币的价格签订了项目合同。四年后，工程项目圆满完成，承包商也取得了满意的利润。

3 工程应用拓展分析

上面的案例是在保持建筑物实质性使用品质不变的前提下，承包商通过降低业主的建造成本而实现价值工程的。下面先详细分析一下，实现价值工程一般都有哪些途径。

3.1 应用途径拓展

简单地说，价值工程就是花最少的钱，办同样多的事；或者花一样的钱办更多的事。价值工程用公式表示为 $V=F/C$，V 代表价值，F 代表功能，C 代表成本。所以，价值工程实质上就是性价比，要提高产品的价值，就需从功能和 / 或成本入手。根据这种理解，实现价值工程应用可以从以下五条途径入手：

1）在不改变产品功能的情况下，降低寿命周期费用，对于建设工程来说，寿命周期费用包括规划设计建造和使用维护中的任何费用。

2）在保持产品原有寿命周期费用的情况下，提高产品功能，对于建设工程来说，就意味着要使工程发挥更多更高或更早的产出或效能，或向业主提供额外的产品或服务等。

3）既提高产品功能，又降低产品寿命周期费用，这是一种双优选择，可以通过科技进步或提高建设管理水平来实现。如果工程项目能够通过设计优化而缩短工期进而降低建造成本，并相应地使工程提前投产发挥效能，或延长了收益时间，就属于这种情形。

4）产品寿命周期费用有所提高，但产品功能有更大幅度的提高，这属于投资收益的边际溢出效应。

5）产品功能虽有降低，但产品寿命周期费用有更大的降低，相当于以质换价，当建设投资方资金不足时可以考虑选择。

从中可以看出，前面两条途径是通过单一变量的变化来提高性价比，后三条是通过双变量的增减来提高性价比。

3.2 应用机会拓展

上述案例中的价值工程是在开标后业主要求降价时，由承包商主动提出实施的。也就是说，价值工程的应用时机是在价格谈判时。

除此之外，在开标之前，承包商在编制标书的过程中，通过多种技术经济方案的比较优化，选择最优性价比的投标报价方案报出，也是运用了价值工程方法。这又可细分为显性和隐性应用两种情况。

所谓显性价值工程应用是说，如果招标文件中明确表示接受替代方案报价，或者说没有明确拒绝替代报价方案，那么，承包商就可以根据业主原有要求编制一份技术经济方案，并同时应用价值工程编制一份替代技术经济方案，将两个方案一同报出供业主选择。

隐性价值工程应用就是，在业主明确表示不接受替代方案的情况下，承包商在编标时仍然进行多个技术经济方案的分析比较，从中选出唯一性价比最高的那个方案报出。毕竟在满足使用技术要求的条件下，业主希望成本投入更节省；而在同等成本支出的条件下，业主希望工程能发挥更高的效能或收获更多的有益回报。

实际上价值工程在工程建设领域应用的机会是十分广泛的。从应用环节看，不仅在招标投标和合同谈判期间可以用到，在项目初期的立项、规划、设计，以及后来的施工建造，乃至投产后的使用维护各个阶段都能得到应用。从应用的主体看，不仅承包商可以用，其他建设相关方，如投资方、业主方、设计方、专业分包方或供货方等等，必要时都可以发起实施价值工程。

我们相信，随着科技进步和管理水平的提高，特别是计算机信息技术的快速发展，价值工程在建设工程领域的应用将更加普遍广泛。

4 本文小结

本文的内容可以用 WCE 三个字母来概括：1）W 表示 What，即什么是价值工程，包括它的定义、要素、特点和应用范围；2）C 表示 Case 案例，即介绍一个承包商在投标谈判中如何通过实施价值工程而成功中标项目的案例；3）E 表示 Extension of Application 应用拓展，价值工程的精髓是提高产品或服务的性价比，据此详细分析了价值工程在建设工程领域应用的各种途径和机会，其范围就远远超出了承包商仅在投标谈判时的应用。

国际工程项目投标常见方法
与策略及其应用案例

王道好

1 常见报价方法

1.1 不平衡报价法

不平衡报价法（Unbalanced Bid），也叫前重后轻法（Front Loaded），是指一个工程项目的投标报价，在总价基本确定后，调整内部各个单项的报价，以期既不提高总价，不影响中标，又能在结算时得到更理想的经济效益。这是在投标中最经常用到的报价方法，一般可以在以下几个方面考虑采用。

（1）能够早日结算收款的项目可以报得高一些，后期工程项目可适当降低。

（2）经过工程量核算，预计今后工程量会增加的项目，单价适当提高，而将工程量可能减少的项目单价降低，工程结算时损失不大。

（3）自身拥有独特技术优势的可以适当调高单价，而常规性施工单项则应适当降低单价。

需要说明的是，不平衡报价一定要建立在对工程量表中工程量仔细核对分析的基础上，且调价要控制在合理幅度内，以免造成投标谈判时的被动和损失。

1.2 多方案报价

投标人如果在招标文件中发现工程范围不很明确、条款不清楚或很不公正、技术规范要求过于苛刻时，按多方案报价法处理，即按原招标文件要求条件报一个价，然后再按某条款（或某规范规定），对报价条件作某些变动，报一个较低的价，这样，可以降低总价，吸引业主。比如选用替代设备材料，或者一个投标人同时中标一个合同包下多个标段，都可以成为降低标价的条件。

1.3 替代建议方案

有时招标文件中规定，可以提出替代建议方案（Alternatives），即可以修改原设计施工方案，提出投标人的方案。

这种新的建议方案要么可以降低总造价，要么可以提前竣工或使工程建成后能发挥更大效益。但要注意的是，对原招标方案一定要作报价，以供业主比较。

1.4 突然降价法

即在编标报价时，先按一般情况编制一个正常水平的标底价格，到投标截止时再突然降价。采用这种方法时，一定要在准备投标报价过程中考虑好降价的幅度，在临近投标截止日期前，根据情报信息与分析判断，再作最后决策，通常要准备多套降价方案以供选择。

1.5 先亏后盈法

有的承包商，为了打进某一国家或地区市场或排挤竞争对手，依靠国家、某财团和自身的雄厚资本实力，而采取一种不惜代价只求中标的低价报价方案。承包商不期望通过初入市场时的项目获利，而是寄希望于进入市场或独霸市场后，通过后续项目的开发经营来获取利润。使用这种方法应选择规模相对较小的项目进行，以规避重大投标风险。

2 报价方法应用案例

非洲某国政府利用世行贷款开发一个水电站项目。某中国国际工程公司虽在该国设立经营网点数年，也参加过一些项目的投标，但一直没有中标实施任何项目。该水电站项目是其多年跟踪的目标项目，并且在同一条河流域，后期还会有多个梯级水电开发项目，因此，该项目对其打开市场实现长期稳定发展的意义重大，势在必得。

在编标过程中，对于技术标，经工期路线优化和经济分析，承包商在投标书中提出，在保持报价不变的前提下，1）保证水电站比原招标文件规定的里程碑时间提前 60 天并网发电；2）工程竣工后，承包商的生活营地及相关配套设施将免费留给当地市政府，改建为一所公立学校，以缓解当地学生上学难的问题。

在编制经济标时，承包商采用了不平衡报价方法，对工程早期实施的分项工程坝基灌浆处理工程，因地质资料不全，存在较大技术风险，且施工中增加工程量的可能性较大，因此适当调高了单价；而临时施工围堰填筑与大坝土石方填筑相比，虽然质量技术要求要低一些，但因围堰施工在前，其单价采用了大坝填筑同样的价格；对于坝顶路面、景观及照明工程等，因在项目尾期施工而适当调低了报价。

为提高竞争力，标价中的计划利润率仅取 1.5%。为战胜来自中国和欧洲的强劲对手，在投标截止的最后时刻，承包商又递上降价函，整体降价 1.8%。

最终，该承包商以些微的价格优势战胜了竞争对手，以可以承受的计划亏损为代价中标，实现在该国的业务开张目标。由于在该项目上的良好表现及占尽天时地利人和的条件，三年后承包商在该流域上游拿到第 2 个水电站项目，该项目比第 1 个的规模大一倍以上。

从上述案例中我们可以看到，承包商在投标时采用了不平衡报价、替代方案、突然降价及先亏后盈等多种报价方法，成功实现了短期和长期经营目标。

3 常见投标策略

投标人参与国际工程项目竞标，在报出具有竞争力的价格和高水平的技术方案的同时，选择采取一些恰当的投标策略，必然有助于提高中标的概率。下面介绍一些常见的投标策略。

3.1 恰当宣传投标人的自身形象

一个好的形象对招标人来讲无疑具有较大的吸引力，恰当正面地宣传自身形象是取得中标目的的一个技巧。宣传重点集中在投标人的技术、施工和经济实力，类似项目的经验和专长、履约能力以及社会责任等方面。

3.2 善于把握招标人的需要和特点

投标人要想获得招标人的青睐，必须善于投其所好。投标书在全面满足招标项目的各项要求的基础上，对其要求的重点要予以重点满足，对其担心的部分要予以充分提供保证措施，只有做到让招标人满意、放心，才有被选中标的可能。

3.3 注意对合作伙伴的选择

选择恰当合作伙伴是取得中标的重要技巧。投标工程项目越大、越复杂，越要精心选择。选择合作伙伴应注意合作方的实力、信誉、业绩及专业特长等因素，要同自身条件形成优势互补，并在整体上与业主和项目的要求相适应。另外，还要注意选择合作伙伴的数量，一般不宜过多，以免给招标人造成滥竽充数的印象，且真要中标后，项目实施过程中的协调管理难度很大。

3.4 善于将投标报价同优惠合同条件相结合

在投标报价同其他竞争伙伴比较不占优势的条件下，要从技术条件、质量保证、工期、资金、保修服务等商务条件中寻找优势，恰当地利用这些优惠条件，弥补报价的不足，增加对招标人的吸引力。这是投标报价技巧的一个重要方面。投标人特别需要重视的是，使用优惠附加条件争取投标答辩的主动地位。

3.5 慎用"中标靠低价，赚钱靠索赔"策略

由于国际工程承包市场竞争激烈，有些承包商为了承揽到工程，采用以低价拿标、靠索赔赚钱的策略。这方面虽有一些成功的例子，但索赔成功的确不是一件容易的事情，索赔可索但常遇不赔，承包商在处理索赔事件时，又不可能不分金额大

小都去付诸国际仲裁。把报价建立在没有把握的索赔期望上，是一件风险很大的事情，尤其要杜绝自杀性标价竞争项目的现象，必须脚踏实地做工作，绝不能存有任何侥幸心理。

3.6 不可盲目相信所谓的"标底价格"

在进行最终投标报价决策时，投标人应主要依据自己算标人员的计算书和分析指标，至于通过其他途径获得的所谓"标底价格"和关于竞争对手的"标价情报"等等，只能作为一般参考，而不能以此为依据。

3.7 其他策略

包括：在加强对竞争对手的分析了解的同时，注意投标报价的保密工作；重视决策在投标各阶段的作用，提高科学决策的质量；积极开展开标后的竞标及公关工作等。

4 投标策略应用案例

下面以某中资公司参加北京 2008 年奥运会主场馆——国家体育场项目的国际竞标为例，看一看该公司在投标中采取了哪些策略。

为彰显该公司全员参与奥运的热情和承办大型国际赛事的能力，投标期间投标人拟策划组织一场中国甲级联赛球队与某南美足球劲旅的在京比赛，还为此专门召集在京各大媒体，召开新闻发布会。然后派多人到南美接洽，却最终被对方以赛事日程冲突为借口拒绝，加之后来非典疫情爆发，此事最终不了了之。

为体现北京市政府开门办奥运的国际化形象,并满足招标文件对该项目的投资、设计、建设、监理、调试、赛事服务、赛后运营维护移交及信托保险等多方面的要求，该公司牵头组建了国际投标联合体，由 13 家成员单位组成，其中包括两家通过网络联系上的欧美公司和个人成员。虽然目的是想弥补其自身实力的不全面，却不免给人以机构臃肿、主次不分和滥竽充数之嫌。

为体现"科技奥运"的理念，标书中对原设计方案进行了优化，以减少结构用钢，并提出了"可开启屋面"的替代方案，还在建设管理方案中引入了可视化技术。大家知道，可开启屋面因性价比不高和技术不够成熟而在后来设计施工时没有被采用，可视化技术实际就是后来的 BIM 技术，在当时条件下还不完全能够成熟应用。

为体现"绿色奥运"的理念，承包商的投标书全部采用了再生纸。但装帧却过于考究精美，号称是可以留作珍藏的。这种矛盾的举动是否真正体现了绿色环保的理念，实在令人怀疑。

在开标后的澄清谈判中，该联合体并没有采取积极配合的态度，特别是其中的外方投资成员，面对业主的质询和要求，采取了拖延、搪塞和拒不承诺的态度，而作为牵头方的中资公司在投资问题上完全依赖于这家外资公司身上，事先没有准备应急预案，事中也没有临时采取什么可行的补救措施。

从以上描述可以看出，投标人所选择运用的一系列投标策略，其作用可谓是可圈可点。最终，该联合体与国家体育场项目失之交臂。个人认为，其策略选择失当主要表现在以下几个方面：1）自身宣传策略；2）迎合业主和项目要求；3）联合体组建；4）竞标策略等。由此可见，投标策略的恰当应用在投标和争取中标时的重要性，稍有不慎就会失去中标资格，给相关方造成无法挽回的重大损失。

5 本文小结

本文主要介绍了在国际工程项目投标中经常采用的一些报价方法和投标策略，并先后通过一个成功案例和一个失败的案例，来说明恰当地组合采用投标报价方法和策略的重要性。报价方法和投标策略有多种多样，希望大家在今后的工作中不要生搬硬套，而是要具体问题具体分析，根据实际情况灵活选择运用。

"草台班子"何以能负重前行

——临时团队投标案例解析

王道好

1 案例描述

　　某中资公司在国际工程业务的起步阶段，通过承接母公司（集团）签订的项目和"借船出海"方式，分别承担了中东地区的大型基础设施和房屋建筑工程项目的施工。在两个项目建设过程中，为进一步开拓中东的国际工程市场，公司在当地成立了中东经理部，以图充分利用在建项目的现有资源优势，参与本地区工程项目的竞标。

　　中东经理部虽然名义上挂牌成立了，但实际上只是一个空壳，内部组织机构不健全，全部岗位都由在建项目人员兼任。其中，经理部领导班子成员由两个项目的领导成员构成，他们只是每两周集中起来召开一次碰头会，会后又各自回到所在的项目上。因此，经理部并没有真正做到正常运行。两个在建项目的项目经理，在承担所辖项目繁重的管理工作的同时，还要抽出时间来负责市场开发工作，并在落实项目信息获得招标文件后，再组织力量编制投标文件。

　　编标团队也是从两个项目上临时抽调拼凑而成，即所谓的"草台班子"。团队中相当一部分人员，白天要在项目上承担自己原有的工作，晚上再赶到经理部加班加点，参加编投标工作。经常这样超时从事繁重的额外工作任务，一些员工私下不免时有怨言，工作上自然会敷衍了事。加之，经理部相关的编投标管理制度流程还没有建立，而且多数投标人员是刚参加工作不久的新员工，缺乏项目实践及投标工作经验。

这样的团队做出来的标书，质量很难得到保证。技术文件要么照抄招标文件或规范要求，要么不够缜密科学，针对性、专业性和可行性差。商务文件对市场价格把握不准，报价水平波动太大，最终报价不是高得离谱就是低得出奇，完全不像是专业大公司所为。因为投标大多是以集团公司名义进行的，集团区域总部在评审标书文件时，屡次提出严厉批评，将投标文件发回投标团队要求重做。

高报价项目自然不可能中标。对于低标价项目，有的业主有意授标时，公司又担心潜亏巨大，只好采取不回应业主授标意向的策略来婉拒。另有两个项目选择了中标，一个是较小的基础设施项目，另一个是较大的综合房建项目。二者都是公司在本地区有同类经验的项目，标价均远低于其他投标人的价格，后来才发现，主要原因是报价中出现了严重的漏项和漏量失误。因此，在项目实施过程中出现了资金严重短缺的情况，加上项目执行中管理不到位，造成严重的工期拖延和巨额经济亏损，最终给公司带来重大经济和信誉损失，也使公司上下对刚起步的国际工程业务信心严重受挫。

2 优缺点分析

案例中采取"草台班子"进行国际工程项目投标的做法，最大优点是充分利用了在建项目的现有资源，节省了投标中发生的费用。而且，这些投标人员就在项目所在国，招之即来挥之即去，节约了投标人员国际旅行的时间和经济成本，可以迅速地组成团队投入工作，使有效编标时间相对拉长。投标过程中还可以根据编标实际需要，及时调整投标团队的人员结构。另外，投标团队由于都在该国工作，对当地实施国际项目的总体环境条件、价格水平和程序要求理应有所了解，如有必要，做标期间还可以方便地与项目业主咨询沟通，或随时到项目现场实地勘察，这样做出的标书会更贴合实际情况。所有这些因素都有利于以较少的资源投入来提高标书文件质量，保证标书制作进度。

但是，任何事情都不是绝对的，"草台班子"若不善加利用，投标也容易产生一些问题和缺点，主要表现为：1）如果团队成员先前没有投标经验，再加上投标管理制度不健全，把关不严，就很难保证标书质量。低质量的标书要么不能中标，要么中标后容易为实施项目造成大的潜在风险。2）挤占在建项目的资源，可能对项目的经营管理带来压力和负面影响。3）团队成员兼职参加编投标，工作负荷重，心理压力大，难以认真负责，影响做标质量和效率，若长此以往还侵害了员工的正当权益和身心健康。4）如果成员来自不同的项目，先前又没有共事经验，相互间缺乏了解，编标过程中难以形成相互信任、默契配合的工作关系。

3 改进措施建议

以上分析表明"草台班子"编投标利弊兼备，既不能完全依靠也不必彻底放弃。特别是一些工程企业在国际业务刚刚开始时，面临着各类国际工程人才均短缺的局面，无法组成相对稳定的国际项目专业投标团队，"草台班子"就不失为一种权宜之计。另外，当一些在建项目进入尾期施工阶段，可能会出现管理团队人员过剩的情况，也可以考虑将富余人员转向协助进行国际市场开发工作。所以，问题的关键不在于"草台班子"能否担当编投标的大任，而在于如何通过适当的改进措施来扬长避短，发挥其应有的积极作用。为此，笔者提出以下几点改进建议：

3.1 优化投标团队成员配置

编投标是一项专业性很强的工作，不能完全依靠没有工程实施和投标经验的人员来承担。团队的核心成员，如投标负责人、技术标和商务标负责人等，必须具有多年的投标工作经验和在建项目管理经验，并作为专职投标人员保持相对稳定的工作岗位。其他岗位人员可以考虑根据需要从在建项目中临时抽调，但要注意不能严重影响其正常运转。对于缺乏在建项目管理和编投标工作经验的成员，首次参加投标，最好只安排一些相对简单的辅助性或事务性工作，或者在专业人员的具体指导下开展工作。开始工作前，可以对其进行短期的专业培训，使之掌握基本的编投标知识和技能。如此组建的团队，改良了"草台班子"的内部结构，形成了兼具永久和临时的双重特点，做到兼顾市场开发和在建管理的需要，个人经验能力与工作要求相匹配，短期投标工作与长期人才培养相结合，实现了投标团队人力资源的优化配置。

3.2 建立健全投标管理制度

根据本企业或区域市场的实际情况，建立一套完整的编投标管理制度，包括组织架构、岗位责任、工作内容、作业流程、质量要求、奖惩制度、作息考勤等。所谓"铁打的营盘流水的兵"，有了这样一套完整的管理制度，就相当于构建了一个坚固的投标营盘框架，那么无论谁来参加编投标，都将在相同的原则指导下，遵照相同的管理制度和工作要求开展工作，避免因人员流动和工作随意性造成工作混乱低效和严重失误。

3.3 发挥核心骨干作用，严把工作质量关

临时组建的投标团队，由于成员的工作背景和专业能力不同，所承担完成的标书质量容易出现较大的差异。标书的技术和商务报价专项负责人，对控制标书质量起到关键作用。原则上，投标的技术负责人和商务报价负责人应该分别是技术方案和报价文件的直接执笔人。当编写文件的工作量太大，单凭一个人在有限时间内无法按期完成时，专项负责人可以拟订方案大纲，对编写任务进行分解，制定出工作计划和质量要求，然后部分或全部部署给下属分头执笔编写，同时向下属明确提出交稿计划和质量要求。作为投标书的编写人，在制作标书过程中，要根据投标管理制度和专项负责人的要求，工作上认真细致精益求精，标书初稿完成后要自行反复进行检查修改。专项负责人则动态跟踪编写进展情况，协助解决编写人工作可能遇到的问题。必要的话，可以召集内部会议或咨询外部专家，寻求专业问题的解决方案。收到下属初步完成的文件后，要从专业的角度进行审查修改，不符合质量要求的可提出明确的意见，退回下属修改或重写。整个标书制作完成后，投出去前还要经相关专家和领导进行评审把关，重点审查技术方案是否经济可行，招标书给出的工程量清单是否经过复核，报价水平的赢利性与竞争性取舍是否合理，总报价与单项报价是否一致，投标文件是否实质性响应了招标文件的要求等重要原则问题。

3.4 尊重员工的工作付出，实施绩效激励

编投标工作通常是时间短、任务重，员工加班加点超时工作是常有的事，特别是一些员工白天在项目工作，晚上又参加投标，为市场开发做出了个人牺牲。因此，员工额外的工作付出要得到认可，要根据相关规定支付其应得的劳动报酬。对于中标项目，如果经评估投标没有重大失误，应根据参与者个人贡献大小给以投标团队成员一定的经济奖励。

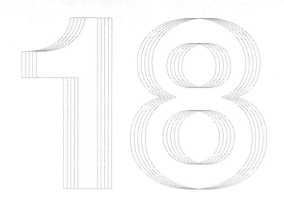

恶意低价中标的危害分析及防范措施

王道好

1 案例描述

某国际工程项目部拟进行工程设备分包采购招标，预算金额 1200 万美元。某供货商以最低价 650 万美元中标。在商谈合同时，供货商代表以给项目负责人 20 万美元回扣为条件，要求降低质量标准供货并无条件通过验收。遭到拒绝后，供货商一直拖延，拒签合同，影响项目施工进度，给总承包商造成重大潜在违约风险。

2 案例分析

"恶意低价中标"无论在业主进行总承包招标，还是在总承包进行分包（供货）的采购招标中，都有可能发生。为叙述方便，以下统一用招标人（或雇主）和投标人分别代之。

"恶意低价中标"通常是投标人"低价中标、高价索赔"投标策略的应用。投标人先以低价为诱饵和手段，抢得中标机会，在中标后的合同履行期间，投标人以各种理由强调其履约困难，要求追加合同价款，以弥补其不合理合同价款的损失。如果雇主不能满足其要求，中标人通常会采取以下措施：1）偷梁换柱、以次充好，提供伪劣货物、服务和工程，以牺牲工程质量的方式降低工程成本，以创造盈利空间；2）故意拖延工程进度或供货、服务时间，恶意增加雇主项目的进度压力，逼迫其妥协；3）创造解除合同的条件，人为恶意地提前终止合同，以减少其履约成本，雇主被迫重新招标，严重影响其项目建设进度。

恶意低价中标可能给招标人造成如下损失或危害。

2.1 招标投标阶段

（1）如上所述，与雇主纠缠不休，拖延签订合同，耗费其精力和资源，耽误招标投标进度。

（2）如果最终拒签合同，给雇主工作带来被动，影响业主声誉。

2.2 项目实施阶段

（1）降低所提供的工程、货物或服务的质量。

（2）为应对其可能提出的经济索赔，耗费雇主的精力和资源，增加雇主成本开支。

（3）延缓施工速度，或迫使雇主重新选择其他承包商，影响工程进度。

（4）因投入不足，可能造成安全隐患，影响业主声誉。

以上是从业主的角度来分析恶意低价中标造成的危害。实际上，此举还可能给投标人造成损失和伤害。在投标和合同谈判期间，投标人与招标人的纠缠，同样要耗费其时间和精力，影响其市场声誉，最终也可能无法中标。即使中标了，因为合同价格偏低，造成实施过程中的资金紧张，必然影响到工程的顺利实施。为降低成本而可能导致工程施工在质量、进度和安全等方面出现问题，由此面临业主及相关方的责难和惩罚，甚至因违约被业主清算，给承包商的市场声誉造成损失。承包商在项目执行过程中发起索赔，不仅有成本投入，还可能影响与业主的合作关系，却不一定能达到预期的目的，甚至有可能其动用巨大资源而发起的索赔要求，最终被业主完全拒绝。出现这样的情况，对承包商来说就正应验了那句老话："搬起石头砸自己的脚。"

3 防范措施

招标人在评标过程中发现"恶意低价中标"现象时，可通过评标委员会的评审工作予以处理，具体方法如下：

（1）如果经分析认为投标报价是合理的，或者招标人确定的标底与市场价格不符，投标价格与标底不符是招标人原因造成的，或者投标报价虽然较低但不低于成本价，招标人可以接受的，建议评标委员会按正常程序继续评审，不必采取其他特别应对措施。

（2）如果经评审后发现，投标报价明显低于其他投标报价，或有标底时明显低于标底的，使得其投标报价可能低于其成本价，存在恶意报价的可能性的，可由评标委员会要求该投标人做出书面说明，并提供相关证明材料。投标人不能合理提供说明或不能提供相关证明材料的，由评标委员会认定该投标人以低于成本价竞标，对其投标做否决投标决定。

（3）如果发现大面积、多家投标人以不合理低价投标时，评标委员会应严格审查每份被怀疑的投标文件，查找投标文件中或多份投标文件之间，是否存在"异常一致"或者"投标报价呈规律性差异"等串通投标情形，发现串通投标情况的，评标委员会应该认定其为串通投标行为，否决所有涉及的投标文件。

需要说明的是，明显价格偏低的原因，除了恶意低价投标外，可能还有下面的因素导致投标人低价投标：（1）投标人的客观原因：1）计算或书写错误；2）对市场情况把握不准。（2）投标人主观有意而为之的原因：1）新进入该市场；2）打压竞争对手；3）有现有资源可供利用，如在本地闲置的设备、材料和人力等；4）多个项目形成的规模效应；5）自身暂求生存的需要；6）其他特殊目的（比如公司准备上市需要业绩）的需要。

当然，很难说，恶意低价中标不包括上述两类原因，比如，其中的"打压竞争对手"一条，似乎就属于恶意低价。不过，对雇主来说，由上述原因造成的低价中标，原则上不是完全不能接受，可以要求投标人就价格问题做出澄清说明再作决定。但是，不排除项目实施过程中，雇主将面临上述损失或伤害的潜在风险。实际上，无论中标价是高是低，雇主在项目实施中都可能面临一些潜在风险，这是利益驱动使然，只是程度不同而已。

另外，在招标投标活动中，也可能因为雇主的原因或项目的某些具体情况而造成投标人的报价偏低，不排除一些不良雇主的恶意欺骗或隐瞒行为所致。

4 结束语

由于主观恶意造成的低价中标，无论是承包商还是业主原因造成的，都可能给双方带来损失和麻烦，最终造成双输的局面。所以，在招标投标过程中，任何一方在注意防范对方采用的同时，自身也不要有意为之，此所谓"己所不欲勿施于人"也。

鱼与熊掌，业主决标时面临的困惑
——项目招标决标案例解析

王道好

1 案例描述

中东某房地产开发公司拟在某市开发一商品楼住宅小区项目，招标文件和程序均采用国际通用惯例，由其所属招标采购部具体负责该项目招标的全过程运作。经资格预审后，共筛选出七家国际建筑公司入围参加投标。随后，这七家公司均参加了投标报价。根据事前设定的评分标准及权重分配原则，经评标委员会综合评审，三家投标人进入中标短名单，其综合得分依次为：投标人 A 为 98.58 分；投标人 B 为 97.96 分，投标人 C 为 97.69 分。其中，投标人 A 具有明显的价格优势，但技术和资信条件偏弱；投标人 B 技术实力强、资信高，且以前与该房地产公司有成功愉快合作的项目经验，但价格最高（高出第 1 名约 1.8%）；而投标人 C 在价格、技术和资信等方面的表现较为均衡，处于居中地位。评标委员会向业主给出了推荐意见。

那么，业主应该最终选择哪家投标人中标？

2 案例分析

业主招标的最终目的，是选择一家满意的工程产品（工程建造、供货或服务等）

承包商。现在到了最后的关键时刻，可以说这一决定，是业主在招标投标阶段需要做出的最重要的，有时也是最艰难的决定。

从上面介绍的三家投标人的情况来看，彼此间的综合实力非常接近，但又有各自的优势和劣势，选择其中任何一家，都有充足的理由，同时又存在某些缺憾。鱼与熊掌到底选哪一个，业主面临着两难的困境。

建筑行业的通行做法是，在其他条件相差不明显的情况下，取价格最低者中标。按照这一原则，无疑应该选投标人 A 中标，因为其得分最高且价格最低。但需要面临的问题是：1）评标委员会是遵照事先设定的一系列评分标准进行审查评定的，那么，这些标准的设立是否客观科学，价格、技术和资信所占权重是否合理，不同的标准和权重，同样一家公司，所获得的综合评分会有明显的变化，进而影响其排名顺序，比如，在本案例中，只要适当降低价格权重比例，增加技术和资信权重比例，很可能综合得分排第 1 名的，是投标人 B 而非 A。2）由于投标人 A 的技术管理水平相对较低，融资能力偏弱，表现为在项目实施过程中的执行力偏低，就有可能影响到工程的顺利进行，进而给业主带来损失和伤害的潜在风险。

如果业主是偏好于客户忠诚度，则可能选投标人 B 中标。那么，由于双方以前有过成功的合作经验，建立了彼此信任和默契配合的工作关系，而且其技术、资信能力强，因此，项目执行起来可能相对要顺利得多，可以说此举解除了业主的后顾之忧，但必须付出一定的代价：1）支付高出标价第 1 名报价 1.8% 的溢价，在大型房地产项目上，这是一笔可观的资金；2）因为双方有以前的合作历史，且价格不是最低的，业主有可能遭受别人的质疑，是否与特定投标人暗通款曲，在大搞权钱交易？业主如果是私营企业倒也无所谓，但如果是政府部门或国有企业负责人，或私企下的高级管理人员，则情况就比较微妙了。

如果业主是行事风格稳健的人，则可能倾向于选择投标人 C 中标。这是一种折中方案，操作得好，可以兼具前两者的优势，操作得不好则可能弄得两头失误，最终是赔了夫人又折兵，具体情况不再详细分析了。

下面，我们再换一个角度来讨论这个问题。

通过前面的介绍，我们可以看出，整个招标评标过程是比较严格理性的，体现出严肃认真的科学精神。严格的办事程序、标准的资格审查和招标文本、详细具体的评分标准、分工明确的组织体系等等，一切近乎完美。但完美又怎么样，最后选出的承包商仍然不尽如人意，过程中仍然避免不了诸如恶意低价、围标、腐败等行为的发生。

美国诺贝尔经济学奖获得者乔治·阿克洛夫与罗伯特·席勒，于2008年全球金融危机期间，合著出版了一本经济学著作——《动物精神》。在此之前，斯密·亚当的古典经济学理论认为，市场是一只看不见的手，在市场经济条件下，人们的市场交易行为是完全出于理性的经济动机，政府不应干预市场经济。20世纪30年代出现了世界性的经济大萧条，古典经济学理论失灵了。于是，凯恩斯提出了新古典经济学理论，认为人们的交易行为并非全部出于理性的经济动机，还有非理性的和非经济的原因，也就是所谓的动物精神，政府应该在市场中发挥积极作用。

《动物精神》一书则是对新古典经济学理论的完美诠释和发展。作者认为，古典经济学理论，无法解释资本主义制度下，为什么会出现周期性的经济波动震荡及其他一些现象；而动物精神，也就是信心、公平感、货币幻觉、腐败与欺诈、故事等，可以合理地解释为什么经济会陷入萧条、为什么有人找不到工作、为什么通货膨胀与失业存在权衡关系、为什么房地产市场具有周期性等等一系列经济现象，从而为应对当下的经济问题寻找一条新的途径。

在作者看来，如果以理性、非理性为横轴，以经济、非经济动机为纵轴，可以形成理性经济动机、非理性经济动机、理性非经济动机、非理性非经济动机四种组合。古典经济学理论只解释了其中的一种，而引入动物精神概念则对四种组合都可以作出合理的解释。

回到我们的案例，或者更广泛地说，在工程经营活动中，是否也存在动物精神。答案显然是肯定的。因为首先，工程经营活动，作为一种技术经济交易，本身是经济活动的一个组成部分。其次，从上述案例我们也看出，单是理性和纯经济目的，并不见得取得满意的决策结果，人们在做决策时，也可能有动物精神在起作用，比如业主的性格与偏好，对投标人的信任和忠诚度、公平感、投标人的历史故事，还有腐败与欺诈等等。拿腐败来说，大家不用想就心知肚明，有时腐败在招标决策中不仅发挥作用，而且是发挥着最重要的作用，而且腐败往往是和欺诈联系在一起的。

再来说管理决策。管理决策本就有系统理性与直觉决策之分。直觉决策依凭的是一种说不清道不明的感觉，非理性便占有重要成分。而现实中，女人的第六感觉有时还十分精准。

综合以上分析，我们得出两个结论：1）任何一个决策都不能简单地归结为完全正确或绝对错误的决策，通常都是各有利弊，只是程度不同而已。2）科学理性决策并不能解决现实中的一切问题，因此不要盲从科学和理性。科学的精神恰恰就在于要勇于质疑科学。这个就涉及哲学层面的问题，取决于我们的世界观和思维方式。

3 招标决策建议

针对上述案例中业主在招标决策时所遭遇的困境，我们的建议是：1）尊重评标专家的意见，但不是必须完全采纳；2）遵从一定的决策程序，但又不盲从；3）听一听其他相关人员的意见，特别是与你心中想法相反的意见；4）必要的话，做实地调研，走访潜在中标人以前的客户；5）为决策过程留下适当的证据；6）有时要相信自己的直觉判断。

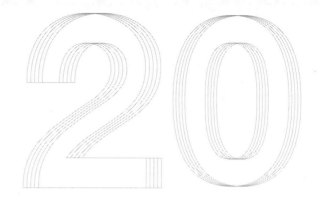

工程项目招标投标中的围串标
行为案例分析

王道好

1 案例描述

在某国的一个基础设施和公共服务工程项目的招标中，有 8 家投标人参与了竞标报价。评标委员会在评标时发现，位于前三名的投标报价，报价分别为 3842.5 万美元、3843.58 万美元、3844.52 万美元，报价呈规律性递增，差别仅在 1 万美元左右，而第 4 标报价为 4083 万美元，高出第 1 名 240 万美元，大约高出 6.2%。因此，评标委员会认为，前三家投标人有串标的嫌疑，建议按否决处理，业主是否应该采纳该建议？

2 案例分析

2.1 何谓串标围标？

狭义上来讲，串标一般指多家投标人联合起来，通常以高价的形式来谋取中标。并且几家投标人往往有各自的分工，如，投标人 A 负责中标，投标人 B、C 陪同和协助。他们之间往往采取"轮流坐庄"或者"瓜分"好处费的方式进行"合作"。

从广义上来讲，串标指投标人之间、投标人与业主、投标人与招标代理机构、投标人与评审专家之间或是这些主体共同内定中标人的情况。

围标是串标的其中一种，它是一种更形象的说法，特指投标人相互之间的串通投标，多家投标人共同钩织形成一张"大网"，招标或采购项目就如同"网中鱼"，他们通过协商报价、共同进退等手段形成优势，将其他投标人排斥在外。

2.2 围串标有哪些表现形式？

常见的串标有如下三种形式：

（1）投标人与招标人串通的行为

具体表现是：1）将公开招标变为邀请招标，内定中标人；2）在公开招标情况下，在资格预审文件、招标文件、评标办法中，设置有利于内定中标人的资格条件，限制、排斥其他投标人；3）向投标人泄露标底或共同商定标底等，这些是属于招标人与投标人之间的串通行为。

（2）投标人与招标代理机构串通

细分为两种情况：一种情况是，招标代理机构受招标人的授意，在招标人与投标人之间，协助招标人串通投标人投标；另一种情况是，招标代理机构为了非法经济利益，与投标人勾结，相互串通，出卖业主利益，从中谋取中标。满足这些的则被认定为是与招标代理机构的串标行为。

（3）投标人之间的串通投标

有多种表现形式，如：1）不同投标人的投标文件由同一单位或者个人编制；2）不同投标人委托同一单位或者个人办理投标事宜；3）不同投标人的投标文件，载明的项目管理成员为同一人；4）不同投标人的投标文件异常一致，或者投标报价呈规律性差异；5）不同投标人的投标文件相互混装；6）不同投标人的投标保证金从同一单位或者个人账户转出；7）投标人之间在投标前私下就投标报价达成一致等。满足这些的则被认定为是投标人之间的串通行为。

围标串标行为主要包括上述三个方面，满足任意一项行为的，都被认定为围标串标行为。

2.3 如何识别围串标？

有人说，再狡猾的狐狸也有露尾巴的时候，串标者伪装得再巧妙，其言行举止

或投标文件也难免会暴露出一些蛛丝马迹,比如下面这些情况:

1)投标文件雷同,比如格式相同,字体一样,表格颜色相同;2)投标文件中,错误的地方一致;3)电子投标中,不同投标人的投标报名的 IP 地址一致,或者 IP 地址在某一特定区域;4)不同的投标人的投标文件,由同一台电脑编制或同一台附属设备打印;5)投标文件的装订形式、厚薄、封面等相类似甚至相同;6)一家投标人的投标文件中,装订了另一家投标人名称的文件材料,比如:出现了另一家法定代表人或者授权代理人签名,加盖了另一家投标人公章等;7)投标人代表不知道公司负责人的电话号码;8)投标人代表签字时手发抖,签的名字与名片名字不一致;9)不同投标人在开标前乘坐同一辆车前往,有说有笑,开标现场却假装不认识;10)各投标人的报价之间呈现某种规律性等等。可谓五花八门,花样百出。

2.4 如何坐实围串标行为?

当招标人怀疑招标存在围串标嫌疑时,可以采取进一步的措施,核实验证其行为是否真正构成串标,通常可以从以下几个方面入手:

1)认真核查各投标人的股权情况,看是否有相互持股的现象,如果有相互持股的现象,基本可以肯定是围串标。

2)检查各投标人有没有相互任职的情况,如果其中一家投标人的董事会成员还在另一家投标人的董事会任职,则要剔除相关投标人。

3)检查投标文件有无雷同或异常。很多围标串标的投标文件都有雷同,招标人要仔细检查各投标人的投标文件,对投标方案等招标文件未给出格式的文件进行检查,尤其是有错误的地方各家都错得一样,这种雷同围标串标嫌疑较大。包括:①查投标文件中签字字迹,对于一些投标人未到场,只是邮寄的投标书,招标人要仔细核对各投标人的签字字迹,如有雷同,则由同一人编制各家投标文件的可能性较大;②检查投标文件的寄出地址,对于一些投标人未到场,只是邮寄的投标书,招标人要检查邮件的寄出地点,看寄出地点与投标人地点是否一致;③查投标 IP 地址是否雷同,现在很多投标是在线上采购电子商务平台进行的,都有 IP 地址追踪的功能,招标人可以检查各投标人的投标 IP 地址是否雷同,如有雷同,则围标串标嫌疑就很大了。另外,如有必要,还应分析研究各投标人的报价,包括总价及各单价的情况,看其中是否有某些不合常理的异常现象。

当然,还有很多其他手段来坐实其行为是否属于围串标,对于标底数额较大、事态比较严重、涉嫌犯罪行为的,一经发现甚至不惜诉诸法律手段。

2.5 业主如何抉择?

我们回到案例的开头。现在的问题是,经过招标管理机构和评标委员会的进一步调查核实,前三家投标人确有串标嫌疑,业主要不要将他们剔除出局?

这个案例有两点特别之处:一是它不是完全意义上的围标,完全意义上的围标是所有的投标人都是串通一气的,报出的价格必然有虚高的成分,而本案例的8家投标人中,只有其中3家存在串标嫌疑,所报价格并不虚高,个中的原因可能是三家私下达成轮流坐庄的默契,陪标人在此项目中不参与利益分成。二是如果将这三家淘汰出局,选择第4家中标,业主须多支付240万美元,这显然不是一笔小数目。换句话说,要维护公平正义,业主必须付出沉重的经济代价,这不是一般人能轻易做得到的。

这实际上是在考验业主的价值观,即在义与利之间如何取舍,是重利而轻义,还是重义而轻利。我们认为,业主选择前者也无可厚非,而选择后者则更值得敬重和赞赏,因为尽管人人都在这个利益场里,天下熙熙皆为利来,天下攘攘皆为利往,但是,毕竟有些共同的价值观和基本的道德底线,需要靠大家去共同坚守。

合同约定不可预计风险为承包商责任的投标案例分析

蓝庆川

1 案例基本情况

2020 年印度某地铁项目进行国际公开招标，主要工作内容包括新建 9km 的双洞盾构隧道以及 4 座车站的地下连续墙，预估造价约 2.5 亿美元。项目采用固定总价合同，业主在招标文件中提供了地质勘探报告、初步设计图纸和技术规范，未提供工程量清单。承包商投标时须自行编制并提交施工方案和工程量清单。

项目合同通用条款采用多边开发银行协调版 FIDIC《施工合同条件》（2010 年版）。通用条款第 4.12 条"不可预见的外界条件"规定，"外界条件"是指承包商在实施工程中不可预见的外界自然条件，人为的条件和其他外界障碍和污染物，包括地质和水文条件，但不包括气候条件。业主在招标文件的合同特殊条款第 42 条，对此通用条款进行了修改，明确规定该"不可预见的外界条件"条款不适用于地质和水文条件。即，地质和水文条件不可预见风险不能作为承包商变更索赔的理由。显然，业主此举是为了转嫁风险。

2 风险分析及其防范对策

中国某国际工程承包商参加本次投标，经过分析业主提供的地质勘探报告得知，该隧道所穿越的地层主要为砂岩、全风化砂岩和中等坚硬的砂岩。虽然从业主提供的初步地质勘探报告总体上可了解线路沿线的基本地质情况，但因投标时间紧迫，承包商没有足够的时间和资料来查明所有对盾构施工不利的地质条件，比如孤石、断层带以及不同硬度岩层的准确分布等。在投标阶段，承包商要根据地质条件来确定盾构机设备选型、盾构掘进速度、设备磨耗和润滑脂消耗等关键指标，从而算出实施项目的准确工期和成本。因为招标文件规定地质条件在本项目中不适用不可预见条款，如果报价采用太理想化的地质指标，存在实际施工成本超过预算的较大风险，但若采用过于保守的参数进行报价，则会降低中标概率。为防范风险，该承包商采取了两步走的策略：

第一步，承包商在公开招标开始后第一轮答疑时正式向业主提出疑问，建议按通用条款规定把地质和水文条件作为不可预见的风险，承包商之间有共同的报价基础，有利于业主获得更加准确的报价。但是业主未同意该建议，维持招标条件不变，也没有解释不采纳该建议的理由。

第二步，因为修改合同条件的建议不被业主采纳，该承包商为了获得可靠的报价依据，采取了两个重要措施：

一是派出隧道专业的专家组赴项目所在地进行实地考察，以掌握更加准确报价信息。专家组考察了项目沿线的地貌、高层建筑、长大桥梁、隧道、地下车站等，了解项目沿线这些建筑采用的基础形式、邻近项目的地质资料，从而评估业主在招标文件里提供地质勘探资料的准确度。专家组还考察了部分在建项目，和当地潜在的合作分包商进行技术交流，讨论技术方案，并听取当地合作伙伴的施工建议。

二是聘请一家有多个当地隧道项目设计和施工监理经验的工程咨询公司作为本项目的投标技术顾问，借助其丰富的当地设计和监理经验，获得了非常有价值的地质资料和报价建议。该公司曾经以设计或监理的角色参与过该城市几条类似隧道的实施，有的隧道和该招标项目同属于一个区域，有很高的相似性。该咨询公司投标前独立地为该承包商提供了一个建议施工方案和参考价格，并对承包商自行编制的方案提供了技术评估报告。

该承包商最终根据上述两个方案的对比分析，并结合专家组实地考察报告，在报价中综合考虑了地质条件风险。

3 结束语

从本案例看出，虽然招标文件使用了较为认可的国际机构施工合同条件，但是业主在没有法规限制的情况下，为了转嫁风险，有可能修改合同条款，用特殊条款约定本应由业主承担风险的不可预见的外界条件为承包商的责任。因为这种条件具有不可预见性，对投标价格影响比较大的时候，承包商在投标时要有对于此类条件的分析评估，并采取必要的应对措施，才可报出有竞争力的价格，同时又合理防范合同风险。

第三编

在建项目管理篇

国际工程项目总承包管理案例综合解析

王道好

1 项目概述

　　该项目地处某海湾国家的首都，是一大型医院配套的员工生活区建设工程，总占地面积 248899m²，总建筑面积 123915m²，室外道路及绿化面积 104259m²。项目分 3 个区，共 104 栋建筑物，包括公寓楼、购物中心、健身中心、停车场、清真寺及变电站等。施工任务主要包括：基础土石方开挖回填工程，房屋混凝土结构和砌体工程，室内外机电设备管线供货安装工程，室内外装饰装修工程，室内固定家具供货安装工程，室外道路、绿化和围墙工程等。项目业主为当地一家房地产公司，咨询单位为当地注册的设计咨询公司。原合同价为 4.73 亿当地币（约合人民币 8.04 亿元，1 当地币 =1.7 人民币），为总价承包合同。合同工期自 2012 年 1 月 5 日至 2013 年 9 月 5 日，共 609 天（20 个月）。经合同变更和工期索赔，合同总价调整为 5.69 当地币（约合人民币 9.67 亿元），合同工期延至 2015 年 7 月 15 日。工程款全部采用当地币支付，当地币可以与美元自由兑换，汇率变动小。通用合同条件采用该国制定的合同范本。

　　该项目由一家中国大型央企工程集团公司（以下简称"集团公司"）通过公开竞标方式获得，并授权其所属全资子公司（以下简称"T 公司"）全面负责项目施工和经营，集团公司收取 1% 管理费。集团公司已经在该国经营多年，设有区域总部，下辖多家子公司和多个在建项目，包括一个近百亿元的大型基础设施在建项目。T 公司自 2008 年起开始拓展国际工程业务，后成立了海外事业部，并于 2012 年在该国设立了区域经理部，直接负责在该地区的市场开发和在建项目管理。T 公司海外事业部负责组织和监控该项目的经营管理，中标后立即成立了项目部。项目经理为 T 公司正式职工，其他管理人员来自公司和外聘，包括部分外籍员工。

项目部负责总承包管理和协调，并以劳务分包的方式组织全部土建工程和大部分装饰装修工程施工，劳务主要由来自国内专业劳务公司的熟练工和在第三国招用的非熟练工组成，不足部分由当地劳务公司提供。机电工程、电梯工程等分别分包给当地注册的专业公司施工。自开工至 2014 年 11 月底，项目共完成产值 3.44 亿当地币，占合同总价的 60.41%；若含材料预结款则为 4.45 亿当地币，约占合同总价 78.14%。其中，土建完成 99.00%、机电 62.01%、装修 51.50%、室外工程 48.97%。在剩余工程中，装修约占 40%，机电约占 37%，其余主要为室外工程。

2 存在的主要问题

2.1 经济亏损严重

受投标失误和执行过程中的经营管理不善等多重因素影响，项目经营结果出现严重的经济亏损。根据最新的成本测算，截至目前项目已亏损 1.77 亿当地币，项目申请总部贷款已高达 1.99 亿当地币，且项目仍处在亏损运营状态，亏损程度还会持续加大，未来项目资金流依然会出现不同程度的短缺。

2.2 工期形势严峻

在前期的工程实施过程中，因业主变更和自身执行力不足等多重因素影响，多次出现工期严重拖期。后经三次工期延期索赔，并以放弃经济索赔为条件，业主同意累计将工期从 609 天延长至 1288 天。根据最新批准的总进度计划，截至 2014 年 11 月底，计划应完成合同总额的 80.15%，实际只完成 60.41%，滞后计划 19.74%。另外，受业主变更（主要包括高压盘柜、监控系统等），因政府消防规定更改而导致的天然气系统施工暂停和部分返工，以及项目部的资金紧张和自身履约能力差等诸多因素影响，工期延误将进一步加大，工期形势日趋严峻。

2.3 机电分包引起的潜在法律风险

机电分包商作为本项目最大的专业分包商，承担了机电管道安装工程，原分包合同额 1.47 亿当地币。实施过程中该分包商因资金实力不足导致其履约状况每况愈下，项目部不得不采取应对措施，在与其协商采用咨询服务继续履约和友好终止合同等多重努力无效的情况下，从整个项目大局出发，项目部于 2014 年 10 月书面终止了与该分包商的合同，直接接管其剩余工程的施工，由此引发其对总包方的法律诉讼。另外，该分包商与其相关业务单位存在的法律纠纷也将总包方牵扯进去。为此，项目部组织成立专门机构，并与当地律师协商应对诉讼事宜，未来诉讼结果及其对总包方造成的经济和声誉损失尚难预判。

3 宏观原因分析

从外部环境看，自 2008 年全球金融危机爆发后，国际建筑市场整体上持续走低。而该国受益于石油天然气经济，加上赢得大型国际赛事举办权的刺激，其建筑市场似乎是一枝独秀日渐火爆，导致大量国际承包商纷至沓来，因而造成市场竞争异常惨烈。而该国又是一个高端市场，项目实施中采用国际工程惯例和欧美标准，崇尚欧美品牌和产品，安全职业健康和环保以及外籍用工许可等要求极其严格，各类审批手续严格烦琐，且政府部门及相关方面普遍办事效率低下，加之市场供应相对短缺等等，推高了承包商履约过程中的经济和时间成本。

从 T 公司内部看，以 2008 年联合承担该国大型基础设施项目和另一海湾国家的大型房建项目为标志，T 公司开始真正意义上进入国际承包市场，而且一起步就是走进高端市场。自 2008 年至 2011 年本项目投标时，不过历时三年时间，尚属初创期，T 公司的国际业务在组织机构和系统性的管理制度建设方面尚不健全，更谈不上领导、监督和贯彻执行，并且在人才、资金、技术和经验积累上也明显不足。受上述两项目实施过程中一时的良好表现的鼓舞，T 公司对自身的国际工程经营实力盲目乐观，对可能遭遇的挑战、风险乃至现实损失认识不够充分，没有足够的心理准备和物质准备，大有"无知者无畏"和"初生牛犊不怕虎"之势，加之追求经济规模的需要，因而急于独自涉猎该国建筑市场。

相对于该市场的严酷性和对承包商的严格要求，T公司明显力量偏弱，好比一个蹒跚学步的孩子要去挑百斤重担。在这种势不均、力不敌的情况下去投标并执行此项目，出现重大失误进而遭受严重损失也就不足为奇，甚至是必然的事情。

就成本和管理能力而言，无论是作为中资公司还是项目部自身，在该国市场环境下已没有任何优势可言。在语言、规范方面采用西方的，合同管理及契约精神方面本来就是弱项，原本具有的人力成本优势也因中国劳动力价格的普遍上涨而消失殆尽，仅就价格而言甚至已转变成劣势，因为中国劳动力的价格已经远远高于来自南亚国家的国际劳务价格。纵观项目实施过程，主要建筑工程材料，如商品混凝土、钢筋、砖、水泥、砂石料、预制件、燃油、水、回填料、机电设备材料、装修材料等均在当地市场或国外购买，而相对价格便宜的中国设备物资材料很难被接受，专业分包也从当地市场获得，所以与该市场上其他承包商相比，中国承包商在这些方面也不具备优势。而在其他一些主要方面，项目部几乎都是采用成本最高的方式——租赁进行，如施工设备和钢管脚手架绝大部分是租赁的，劳工营地和员工宿舍是租赁的，交通车辆也以租赁为主，劳动力也因为配额问题而以采用市场提供的高价劳务为主。另外，中资公司在贷款利息和审批时间、保函费率和办理时间方面所花费的经济和时间成本都远远高于其他公司在当地直接办理所消耗的成本。而且，作为大型多层级的国营央企，项目实施地又在远离总部的国外，其决策程序复杂缓慢、动作反应迟钝、办事效率低下等不可避免的现象，也无形中增加了管理的时间和经济成本。

综上所述，一个不具有比较优势的承包商，刚涉足国际业务，在一个高端完备和充分竞争的市场环境下，无论出于什么原因以明显的竞争价格优势，去承接一个非自身传统和核心竞争力所属业务领域的普通房建类项目，其经营结果不出现亏损似乎都不可能。这就是该项目投标和履约的特点，且在某种程度上也是T公司的国际业务，特别是其在海湾地区的业务，自起步后直至今日所面临的现实情况。

4 具体原因分析

4.1 投标阶段

本项目于2011年在集团公司区域总部的领导下，由T公司组织抽调当地在建项目人员,临时组成投标小组投标,按期完成了投标任务。根据集团公司的战略定位,在国际业务方面集团总部是市场营销中心,下属各子公司是项目实施责任主体和利润中心。这种定位的优点是资源集中,发挥专业优势;缺点是集团与所属子公司的经营目标不一致,导致利益冲突和潜在经营风险。

在当时 T 公司的公司级领导中,还没有明确分工由哪位负责国际业务中的市场开发,特别是对该国新型房建市场的开发。当时其海外事业部在海湾地区的一些主要领导都分别在各自大型在建项目上担任项目经理、副经理等重要岗位,不可能全身心投入新项目投标的领导工作上。而海外事业部作为 T 公司国际业务管理职能部门,还没有建立健全一套国际项目投标的管理制度,包括人员组织、过程程序、质量要求、评审体系等。投标小组人员全部非专事投标工作,而是由各在建项目部管理人员中临时抽调组建而成,且是第一次参加房建和基础设施综合类项目的投标,先前没有类似项目的投标经验。所以,投标工作基本呈现出"无领导、无规矩、不专业、无经验"的状态,为投标失误埋下隐患。

该项目为竞争性项目,定标时受到代理转告区域总部标底 4 亿当地币的干扰,标前进行了大幅度降价,投标前初步确定的成本价为 5.6 亿当地币,最终却以 4.73 亿当地币报出,成为第一名,且大幅低于第二名(据事后了解,比第二报价低了 1.25 亿当地币)。

造成投标价偏低的原因或构成有以下四个方面:1)因人手少、时间紧,制度体系上又无明确要求,投标小组未对投标文件要求全面梳理和了解,未对标书中清单工程量进行核算,造成工程量特别是钢筋、混凝土和开挖等项的工程量严重漏量及一些其他漏项;2)因投标人员对当地地质、质量要求、市场行情不了解,造成一些项目(如开挖、外墙抹灰等)单价严重偏低;3)受外界错误信息引导而大幅降价;4)为进入该市场,在综合取费(现场及两级总部管理费、风险及利润、财务费用等)上有意偏低。前三条原因属不同层面的工作失误,最后一条应是出于项目营销策略决策层面的考虑,无所谓对错。

4.2 履约阶段

1)量差价差再分析

表 1 为项目主要工程量原合同数与实际数的差别对比。

序号	项目	工程量			单位
		合同量 A	实际量 B	差值 A−B	
1	室内开挖	3705.00	68767.15	−65062.15	m³
2	室外开挖	—	140000.00	−140000.00	m³
3	室内回填	371.00	31788.84	−31417.84	m³
4	室外回填	—	100000.00	−100000.00	m³
5	转移多余开挖材料（室内）	3334.00	61890.44	−58556.44	m³
6	转移多余开挖材料（室外）	—	130000.00	−130000.00	m³
7	混凝土	5972712	63845.02	−4117.90	m³
8	基础管沟回填混凝土	—	20868.95	−20868.95	m³
9	车棚基础混凝土	—	17957.53	−17957.53	m³
10	钢筋	7620.30	10488.54	−2868.24	t
11	车棚基础钢筋	—	2675.34	−2675.34	t

造成这种差别的原因，除上述投标失误造成的损失外，还有项目实施过程中造成的损失。以混凝土量差及连带引起的钢筋部分量差为例，造成实际用量严重偏离合同量的原因有如下几方面：1）投标时没有校核工程量造成的漏量；2）投标时没有仔细研究合同文件造成的整体漏项；3）施工时，建筑筏板以下管沟回填改用混凝土；4）部分结构由预制件改为现浇混凝土；5）其他临时用混凝土；6）浇筑过程中的浪费；7）供应商的短斤少两而未被核实察觉等等。

从以上分析可见，在 7 项因素中施工过程中的因素占了 5 项。实际上，即便因投标失误造成重大量差和价差损失，在实施过程中也可以通过严格施工管理、设计优化、分包转嫁及与业主咨询工程师交涉等多重手段减少甚至消除这种损失。这种情况不是不可能发生，在别的项目中已有成功的案例。

2）成本管理意识与体系缺乏

项目全员成本意识不足，任何事情均以方便、完成任务为优先考虑，殊不知任何方便和完成任务都以经济成本为代价，不同的方便程度和完成任务的方式方法所耗用的经济成本是不同的。那种不计一切代价抢工期、保任务的思维和做法，虽不能说是完全错误的，至少说是不经济的。全员必须牢记，任何一项工作都须精打细算，特别是在采取重要的技术、施工、分包、设备、人工方案及大宗材料订货等对成本影响较大的重大事件前，都应进行科学严密的经济分析比较，以期用最经济有效的手段来付诸行动。

相应地，项目部也没有建立完整的成本管理体系，没有建立专门的成本管理机构和制度，也没有安排专人负责，没有设定成本目标，也没有进行定期的成本数据收集、分析、比对和动态监控，更不可能就成本管理现状提出建设性的改进意见。

由于缺乏可靠的动态成本数据支持，项目团队的主要管理人员对项目的总成本没有一个明确的整体概念，造成了直觉上的误判，最终成本失控也就不可避免。这种直觉上的误判所形成的对经营形势的盲目乐观，直到外部介入审计评估及项目遭遇严重的资金流断流时才被惊醒，但为时已晚，潜在危机实际早已存在。

3）材料设备管理问题

材料的计划管理流于形式。材料计划由使用单位和个人提出，自然是以方便自己为原则，没有必要考虑成本问题。材料计划虽然经过了多部门和领导签字，却没有任何人对其认真审核，也无须承担责任，所以无法从源头上堵住材料浪费。

材料采购以电子邮件、电话询价和下订单为主，缺少与供货商面对面的直接有效沟通，也无法对该种材料的整体市场供应情况有透彻的了解。采购部门因为没有成本意识和责任压力，所以缺少讨价还价的动力和空间，而且货物基本由供货商送至工地。这一切都在不知不觉中增加了材料的采购成本。

在材料的进场验收、出入库管理、盘点核销及信息共享等方面的管理也不够规范，无形中容易造成材料浪费，增加了材料成本。

本项目材料管理的另一严重失误是一些机电装修材料采购。由于对工期形势的误判，加之订货合同中对送货时间、批次和支付方式上考虑不周，造成大量后期装修材料（如卫生洁具、门、灯具、橱柜等）过早到货，形成严重的现场库存，增加现场仓储管理的难度和费用，并占用大量资金，使项目中后期本已紧张的资金流状况更是雪上加霜。

在周转材料和设备方面，项目部除了少量调拨的周转材料、塔式起重机、部分发电和通勤设备为自有的外，其余的均采用在市场上临时租用。截至2014年12月，设备和周转材料租赁费已高达3000万当地币以上。实际上，根据本项目的特点，完全可以增加采购一些开挖运输设备及周转材料等，包括挖掘机、自卸车、长臂叉车、宝贝猫、钢管脚手架等。如前所述，施工设备和周转材料作为项目成本的重要影响因素，在项目初期策划时就应进行认真的技术经济分析，制定整体的设备和周转材料方案，明确是采取自有、租赁还是分包以及各占多少比例，以有效降低成本。

4）人工成本额外增加且效率低下

由于区域总部为本项目申请的劳工配额不足，项目被迫使用了大量高价劳务，或额外支付费用购买劳务指标。投标时没有考虑使用外聘高价劳务，而实际使用高价劳务占整个劳务总量约65%，有时其比例甚至更高。

经测算，自有普通劳务的全部人均成本约为1700当地币/月，而高价劳务人均价高达2860当地币/月。而且，劳务公司普遍只接受计时工资，不接受计件工资或工序劳务分包的合同形式。加之，项目部对高价劳务缺乏有效的管理措施，当地有关劳工的法律又十分严格。因此，造成劳动效率低下，劳动力成本严重超支。

5）分包管理中的缺失

本项目的机电管道安装工程，全部整体分包给在当地注册的外国专业公司承担，分包合同额1.47亿当地币。分包商的招标过程基本是规范的：采取了广泛的招标询价（收到有效报价10家），遵循了有效最低报价原则，对两家拟定分包商的在建项目及公司进行了实地考察和比较，履行了评审和上报程序，并预计该分包商在项目执行的中后期会出现资金短缺的局面，只是没有料到情况是如此的严重，个中原因不排除其自身的其他因素。

由于资金链断裂，该分包商累计拖欠其供应商、分包商以及员工工资款2000万当地币无力支付，其分包商、管理人员以及工人拒绝工作，所有施工人员在2014年7月底全部撤离现场，机电安装基本处于全面停工状态，且严重影响到其后续工序室内装修的施工。为拯救项目，项目部在经过垫付代付款项、更改合作模式及友好协商终止等多种努力失效后，书面强行终止了其分包合同，接手其现场工程和材料，自行组织施工。由此不仅增加了项目部的施工任务量和管理难度，也可能带来额外的经济损失和法律诉讼风险。

项目部在其他分包管理方面的问题：一是合同评审过程流于形式。一份合同在正式对外签署前，虽经过了内部相关各部门和领导的审核签字，但由于合同本身与这些部门往往并没有什么直接的关系，很难做到真正的审核把关，不过是签个字而已。二是未见其他大的分包合同上报相关部门审批把关的程序记录。三是在分包支付程序上采取各相关部门签字的方式也使支付审核流于形式。四是没有建立完整的合同管理体系，在合同管理部门和各施工部间的分包合同管理责任及权限方面未作明确界定，导致合同管理主体责任的混乱。五是受主合同分包商名录限制和业主咨询工程师等方面的干扰，项目部在分包商选择权和根据市场原则寻求最低报价方面受到制约。六是一些分包的立项不尽合理。另外，在合同结算、保函管理、规范合同文件等方面也存在各种问题。

6）工期延误与管理费超支

工期延误在海湾地区是一个普遍存在的现象。以本项目所面临的现实环境看，要在原合同规定的工期范围（609天）内，完成如此体量和复杂程度的项目施工，是完全不可能的。

造成工期延误的原因主要包括：1）原合同工期要求本身就紧张到了不可接受的程度；2）合同实施过程中的各项要求，如设计、材料、施工方案报批，要求严、耗时长，施工过程各种质量检查验收的程序繁琐复杂等；3）施工过程中发生了大量的变更，主要是机电和装修要求方面，包括应业主要求和市政相关规定及其更改造成的变更；4）业主和咨询工程师等方面办事效率低下，造成大量文件和要求上报后久拖不决，因而无法开始行动；5）自身的管理问题和资金短缺。

首先，工期延误使项目履约面临巨大的误期罚款压力，合同规定最高罚款额为合同总价的10%。其次，在与业主的工期索赔谈判中，由于延误原因多来自业主和承包商等多方面，很难界定各自该承担多大责任，通常最终都是承包商被迫以放弃经济索赔为代价，换取业主同意顺延工期以解除误期罚款风险的妥协方式告终。

工期延误导致的最直接经济损失是管理费及一些固定成本增加，包括现场管理人员的费用（工资绩效、食宿办公、交通通信、社保等），现场临时水电排污，业主咨询工程师的服务费用，以及贷款利息、保函和保险费用等。经初步统计，项目部每月的固定管理费用开支在300万当地币以上，延期20余月造成此项的额外支出超过6000万当地币。实际上，截至2014年11月底，主要作为管理费支出的一般项费用，已超出合同中该项价格7361万当地币。

7）管理团队力量不足

现场管理团队力量不足体现在两个方面：一是主要管理岗位的人员缺失；二是现有大部分管理人员的能力素质与其应有的要求相比远远不足。

在T公司当前的管理局面下，一个项目经理个人综合能力的大小，对项目实施的成败起着关键性的作用。本项目经理虽有较长时间的工作经验，但从事国外同类项目的经验只有3年左右的时间，且从未有过任何担任项目经理的经验，也未接受过任何类似的业务培训，担任如此大的国际房建项目经理，显然不够胜任，加之其个人性格、行事风格和作风等方面的特点或不足，造成项目团队核心领导能力偏低，尽管其个人在实际工作中已经付出了最大的努力，结果并不令人满意。

另外，本项目的另一个重要岗位，即应具有丰富现场经验的施工经理（或主管生产的项目副经理）一直是缺失的。而能较好胜任工作的原主管计划和技术的技术经理（或项目总工）、合同经理（或商务副经理）、合同工程师以及质检工程师等重要岗位人员，也因种种原因先后过早地离开了项目部。其他一些主要岗位人员，如机电和装修负责人，虽有较大的发展潜力，毕竟工作经验还显不足，综合素质能力有待提高。

项目管理团队的其他成员则以近几年新毕业的学生为主，工作经验达 4 ~ 5 年的就已经是资历深的主力和业务骨干了。另外一些管理人员则是在当地招用的外籍员工，平均工作能力要高于普通中方员工，其工资待遇也相对较高，与中方员工间却多少存在工作沟通和文化认同问题。

造成管理团队力量不足的其他原因包括，由于人才流失严重，导致同一岗位频繁换人；由于种种原因而一度形成团队规模臃肿庞大，影响工作效率；项目团队建设不足，凝聚力缺乏，纪律涣散战斗力不强，相互间缺乏有效沟通和良好合作，个体成员对项目的整体命运不够关心，等等。其中，团队规模臃肿看似与管理力量不足是矛盾的，实际上反映的是项目管理团队配置不合理。

5 分析结论

从以上分析可以得出结论：由多种因素造成的投标价格严重偏低和实施过程中的严重拖期，是导致该项目经营严重亏损的两条最主要的直接原因。如果排除这两条原因，项目目前的经营状况应该是盈亏基本持平。而在所分析的其他原因方面，项目部能做得更好的话，其经营成果就应该是可以盈利的了。

6 改进措施建议

以上分析找出了造成项目严重亏损的直接原因，但并没有深挖其背后更深层次的原因。本案例虽是个案，反映出的问题却具有一定的代表性意义。根据本案例的情况，笔者提出如下一些改进措施。国际工程所面临的竞争激烈的严酷现实，是我们一时无法改变的，也许唯一能改变的是我们自己，让我们变得更强大，更能适应环境，只有这样才能在逆境中求得生存和发展。所以，笔者希望，下面这些措施不仅是针对这一具体的项目，而且更具普遍的借鉴意义。

（1）改革企业考核用人机制，促进企业经营从规模速度经济向质量效益经济转型。

企业作为经济组织，其存在和发展的根本动力和主要目的是追求经济效益。但在相当长的一段时期内，国有企业经营管理考核的首要指标是发展速度和规模，体现在完成产值和新签合同额的绝对值和增长速度。这些指标在企业内部被层层细化分解，用于各级经营管理部门和人员的业绩考核。在这种考核激励机制下，企业上下想方设法去拿新项目，不惜一切代价去完成项目产值目标，由此就很容易造成企业的规模扩张了，发展提速了，而发展的质量变差了，经营的效益下滑了的恶果。笔者认为，要科学理性地看待企业发展的规模和速度，它应该是建立在发展的质量和效益基础之上的，必须与企业拥有的现实资源、管理水平、经营环境、市场需求和发展机遇等诸多因素相适应，罔顾企业的客观现实条件而一味盲目扩张提速，必然带来严重的不良经营后果，或者引发弄虚作假玩数字游戏，造成虚假繁荣的景象。

（2）统一集团公司和所属子公司的经营目标，实现风险共担、利益共享。

目标不一致，导致集团公司和所属企业经营方向不一致。如果集团公司仅仅是营销中心，以多中标新项目为目的，投标时必定一味要求降低标价（有时甚至可能采取行政命令的方式要求投标团队压低报价），根本不关注实施项目的实际成本，因为一旦中标完成营销任务即算完成集团公司总部对相关业务部门的考核指标。集团公司在按相关规定提取管理费后交给所属子公司全面负责实施项目，项目经营的风险和潜在收益全部转移给子公司。实际上，由于项目是以集团公司的名义和品牌对外签署合同，项目最终经营出了问题，还得集团公司出面解决，经营不善造成的经济和社会声誉损失最终仍由集团公司背负。所以，集团公司这种想做甩手掌柜的简单做法是行不通的。

为避免这一局面，集团公司与所属子公司在开发经营国际工程业务时，应统一目标，形成利益共同体，集团公司负责组织所属子公司进行投标时，不仅是以中标为第一目的，还要考虑报价是否具有预期的经济效益，否则宁可选择放弃中标。在项目实施过程中，集团公司要加强对子公司项目部的监管和支持力度，确保在建项目始终处于集团公司的监控之下。这样，集团公司和所属子公司按事先商定的责权比例对国际项目的投标和实施共同负责，经营的目标达成一致，努力的方向一致，都是为了取得一定的经济效益，并按比例对项目的最终经营成果共担风险、共享收益。

（3）加大企业所有制改革力度，激发企业经营决策者的积极性。

在全民所有制的条件下，企业经营成果的好坏与企业经营决策者的利益并无直接关系。相反，在私营企业里，企业经营决策者可能就是企业的拥有者，因此，经营成果的好坏都必须由其个人全部承担。那么，受利益的驱使，私营老板必然竭尽全力做好企业，做好项目。即便在遭遇多重不利因素的情况下，也会按"两害相权取其轻"的原则，迅速作出选择，尽量降低损失的程度。

国际工程业务作为一种完全的市场竞争的经济行为，不会对整个国民经济运行安全造成严重的影响。对国有国际工程企业来说，其主要任务是顺应国际市场的要求，保持自身的健康可持续发展，并让企业员工分享企业发展的成果，促进社会的和谐稳定。企业自身发展壮大了，就能扩大社会就业，也增加了国家税收，同时让职工分享企业发展的成果，实现藏富于民，保持社会稳定，这些就是国际工程企业对整个国民经济的最大贡献。所以，要充分发挥市场经济竞争机制的作用，在给予企业经营决策者充分的经营决策权的同时，还应加大对企业所有制的改革力度，降低国有资本的参与程度，适当引进社会资本参与其中，并允许企业经营决策者和职工持有一定比例的企业股份，使企业经营成果的好坏在一定程度上真正与经营决策者及普通员工的收益高低挂钩，以调动企业全体职工的积极性，增强他们的工作责任心。当然，国有企业所有制改革的决定权不在企业内部。

（4）简化经营管理的决策程序，提高决策效率。

在本案例中，承包商是大型国有工程集团公司，旗下设有国际工程公司和多家其他工程子公司。国际工程公司在总部设有健全的职能部门，并在境外建立了众多国家或区域经营管理机构。子公司内部则组建了海外事业部，并在项目所在国设立了经理部，由经理部负责组建项目部来实施项目。因此，项目部实际上要接受来自集团公司和子公司的双重领导，形成"中"字型管理决策机构。这样的管理决策机构中间环节太多，且呈现为并行决策机制，决策机构间容易造成相互踢皮球、决策不一致和决策效率低下的局面。

项目部是现场执行机构，在一些事关项目命运走向的重大问题上，是不具有决策权的，比如在实施期间发现存在严重的潜亏风险后，项目要不要继续履约下去，是否需要采取措施以及采取何种措施同项目业主进行交涉？如果决定坚持继续履约，如何解决后续施工中严重的资金短缺问题？类似的这些问题都不是项目部敢贸然决定的。于是，项目部只能向上级组织打报告，而且要同时向属于集团公司和子公司的两个上级组织系统报告。集团公司这一条线的各级组织认为，子公司是在建项目的运营实体，对运营中发生的问题理应自行想办法解决。子公司这边则认为，项目是由集团公司组织投标并决定最终标价的，而项目部所提问题的严重程度已经超出了子公司能力所及的范围，况且子公司本身就是集团公司旗下的全资子公司，有大问题当然应请示集团公司出面解决。

在这种决策机制条件下，项目部向上反映的问题往往得不到及时有效的回复。同一个问题，书面报告打了一次又一次，各个层级的会议开了一次又一次，要么是不了了之；要么是上上下下层层流转，最终得到结果时已经是几个月以后的事了。决策效率低下要么错失了解决问题的良机，要么加深了该项目经营不利局面的严重程度。

所以，集团公司应从整个集团角度审视海外项目管理问题，建立统一快速的管理决策机制，包括三个方面的工作：1）缩短决策流程，尽量减少中间环节，使项目需要决策的重大问题能够迅速直接地传递到对应的公司最高决策层；2）将目前的决策传递通道由两条合并为一条，避免相互推诿；3）明确定义各管理层的决策权限和责任范围，该是哪一层的决策权限范围的，问题到此一层就应立即做出决策反应，不拖延不上报。

（5）建立健全国际工程业务流程制度，并严格遵照执行。

国际工程业务对 T 公司来说，是近年来才开拓的新业务。公司上下虽然对国际业务充满热情期待，但究竟如何开展这项业务，公司绝大部分人由于缺乏实践经验，不知该从何处下手。也许在这项新业务开展之初，一个公司集中各方面的优质资源去实施一两个国际工程项目，还可以应付得下来。但项目一多，公司的现有优质资源，特别是强有力的项目管理团队，就无法满足现实需要了。

在这种情况下，T 公司就应着手建立健全国际工程业务的流程制度，主要包括市场营销和在建项目管理等方面。更为重要的是，这样的流程制度建立起来后，要切实得到贯彻执行，而不是形同虚设或流于形式。只要制定的制度科学合理，公司上下都熟悉和遵循同样的规则行事，就容易达成共识，可以减少工作中的摩擦和出错概率。

以本项目来说，如果公司制度规定，在招标投标阶段必须经过工程量复核计算，投标书和报价必须经过多层级的专家评审，并根据报价金额的大小，由企业相应层级的领导最终拍板确定对外报价及其策略，中标后需作成本价格及现实环境分析再决定是否签订合同，而对投标结果好坏也有明确的责任划分和激励措施等等。这些制度建立后如在投标中真正得到执行，就能在很大程度上避免报价失误。

在项目的成本管理方面，公司制度应明确规定，实施前要组织进行项目管理策划，要在认真分析合同价格和市场条件的基础上，建立项目的成本目标体系和组织管理体系，要在实施过程中对工程成本进行动态核算和监控。贯彻落实这些制度，可以尽早发现项目潜亏风险，并及时采取相应的应对措施，不至于出现本项目这种情况，即干了一大半才发现问题的严重性而又骑虎难下的被动局面。如果说在投标阶段由于人手紧时间短，没有来得及吃透标书工程量和市场价格水平，那么在项目实施初期阶段，项目部应该有足够的时间和其他客观条件，去组织专业人员认真全面地梳理和分析合同价格和项目成本，预估项目最终的经济效益情况，真正做到心中有数。

（6）切实加强对国际工程业务的领导监管。

笔者了解到，在本案例项目的招标投标和实施期间，T公司的十几位公司级领导中仅有一位新上任的副总经理负责国际工程业务，他还同时兼任公司所属海外事业部总经理及一个大型国际基础设施工程的项目经理，而所有其他公司级领导因分工不同或以不熟悉国际业务、不知道如何管理国际业务为由，很少涉足对公司国际工程业务的管理。另外，在此期间海外事业部刚成立不久，主要领导也都在各个海外项目兼职，因此海外事业部基本处于半瘫痪状态，很难正常地发挥一个专业部门应有的管控职能。

在中国当前这样的大环境条件下，一个企业的新业务如果没有企业领导的重视、参与和支持，是很难取得成功的。国际工程业务作为T公司新开拓的业务领域，是公司的一个重要业务板块，如果经营得好会成为公司未来发展方向，因此理应受到公司领导层的高度重视。在公司级领导中，至少应安排三分之一的领导力量去专门负责国际工程业务，尤其是公司的主要领导，要将工作重心向国际工程业务倾斜。同时，海外事业部的各个领导也应该从各项目管理工作中抽身出来，成为专职的部门领导，真正担负起专业职能部门的责任，统一对各项国际业务实行有效管理。

在这些公司级领导中，可以按专业分工，有的负责市场开发，有的负责在建项目管理，有的负责总部协调；或者按市场区域划分各领导的负责范围。海外事业部在各分管领导的领导下，组成专业管理团队，协助执行国际工程的具体业务管理。

公司级领导在公司国际业务的宏观管理方面，要确定公司国际业务的战略发展方向和经营目标，为国际业务组织协调最优质的管理资源，提供人才、技术和资金支持，组织建立健全国际工程的业务流程、管理制度和考核评价体系。而且，这些公司领导对国际业务的领导管理不仅只停留在宏观的层面，对于重要的国际工程项目，更要直接负责从投标到实施交付全过程的领导管理，使项目自始至终都处于公司领导的监管之下。在这方面公司领导不能只浮在面上，到项目上只是蜻蜓点水、走马观花，所作的指示决定只是大而化之，隔靴搔痒；而是要求真务实、亲力亲为，要亲自深入一线，主动去熟悉了解各个国际项目的开发和实施过程，根据对每个项目实际情况的分析研判来制定项目的任务目标，负责对项目过程中重大问题的研究和重要事项的决策，并及时为项目组织协调必要的资源，对项目管理提出具体可行的改进意见建议，甚至直接领导或参与项目部对外合同谈判工作，保证项目全程受控和顺利实施。

（7）加强合同管理，有效规避或降低项目风险。

国际工程是一项充满风险的事业。事业有风险并不可怕，重要的是如何及早识别风险，并采取适当的措施有效规避风险，或者即使不能完全阻止风险的发生，至少也可以使其发生后造成的损失降到最低。而加强合同管理是规避或降低国际工程项目风险的有效措施之一。

以本案例项目来说，即便编投标有失误，在开标以后，承包商可以通过一些渠道获得自己的报价排位信息，当得知自己的报价远远低于其他竞争对手后就应该引起足够的警惕和重视，要立即组织专业人员对报价情况进行认真的分析研判，当确信自身报价出现重大失误，已经到了远低于项目成本的时候，就应考虑是否采取措施放弃此次中标机会，比如，可以通过各种渠道和方式向业主明确表达自己的这种意愿，并对业主的澄清或谈判邀请采取消极回避的态度。选择不中标的最大损失不过是被没收投标保函和些许的信誉损失，比起硬撑着接下项目实施所造成的损失要小很多，从而有效地规避了风险。

如果在项目实施的过程中，项目部通过成本分析发现，潜亏风险远比想象的严重，也不是没有回旋的余地。承包商在全面分析业主的处境和项目的经营情况后，可以慎重决策项目的去留，并采取相应的措施。选择中途退出项目并非就是目的，可以是一种合同谈判的手段，以此作为筹码来要求业主作出适当让步。可以采取放慢施工速度甚至完全停工，同时开始与业主进行谈判，要么双方通过友好协商达成一致后，承包商体面地退出项目，对由此给业主造成的损失给予适当赔偿；或者双方同意承包商继续履约，业主对漏项漏量或价格偏低项目给以适当的调价补偿。再一种情况就是承包商可以利用业主在实施过程中的违约、新增变更或政府法律法规变化引起的费用增加等因素，在与业主的合同谈判中将其投标失误造成的损失加入进去作为继续履约的筹码。

最坏的结果是双方谈判破裂，承包商要么强行撤离项目，要么被业主清除出场，有可能造成承包商的10%履约保函被没收，并在当地市场上遭受一定的信誉损失。即便如此，也比承包商以沉重的经济代价执行完项目所造成的损失小。截至笔者开始进行该项目案例分析时，预计项目亏损达40%以上，并且可以预见，亏损率还会继续上升。

当然，笔者并不是在这里提倡承包商不信守承诺的行为，而是认为承包商可以将主动要求解约作为一种合同谈判的手段，并对谈判的最坏结果事先作了分析准备。通常情况下，业主和承包商双方都会考虑多方面的因素，通过谈判寻求一个解决问题的折中方案，这一折中方案或多或少会减轻承包商因投标和实施项目而遭受的损失，因此值得承包商去为此努力尝试。不过这样的决策，甚至包括谈判的实施过程，都不是现场项目部能够担当的，需要企业管理高层和相关专家综合考虑各种因素后慎重作出决定，必要的话还需亲自领导参与合同谈判过程。

（8）加强项目现场生产管理，提高劳动生产率和资源有效配置。

从以上分析可以看出，导致本项目严重亏损的直接原因是投标失误和工期严重拖期。而造成工期严重拖期的原因，除了业主和其他客观因素之外，现场管理差也是其中之一。所以，加强现场生产组织管理，提高劳动生产率和资源的有效配置，是加快施工速度、降低工程成本的有效举措。

我们知道，劳动力人工费、材料费和机械设备费用是构成工程成本中直接费的三大支出项目，三项合计一般占到工程总成本的80%左右，控制住了这三项费用的支出，就控制住了工程总成本的大头。

由于受劳动力配额指标的限制，在本项目的施工生产中大量采用了市场上的高价劳务，而且只能采取计时工资制。在这种情况下，如果项目部对现场劳动力管理不严格，必然出现大量的消极怠工现象，也不排除劳动力人数虚高的现象。造成的直接后果是，虽然劳动力成本超支，生产效率却十分低下。据测算，在该国的工程项目上，正常情况下土建工程的劳动力人均月产值应在10000当地币以上，而本项目远远没有达到这个指标，这一方面反映出该项目的合同价格确实偏低，另一方面也说明项目劳动生产率十分低下，甚至低到了有些单项工程完成结算的产值不足以支付所耗用的劳动力的工资。

有鉴于此，建议项目部在现场劳动力组织方面，应尽量采用自有劳动配额招聘劳务进场，并由项目部自行组织和管理劳务进行生产施工，工资支付尽量采取计件工资制，或者与专业劳务公司签订包清工劳务合同，而市场高价劳务只有在一些特殊情况下作为临时应急之用。这样做可以在提高劳动效率的同时，将劳动力成本控制在预算范围内。

在材料费控制方面，造成工程施工实际耗用的材料数量远超合同量的原因，固然有投标漏量漏项的原因，但也与施工中的材料管理混乱有直接关系。项目部对材料的计划、采购、进场验收、储存、领用、盘存核算、损耗控制等各个环节的管理不够规范、严格和精细。

另外，一些重大的材料工程量偏差，是可以通过严格的现场管理和与业主的积极交涉争取而得到弥补的。比如室内外土方开挖回填，开工前项目部如果在与业主办理现场移交过程中作了认真的测量计算，发现实际情况与合同描述相差甚远时，完全有理由拒绝接收场地，直至业主同意接受某种补救方案。再比如基础管沟回填，原合同规定回填料是土方，但实际施工时却无法满足压实度的要求，是项目部擅自决定改用混凝土回填，由此增加了混凝土工程量20868.95m^3。遇到这类情况，项目部完全有理由停止施工，坐下来好好与业主工程师进行合同交涉，直至双方达成一致，且在承包商不因此遭受额外经济和工期损失的前提下再恢复施工。

机电设备是项目施工的重要资源，对机电设备管理如何才能做到合理配置和有效利用，依笔者的理解，主要需要做到以下几点：1）在机电设备的来源方面，是新购、租赁、调拨、利用分包商设备或其他方式，要综合考虑技术、经济、时间和现实可能性等诸多因素，进行科学的分析论证后再作决定；2）在设备的选型以及机械化联合作业中的各种设备配套上，要与作业任务、环境条件及施工方案相适应；3）加强设备的使用管理，保证设备的完好率和出勤率，提高设备的生产效率，严格控制设备使用中的各种消耗；4）严格真实及时地做好设备的使用记录，对设备使用的费用结算支付进行严格管理；5）闲置设备及时清退出场。

（9）开展人才培训，造就和留住高素质管理人才。

人才短缺是国际工程全行业面临的普遍问题，而高素质管理人才对国际工程的经营发展所发挥的作用是毋庸置疑的。所以，无论是国际工程企业总部还是各在建国际工程项目部，都应该对人才培养引起足够的重视。

根据国际工程业务对人才层次和能力的不同需求，可以灵活选择多种培养方式。比如，在项目部层面，可以采取以下几种方式：1）直接将后备国际工程人才安排在项目上担任一定的岗位工作，通过项目实践积累经验，熟悉国际工程惯例，增强业务素质和动手能力，实现自我提高；2）工作中，安排有国际工程经验和能力的老员工对新员工进行传、帮、带；3）组织到其他在建国际项目上进行参观学习和经验交流；4）项目部系统地组织进行专门的业务理论和实践培训。在企业总部层面，可以采取以下人才培养方式：1）制定系统的培训计划，组织企业内外各类与国际工程相关的专家，对后备人才进行授课培训；2）将后备人才送到相关大专院校或其他社会培训机构进行学习培训等。

人才问题另一个值得注意的问题是人才的严重流失，就像在本案例项目上所发生的情况一样，许多在国际工程市场开发和项目管理实践中逐步成长起来的人才，特别是一些关键岗位的人才，工作干到一半就毅然选择辞职离开，不仅造成当下工作安排上的被动，也使整个企业的未来发展显得后劲乏力。还有的情况是，一些人才要么在工作中不被重用，感觉自己的潜力没有完全发挥出来，要么在国际项目上工作结束回国后，长期得不到妥善安排，都被迫选择另谋出路。

当今国际工程人才形势与过去相比，已经发生了深刻的变化。当下人们的世界观、价值观和就业观已不同于以往，表现为更加现实、多样。社会就业管理制度也更加宽松灵活。国际工程行业收入的吸引力相比以前大大下降，而国际工程工作环境的艰苦性和不安全性，以及长期出国工作导致与国内社会、家庭脱节，且国外工作压力大、强度高等等，这些因素都可能成为人才流失的重要原因。

因此，国际工程经营发展中的人才问题，不仅仅是培养造就人才，还要考虑如何留住人才，并用好人才。一些国际工程企业提出了"不求为我所拥有，但求为我所用"的灵活人才观，倡导"待遇留人、感情留人、事业留人"的留人用人原则，但如何把这些人才观念和原则真正落到实处，则是值得人们深思的。

一个没有赢家的小小决定
——总包方决策蝴蝶效应案例解析

王道好

1 案例情节描述

　　人的一生总要做各种各样的选择。有时，在日常工作生活中的一个小小决定，稍不留神所引发的蝴蝶效应，往往会以种种无法驾驭的方式，导致一系列令人难以预料的后果。这些事与愿违的结局终使人哭笑不得，生活也因此不可逆转地偏离了原来的轨迹，甚至与我们的初衷背道而驰。

　　让我们来还原一幅真实的生活图景，类似的图景每时每刻都在我们身边的大舞台上不停地上演。

　　神建公司的总经理拉着两家朋友的建筑公司，组建成神建一队和神建二队，承揽了总承包商 CC 中东公司在该地区新中标的两栋楼 L1 和 L2 的结构施工劳务合同。

　　2月2日早上，在经历了近一周不确定性的焦灼等待之后，L2 楼的 CF14 承台钢筋终于运抵现场。神建二队立即组织有条不紊地卸车，并于下午开始在承台底板上铺设钢筋。仅仅一个下午就铺满整个地面，并且整齐规范，毫无差错。

　　第二天一早开始了底层钢筋绑扎。如果不出意外，一周内就可以完成全部钢筋安装，再用一两天完成模板架设，就可以开盘浇筑 CF14 承台数百方混凝土了。如果这期间第二块大承台完成防水施工，随即就可以在上面进行钢筋铺装了。如此一来，1个月内完成两块大承台，并捎带完成一些小承台混凝土施工，基本实现CC公司项目部的计划任务是没有问题的。

但是，生活没有如果，却充满了意外。实际上，几天前，项目部领导因为神建一队施工进度未能满足要求，就已经作出决定，要让神建二队合并到一队作业面L1楼CF12承台去抢工，以缓解因进度拖延导致的业主方不满。似乎一切的混乱，仿佛演戏一样，在作出这个小小的决定那一刻，便拉开了帷幕。

就在第二天早上，项目部施工经理来现场，怒吼着强行叫停了神建二队的钢筋作业，命所有工人到一队的作业面去赶工，并在没有办理任何交接手续的情况下，立即引入临近作业面上的一家外国作业队伍续接神建二队的钢筋绑扎。

神建二队公司领导来到现场时，正好目睹了施工经理愤怒驱离其作业人员的全部过程。于是，他像小媳妇一样，赶紧追随在施工经理身后赔不是。在这样一对地位不对等的"夫妻"关系中，小媳妇的恳求自然得不到应有的回应。

另外，在得知要让出作业面的消息后，神建公司曾通过有关方找到CC公司中东总部，希望总部对此事给予关注，以图保留作业面。总部领导的出面干预，必然给项目部领导增加了心理压力，引发其强烈的愤怒。加之，神建二队现场负责人根据领导的授意，将新进场的那家外国作业队伍赶出场外，更是严重地挑战了项目部的权威，无疑是在火上浇油。

怒火终要爆发。2月4日，神建公司几位领导去项目部商讨解决方案。在现场会议室里，项目部领导对着神建公司一干人等拍起桌子骂了娘，但看上去多少带有表演的性质。

面对项目部领导的盛怒，神建公司却出奇一致地保持着克制冷静，除了一位领导悄然起身离开会场外，其余的人大部分时间静坐沉默，偶尔微笑着赔礼道歉，劝其息怒。其实，在工程行业，下包面临雇主方雷霆万钧的场面司空见惯。但是，一个人只要内心足够强大，心境如若浩瀚湖面，那么，任何外来的人身攻击与羞辱，都无法撼动或诋毁其灵魂的尊严。

发过脾气后，项目部领导命令，将神建二队现场负责人开除出工地，二队人马立即到一队作业面抢工。

由此引发了神建公司内部一连串的混乱。神建所承担的两栋建筑结构施工，本就体量不大，每栋的总价折合人民币不过500万元左右。同一单价条件下，下部底板施工的经济效益自然高过上部结构。CF12承台是一队碗里的一块肥肉，当然不愿意别人来分享；而二队也不乐意去兄弟锅里去抢饭吃。双方对同在一个工作面上抢工都抱有抵触情绪。

当天下午，在神建公司领导的主持下，经反复讨论，两支队伍在现场达成一致，采取歇人不歇工作面的抢工方式，一队上白班，二队上夜班，按项目部的进度计划完成 CF12 承台的抢工任务。经济收益按各自队伍所出的人头比例共同分享。

根据这一安排，神建二队第二天白天（2月5日）就没有上班，除了要妥善安排中方员工准备上夜班外，还要赶紧调整外籍工人和外租大巴的作息时间等。等到一切安排停当准备要上晚班时，一队突然提出经济分成不合理，无法接受二队去抢工。无奈之下，二队只好立即通知工人和大巴停止行动。

2月6日，根据统一安排，二队将外籍员工外送去办理个人身份证。二队中方员工中，除一名钢筋工被借到一队帮忙外，其余的在家窝工一整天。钢筋工加完班，一队连一顿晚餐也未提供，个中滋味只有他自己体会最为深切。

2月7日，因为无班可上，二队的中方员工就没有去工地。而二队外租大巴却照常将其外籍员工拉到工地待了一天。这期间，二队领导主动提出来，CF12 承台经济成果按四六分成。双方经讨价还价，二队同意让步到25%，全力以赴帮助抢工5天。

于是，二队又一次赶紧通知大巴调整接送时间，并联系在工地的外籍员工待在原地，留下来在当晚通宵作业，并承诺为其提供晚餐和午夜餐，帮其去营地取半夜御寒衣服。谁知外籍员工不听安排，竟要徒步走出工地。

二队中方员工在赶往工地的途中，接连接到神建公司领导的好几个紧急电话，说那几个滞留工地的外籍员工被工地保安抓扣，送往业主办公室，还惊动了警察，项目部领导正在出面解救中。最终的结果是，外籍员工被领了出来，其工地进场卡全被没收，当晚肯定不能进工地作业。精心准备的赶工计划和行动再次半途而废。

不料，2月8日，一队再次反悔，认为25%的分成比例仍然太高，提出以典工形式计价。于是，神建领导再次出面斡旋，二队顾全大局再次让步，最终以接受20%的分成比例达成一致。

二队草拟了协议，并得到对方的认可。然后，再次重复前两次的安排和行动，这一回总算可以帮忙加一次班了。等二队人马进入工地时，一队的人已经全部撤离现场，既没有工作的交接班，也无法签订书面赶工协议。

因 CF12 承台要焊接马墩，不能进行钢筋绑扎，二队员工只好顶着夜间的寒凉与孤独，干了一整夜的杂活。直到此刻，二队也没有在一队赶工上实质性地帮上忙。

那块被强行划出去的 CF14 承台钢筋安装，其施工进度并没有提高。更具讽刺意味的是，在后来几天原本通过加夜班抢回的工期，却因项目部未能如期提供上部钢筋，致使钢筋绑扎不得不停工待料数天！

近 20 天过去了，CF12 承台仍然没有浇筑混凝土。谁也不知道，在这个热热闹闹的工地上，下一场戏该如何上演，最终的结局又将如何收场。

2 案例效应评价

下面我们从管理的角度，对这个故事作一个专业评价。

2.1 从经济绩效的角度

在管理学中，常常会提到绩效、效益、评价以及 PDCA 循环中的 A（Action），即纠偏。我们首先从经济的角度，来评价上述蝴蝶效应中的各方绩效。

1. 总包方

总包项目部作出一个管理决策，本意是想采取合并两队赶工的方式，先行完成 CF12 承台施工，从而缓解在业主面前的工期压力。

但是，一圈折腾下来，耗费了 7 天时间，却并没有取得实质性的赶工效果。截至目前，仅有一名额外钢筋工参与赶工一天。实际上，这名钢筋工是否参与都无关紧要，因为一队在 2 月 4 日当晚就新进场了包括钢筋工在内的 4 名中方技工，完全可以覆盖 CF12 承台钢筋施工。所以说，截至目前此举的绩效近乎为零。

CF14 承台钢筋绑扎效率并没有提高，甚至可能不如原二队在时的施工进度。有成语曰"顾此失彼"或"拆东墙补西墙"。这一管理决策造成的后果是，失了彼而未能如愿顾到此，或者说拆了东墙却没有补上西墙。此举从反面印证了一条管理学的基本原理："管理者的职责是做正确的事"。

此案例同时告诉我们，管理者应具有高瞻远瞩的视野，采取系统的方法，对决策造成的各种可能性后果进行预测和评估，而非简单地头疼医头脚疼医脚。实际上，神建两队施工进度缓慢的根本原因，是作业人员未能按计划进场到位。而依据神建与两个施工队的事先约定，劳务进场的工作签证应由神建或 CC 公司提供，但近期其签证申请临时被封。项目领导如果了解到这一原因，并遵循"帮人就是帮己"的行为原则，利用自己的特殊地位，协调催促公司相关部门尽快解冻签证申请，则可能会起到攻魏救赵的管理效果。

2. 分包方

神建公司领导为实现项目部的决策意图，投入大量的精力，同各方沟通协调，耗费了一定的管理成本，包括时间和物质成本，但收效甚微，反而失去了一栋楼的合同额，是严重的得不偿失。

3. 分包一队

神建一队为应对强塞进来的加班队伍，一次又一次地精打细算，讨价还价，也不得不耗费大量的心血和精力，付出了管理成本，好在其施工进度并未受到严重影响。如果将来接受二队赶工，必然将眼看到手的部分利润让给二队，也是其极不情愿的事。

4. 分包二队

损失最为惨重的是神建二队。本可以有条不紊地在自己的作业面上施工，有把握完成项目部下达的计划任务，却因为兄弟队的进度延误而被强行夺走了工作面，面临着无工可做、进退两难的尴尬局面，不折不扣地是"躺着中枪"了，成了一个无辜的受害者。期间耗费了大量的人力物力和其他管理成本，却没有产生任何有效收益，还要照常支付大巴车费和员工误工工资及其他固定成本。这些额外成本的付出是无法得到补偿的。

2.2 从社会效应及心理角度

下面从社会效应及心理角度探讨其造成的影响。

1. 总包方

项目部的这一决定及其所导致的随后一系列行为，必然影响到项目部与神建及其所属两支施工队间原本建立的正常合作关系。劳工被抓扣至业主办公室一事，也使其在业主方的形象或多或少受到负面影响。项目部领导本人的威信受到了一次挑战，领导因此事而产生了愤怒、生气及情绪失控，有损于其心理健康及公众形象。另外，此事还惊动了其公司总部领导，至少不会在该领导心目中产生为其加分的印象。

2. 分包内部

至于神建内部，相互间关系也会因此受到影响。原本和睦相处的两家施工队可能彼此心生芥蒂，在未来的工程款分成过程中也可能会产生摩擦。特别是神建二队，工作面由于非自身原因而被剥夺，是整个团队一时都无法接受的事，严重挫伤了员工的工作热情和信心。这几天来反复无为地折腾，难免在员工心中普遍产生不满、抱怨以及对窝工报酬支付的担忧等负面情绪。

其实，笔者认为，一个人犯错误并不可怕。可怕的是不能自觉地总结反思，从中汲取教训。

3 案例蕴含的基本原则和结论

（1）损人不利己之事勿行。此例告诉我们，在社会交往中，那些损人不利己的事勿做。否则，到头来很可能是搬起石头砸自己的脚！

（2）管理者的职责是做正确的事，这是管理学的一条基本原理。

（3）决策的系统性，决策要慎重，需要高瞻远瞩、通盘考虑，要换位思考，双赢思维，而不能只顾眼前和自己。

（4）对决策执行结果进行评价和反思很重要，它是我们进步的阶梯。

总承包项目部组织结构优化案例分析

王道好

项目部是工程项目现场管理最常见的组织形式，本文结合一个国际酒店总承包项目案例，来讨论如何改进项目组织结构和加强管理团队建设工作。

1 项目案例

1.1 案例背景

2008 年，某国营工程公司（占 51% 股份，牵头方）与一家大型民营建筑企业组成项目联营体，在中东某国承接了一个大型国际连锁酒店工程总承包项目，合同额约 10 亿元人民币（含合同变更），合同工期 28 个月，实际工期 48 个月（索赔工期 20 个月），项目业主为该国一皇室成员，设计监理为当地一家咨询公司。工程的土建结构工程由总承包商自行承担完成，配套的机电管道和消防（MEP）、玻璃幕墙、内装修和家具及其他设备设施等工作，分别由不同专业分包商完成。

1.2 项目部构成

为实施该项目，联营体董事会授权组建了项目部。项目部成员有的来自联营体成员两个母公司的内部，有的来自外部，包括一些国际人才。其中，项目经理是牵头企业专门引进的具有多年国际工程管理经验的职业经理人。经过项目最初一段时期的运行调整后，项目部的组织结构和岗位人员基本稳定下来，高峰时项目部人数达44人，其组织结构及岗位构成见表1。

项目部组织结构与岗位构成　　　　表1

部门	岗位	人数	主要职责	备注
项目部	项目经理	1	全面履约管理	
	项目副经理	1	生产管理	
	项目秘书	1	信函文件管理	
行政财务部	行政经理兼财务总监	1	行政、人事、后勤及财务管理	
	行政工程师	1	行政后勤采购	
	会计	1	财务账目	
	出纳	1	现金管理	
技术部	技术经理	1	负责图纸、计划和方案	
	计划工程师	1	计划编制和修改	
	土建工程师	2	方案编制和施工图提交	
	资料员	1	技术文件管理	
合同部	合同经理	1	负责合同和结算	
	合同工程师	3	成本、合同和结算管理	
	采购工程师	1	施工设备材料采购	
	库管	1	仓库物资保管	
土建施工部	施工经理	1	负责土建施工	
	现场工程师	8	现场土建施工管理	
	设备工程师	1	现场施工机电设备管理	
	测量工程师	2	工程测量	

部门	岗位	人数	主要职责	备注
机电部	机电经理	1	负责机电分包工程管理	
	机电工程师	5	机电分包管理	
	机电质量工程师	1	机电分包质检	
	机电资料员	1	机电分包文件管理	
质量安全部	质量工程师	2	质保和质检	
	健安环（HSE）工程师	1	健康、安全和环境管理	
	质检员	1	现场质检	
	安全员	2	现场安全监督	
	合计	44		
说明：项目部中有9名新分学生，技术部1人，合同部1人，机电部3人，质安部1人，施工部3人				

1.3 组织特点

该项目部成员中除了少量的60后和70后外，大部分为80后，因此这是一支以80后为主、年龄结构年轻合理的团队，充满朝气和进取精神，组织规模适中，且各岗位均基本采用具有相应或相近专业背景的人员担任。

项目部不仅具有明确的共同工作目标，而且也细分明确了下属各管理部门责任和任务。同时，项目部获得了总部的授权，建立了比较完善的内部管理规章制度和部分工作流程。组织成员虽然来自四面八方，但在相互信任的基础上，能够实现团结互助合作，具有良好的工作生活氛围。

项目部采取了多种不同的考核和激励方式，如联营体董事会与项目部签订了经济责任状；根据季度和年度工程完成情况，并结合民主考评的结果，考核发放效益工资；对表现突出的员工进行不同层级的先进表彰；项目领导和管理技术骨干可带家属并酌情安排工作；解决青年员工的住房问题；为员工提供职业晋升机会；为员工探亲提供方便；组织和提供适当的文化娱乐活动等等。

应该说，这是一支基本按组建高绩效团队的步骤和方法组织起来的且具有高绩效团队主要特征的项目管理队伍。

1.4 执行结果

该项目部通过对项目实施管理，取得了如下主要成果：

（1）如期履约，达到业主的满意

尽管原合同工期为 28 个月，但由于在招标时大量的设计不完备，如内装修和家具设计等图纸尚不具备，实施中业主和酒店运营方又不断提出新的要求，由此导致大量的合同变更。项目部就此提出合理的经济和工期索赔，使合同额增加 25%，工期延长 20 个月。项目最终避免了误期罚款，在规定的合同期（含延期）内完工，成功交付使用。

（2）取得了良好的经济效益

工程在实施过程中不仅没有要总部的资金投入，而且还按期缴纳了应上缴的管理费。项目竣工交付使用后，根据联营体双方进行的竣工审计，项目可上缴总部利费约 11%。

（3）培养锻炼了一批国际工程的管理人才

通过实施该项目，项目部几乎每位成员的能力和素质都得到了不同程度的提高。他们熟悉了国际工程管理和施工的惯例，且外语能力有了明显的提高，大约 90% 的员工可以直接用英语工作。到了项目中后期，管理团队的成员陆续离开，去承担更为重要的任务。其中，项目经理成为公司总部的公司级高管，多人通过内部竞聘回总部担任部门领导或处室领导，或地区经理部领导和重要岗位，三人从刚到项目时的普通工程师变成其他同等规模项目的经理。以本项目团队成员为骨干，已经组建了四个项目管理团队。而少部分仍留在项目上的成员，还可以扩大组建成一个项目管理团队。

（4）增加业绩，创立信誉，赢得新订单

该项目是该公司在国际上承接的第一个高星级酒店工程。因此，通过实施该项目，该公司获得了在高端国际酒店项目建设总承包方面的业绩，良好的履约表现为公司在国际上树立了信誉和品牌，也赢得了业主的信赖。后来，该公司承接了同一业主的多个后续项目——中东同一国家的一个别墅项目和南亚某国的公路项目。另外，该公司在同一地区还赢得了多个房建项目。

2 优化改进措施

尽管如上所述，该项目部取得了良好的绩效，但是仍存在需要改进的地方。现提出如下改进措施，可为该公司或其他相关单位在同一地区承建同等类型和规模项目组建管理团队时提供参考。

2.1 优化团队结构，压缩团队规模

首先，优化结构、压缩规模是必要的。据了解，依照该公司目前的管理水平，在国内承建同等规模（即 10 亿元人民币）的项目，至少需要约 100 人的管理团队。因此，上述管理团队与国内水平相比，人员规模还不到其一半，已属先进的了，但与国际先进水平相比仍存在很大差距。

例如，笔者在中东某国一个同等规模的房建工程中遇到过一个当地分包商，打算承接该项目中的机电管道工程，价值约在 3 亿元，他打算派到项目上的技术管理人员仅 5 ~ 6 人。实际上，依照笔者的经验和看法，对于一个 1 亿到 10 亿元规模的项目来说，核心管理人员 5 ~ 7 人已经足够，再配上一般技术管理人员，整个团队应该在 20 人左右。当然，对这些核心管理人员的能力和素质要求更高更全面，他们应具备丰富的专业知识和管理经验，善于沟通协调，具有团队合作精神，极大的热情和坚强的意志，全面的语言能力（即外语的听、说、读、写能力）以及健康的体魄等。

另外，在本文案例中，虽然分包工程占整个工程的一半以上，且各分包工程之间相互交叉影响，需要总承包商的统一协调。但上述组织机构中没有充分实现这样功能的部门和岗位，比如，幕墙和内装修工程竟然没有专人负责协调管理。而实际过程中，恰恰是这两项分包工程出现了很多问题和麻烦，给项目造成巨大的损失和伤害。

其次，实现这一目标也是完全可能的。因为这个项目部经过一个国际工程完整过程的实践，积累了宝贵的经验，业务能力、外语能力和管理水平大幅度提高，相互之间已经了解信任，更容易配合，易于形成良好的工作氛围，这是实现上述目标的前提。

另外，还可以采取任务双向分流的方式来精简一些管理人员。如工程测量、施工机电设备管理、仓库保管、质检员和安全员等工作，可以向下分流，由作业层中的工长和专业技工等承担。还有一些其他工作则可以采取项目群资源共享的方式，实现向上分流。比如，如在同一国家，有 3 ~ 5 个在建项目，其行政后勤、劳务、生活管理，分包商招标选定和分包款审核支付，财务资金管理以及材料设备采购等，完全可以由地区经理部中一套班子同时服务多个项目，这样就可以压缩项目团队中

的相应人员。

还要考虑项目团队进一步年轻化，年龄偏大的人应退出项目管理团队，可在团队后面担当顾问专家，承担管理咨询工作，项目领导年龄不宜超过 50 岁。

综合考虑上述因素，我们对案例中的项目部进行优化后，形成新的团队组织结构，见表 2（以部分团队成员同时管 3 个项目为例）。

优化后的项目部组织结构与岗位构成　　　　　　　　　表 2

部门	岗位	人数	职责	备注
项目部	项目经理	1	全面履约管理	
	项目副经理	1	土建生产和分包生产协调管理	
	项目秘书	1	信函文件管理	
行政财务部	行政经理兼财务总监	1/3	行政、人事、后勤及财务管理	
	行政工程师	1/3	行政后勤采购	
	会计	1/3	财务账目	
	出纳	1/3	现金管理	
技术部	技术经理	1	负责图纸、计划和方案	
	计划工程师	1	计划编制和修改	
	土建工程师	2	方案编制和施工图提交	
	资料员	1	技术文件管理	
合同部	合同经理	1/3	负责分包选定和索赔	
	合同工程师	1	合同执行和结算现场管理	
	采购工程师	1/3	施工设备材料采购	
	成本工程师	1	成本核算与控制	
土建施工部	施工经理	1	负责土建施工	
	现场工程师	2	现场土建施工管理	

部门	岗位	人数	职责	备注
分包管理部	分包管理经理	1	负责分包工程管理	
	机械工程师	1	负责制冷空调、强弱电、上下水、防火消防、擦窗机、电梯、厨房设备设施、游泳桑拿设备分包的监控和协调管理	
	电气工程师	1		
	管道工程师	1		
	幕墙工程师	1	负责玻璃幕墙分包监控	
	内装修工程师	1	负责内装修分包监控	
质量安全部	质量工程师	1	质保和质检	
	健安环（HSE）工程师	1	健康、安全和环境管理	
	合计	23		

可以相信，经过优化的项目部完全可以更好更全面地履行总承包管理职能，实现了人力资源的充分利用，而成本将大幅度下降，应该达到了国际先进水平。

2.2 细化授权，健全制度流程

在本案例中，虽然联营体董事会对项目经理进行了授权，项目经理对各部门经理进行了授权，但部门经理未对所属员工授权，因此需要将任务进一步细化分解，进行补充授权，使每一位员工都明确知道自己的职责范围。

同时，要进一步补充和完善项目管理制度，将项目管理中更多流程进行规范化、标准化和固化，并贯彻落实。

2.3 强化激励考核管理

虽然该团队采取了多种激励和考核措施，但这些措施多是随意的、临时性的，因此，需要系统化和制度化，针对不同层级岗位员工的不同需求，进行激励制度设计，形成一整套考核激励体系。要将考核指标尽可能地量化和细化，增加激励的频率和力度。项目经理作为项目的领导，要善于发现员工的优点和成就，并及时给以肯定和赞赏，这也是激励措施之一，有时可能还是最有效的激励措施。

2.4 加强团队文化建设

所谓团队文化是指，团队成员在相互合作的过程中，为实现各自的人生价值，并为完成团队共同目标而形成的一种潜意识文化，是社会文化与团队长期形成的传统文化观念的产物，包含价值观、最高目标、行为准则、管理制度、道德风尚等内容。

依笔者的理解，团队文化以一定的社会文化背景为基础，一经团队组建便开始产生，并在团队运行的过程中形成，体现在团队的一切行为中，无论它是否被注意到或写在纸上。但是，这种自然形成的团队文化，是积极优秀的还是消极不健康的甚至带有致命缺陷，则值得考虑。因此，要善于发现团队文化的特征，总结挖掘其中积极正面的特质，并有意识地引入原文化所缺少的先进的文化导向，采取多种渠道和措施，用有利于完成项目目标的共同文化价值观、团队精神、道德规范、行为准则、历史传统、团队制度等来引导和统领项目团队成员，构建高绩效项目团队的精神基础。而这正是团队文化建设的作用和任务。

同时要注意到，项目团队基本构成的文化背景是东方文化，在采纳吸收西方先进管理知识和经验的过程中，必须考虑这一特点，要以西方文化中的优秀合理的成分来改造东方文化中的缺陷，而不是在文化上的全盘西化。还要考虑东方文化对西方文化的兼容，因为作为一支国际化的项目管理团队，其中或许就有一直受西方文化教育的成员；而在项目管理过程中，团队也可能会与西方人或公司打交道，对此应该有足够清醒的认识。

总承包施工索赔风险案例解析

王道好

在国际工程承包项目中，"索赔风险"可以理解为承包商索赔所获得的实际结果未达到预期目标的可能性。本文旨在通过一个国际工程项目索赔失败的案例，来梳理承包商索赔存在的风险，剖析造成风险的原因及其防范措施。

1 工程索赔案例

1.1 项目背景

在中东某国，受 2008 年全球金融危机影响，由当地某私人开发商（以下简称"业主"）投资开发的一个 55 层商住房地产项目，在完成桩基及基坑开挖施工后被迫停工，原承包商撤离现场，业主因此陷入一系列法律纠纷中。2012 年，业主重启该项目。经由该项目的现任设计咨询公司（以下称"咨询"）引荐，通过议标的形式，某中资公司（以下称"承包商"）承接了该项目土建结构的一期工程合同，即自工程现状续接至地上 6 层的混凝土结构施工总承包。

在议标阶段，业主没有提供市政批准图纸及明确的工程量，只有咨询非正式提供的初步设计。承包商据此并结合以前的房建施工经验作了报价，后经多轮协商，双方于2012年12月8日签订了项目合同。合同文本未采用国际通用的合同条款（比如FIDIC合同条件），而是以业主方自行准备的文本为基础，经与承包商谈判后达成的合同文件。全部合同文件仅有19页，其内容过于简单含糊，存在诸多缺陷，比如，合同对有关索赔的问题未作任何规定。主要合同条款如下：

- 支付货币：当地币（可与国际货币自由兑换）；
- 合同额：2675万当地币（一期）；
- 预付款：合同总价的10%，即267.5万当地币，需提供100%银行抵押支票或保函；
- 进度款按如下里程碑支付：

  筏板完成后支付500万当地币；

  夹层楼板完成后支付400万当地币；

  三层楼板完成后支付400万当地币；

  六层楼板完成后支付剩余工程款即约1100万当地币；
- 合同工期：30天动员期+200天工期；
- 开工日期：需要下列条件全部满足日期中的最晚者；

  ◇双方签署合同；

  ◇拨付预付款；

  ◇提供开工令；

  ◇提供市政施工许可及图纸。

1.2 项目进展情况

为尽快获得预付款267.5万当地币，签订合同后，承包商立即提供了由某中资银行开具的等额现金抵押支票（下称"中资银行支票"），业主以不熟悉该中资银行为由，拒绝接受此支票。因此，承包商又提供了由某国际知名银行开具的等额抵押支票（下称"国际银行支票"），但因工作疏忽，承包商未同时收回中资银行支票。随后，承包商于2012年12月23日收到工程预付款。

收到预付款后，尽管严格意义上说，现场还不具备合同规定的开工条件，但一些施工准备和基坑内施工还是可以开展的。因此，为节省工期，承包商立即配备人员组建项目部，并依据业主方提供的开挖许可，按计划完成了降水、桩间土开挖清理、桩头破除、防水及筏板砖胎膜等工作，并同时完成了相关临建和施工准备，包括塔式起重机调运安装工作等。

除此之外，由于业主没有提供永久工程的施工许可和经市政批准的设计图纸，建筑主体混凝土结构工程施工一直无法动工。自进场后，承包商数次发信催促业主和咨询，要求尽快提供市政批准图纸及开工许可，但终未如愿。

由此造成承包商现场窝工和其他损失。截至 2013 年 10 月，现场累计窝工、停工超过 7 个月。鉴于这种情况，为了降低现场运营成本，承包商于 2013 年 11 月底安排现场管理人员及劳工退场。

2014 年 1 月，业主在未给承包商任何事先书面通知，且没有获得施工许可的情况下，指定其他劳务分包进场，开始筏板混凝土施工，并于 2014 年 3 月 8 日完成全部筏板混凝土浇筑。随后，现场再次处于停工状态。

1.3 退场结算与索赔

在这种现场情况下，承包商认为已经无法继续实施该工程项目，决定退出该项目工地。但由于自身没有完成筏板施工，因此承包商无法按合同规定申请结算第一笔进度款。2014 年 3 月 18 日，承包商根据对其现场实际发生的成本及遭受的窝工损失所做的计算，向业主提交退场结算和窝工索赔一揽子书面申请报告，要求业主支付 472.7 万当地币，索赔报告由项目部技术负责人准备和提交。但是初次协商时，业主只认可承包商的进度款 51.3 万当地币，这与承包商的诉求相去甚远，甚至都无法覆盖承包商在施工时所花费的实际成本支出，更不消说对窝工损失及索赔过程所付成本的补偿了。

随后的 3 月 25 日，业主强行将承包商的国际银行支票拿到银行提现未果，便以支票跳票为由向当地警察局报案，导致承包商的当地法人代表在入境时被警察局扣留。承包商只好立即先行全额退还预付款，业主撤案，承包商法人代表才得以释放。

在随后数月里，双方多次进行协商谈判，业主一直态度蛮横霸道，最终只同意支付进度款 57.6 万当地币，否则只能诉诸法律。并且业主还表示，一旦承包商到法院立案，将立即把手握的那张中资银行支票提交银行兑现，如出现跳票则再次到警察局报案，还将起诉承包商拖延工期，向其反索赔 500 万当地币。

针对这种情况，承包商分析认为，虽然诉诸法律途径有充分的理由胜诉，但同时要面临一系列风险和问题，主要包括：1）通常情况下，这类诉讼的法律程序耗时长达 2 年；2）承包商当地法人代表须总部法人就处理此案专门授权，并得到公证认证；3）授权的法人代表须多次出庭；4）承担律师和诉讼相关费用 65

万当地币以上；5）中资银行支票随时有可能被业主恶意兑现；6）应对业主提出工期延误反索赔的法律诉讼；7）承担因违规施工而导致的当地政府罚款107万当地币；8）业主为当地人，自行成立了专业的法律咨询公司，与众多相关方存在法律纠纷，因此在处理承包合同案件方面比较有经验；9）如果法院判定承包商胜诉，而业主宣布破产保护，承包商将前功尽弃，预计损失增至665万当地币。

另一方面，如果接受业主承认的进度款即57.6万当地币，则承包商将亏损440万当地币，同时可以立即取回中资银行支票，并将人员设备撤出施工现场。

两害相权取其轻，最终承包商只能无奈地接受了业主开出的退场条件，即支付工程进度款57.6万当地币。至此，这起耗时一年多的索赔以承包商的失败而告一段落，足以说明索赔风险是的确存在的。

以索赔一般程序的角度来看这个案例，可以看出，在提出正式的索赔报告前，承包商并未事先发出索赔通知，甚至可能连口头告知业主也没有做到，而且将窝工损失的索赔与退场进度款结算放在同一报告里，显然是没有完全遵从索赔的一般程序要求。而索赔的处理方式是双方多轮谈判协商，即便索赔没有成功，承包商最终经权衡后，也没有选择进一步采取法律途径。

2 索赔风险评判

2.1 索赔的可能结果

索赔的解决无论是采取友好协商方式，还是诉诸法律形式，最终结果无外乎有以下几种情况：

1. 承包商的索赔诉求完全得到满足

承包商的索赔诉求一般包括工期和费用补偿。其中，工期也是可以折算成经济代价的，主要由因延误工期承包商可能遭受的误期罚款和延误期间内承包商为项目运转而额外支出的成本及损失的利润等构成。而补偿费用则包括承包商因索赔事件发生而遭受的直接经济损失和为索赔而支付的成本。承包商的索赔诉求完全得到满足，意味着上述误期罚款风险得以解除，各类成本和利润得到应有补偿。

2. 承包商的索赔诉求得到部分满足

这种情况又可以细分为如下几种情形：1）工期和费用均只获得部分补偿；2）只补偿工期，不补偿费用；3）只补偿费用，不补偿工期；4）由多个索赔事件构成的综合索赔中，有的索赔项得到部分或全部补偿，其余的没有得到补偿。

上述这几种部分满足的情形，根据所获补偿能否足以覆盖承包商为索赔所支付的成本（称之为索赔成本），可分为：①高程度部分满足，即所获得的补偿除完全弥补了承包商的索赔成本外，还可以部分弥补索赔事件造成的损失；②低程度部分满足，即所获补偿甚少，以至连索赔成本都无法完全得到弥补。

3. 承包商的索赔诉求完全没有满足

即业主完全拒绝了承包商的索赔诉求，承包商没有就索赔事件的损失获得任何工期和费用补偿，更不用说索赔成本了。

4. 引发业主对承包商的反索赔

业主将项目的工期延误和经济损失完全归咎于承包商的责任，不仅拒绝其索赔诉求，还认为业主也因此遭受了工期和费用损失，于是向承包商提出索赔且获得成功，然后通过误期罚款或扣减工程进度款等手段变相获得经济补偿。

5. 承包商索赔仲裁或诉讼败诉

如果承包商的索赔不能在双方之间以友好协商的方式解决，最终不得不诉诸法律途径，而其最终仲裁或判决的结果又是承包商败诉，则承包商不仅得不到任何补偿，还须承担诉讼费用，其名誉也会受到损失。

6. 双方友好合作关系受损

无论承包商的索赔是否获得成功，都有可能使双方原本建立的友好互信合作关系遭到某种程度的伤害，进而给后面继续实施项目造成困难，承包商将因此遭受潜在的工期和经济损失，而且这种损失甚至超过了其索赔所获得的补偿（如果有的话）。

2.2 索赔风险事件

风险事件的特征是造成了损失。对照上面介绍的各种索赔的可能结果来看，除了第1种情形：索赔诉求完全得到满足，和第2①种情形：索赔诉求高程度部分满足之外，其余的情形都不仅没有给承包商带来补偿，就连其索赔成本都没有得到完全弥补。换句话说，承包商因索赔遭受了损失，可见这类可能的结果符合风险事件的特征，因此我们可以称其为索赔风险事件，包括：1）索赔诉求低程度满足；2）索赔诉求完全没有满足；3）引发业主成功反索赔；4）承包商索赔仲裁或诉讼败诉；5）双方合作关系受损等五种情形。原则上说，前3种风险事件造成的损失呈逐步递增态势，3）和4）哪种损失更大要视具体情况定。而第5）种风险事件造成的潜在损失则难以确定，它实际上是一件可能和其他几种索赔结果相伴发生的事件，因而可称之为伴随风险。

案例中发生了索赔诉求完全没有满足和引发业主成功兑付预付款抵押支票这两种严重的风险事件，并导致双方合作关系完全破裂这一伴随风险的发生。

2.3 评判标准

1. 索赔风险评估

显而易见，上诉风险事件发生概率的大小和造成损失程度的轻重就决定了索赔风险的大小，即发生的概率越大且造成的损失越严重，则索赔风险就越大。当然，这只是一种粗略的定性评价。借助风险管理的相关数学模型和计算方法，还可以对索赔风险进行较为精确的量化评价。

2. 索赔结果评判

评判索赔结果成功与否的标准，建立在索赔所获补偿收益与实际投入成本的比较基础上。定性地说，在上述各种索赔的可能结果中，第1种，即索赔诉求完全得到满足，可以称之为完全的成功；第2①种，高程度满足属于较为成功的索赔；在第2①、②之间，如果所获补偿收益与索赔成本相等，则构成判断索赔成功与否的临界点。此后的几种索赔都属于失败的索赔，因索赔造成的额外损失越大，则失败越严重。

若要采取定量评价，可以引入成功率的概念。若将第1种可能结果的成功率设为100%，补偿收益等于索赔成本时的成功率设为零，则介于第1和2①之间的成功率在100%～0之间。在此后的几种情形中，将因索赔造成的损失计为负补偿收益，则其成功率为负值，损失越大，负成功率的绝对值越大。

建立索赔风险评估标准的目的，是为索赔的决策提供风险分析的参照依据，以决定是启动还是放弃索赔，即用于索赔的事前评估。而建立索赔结果评判标准的目的，则是为实施索赔取得的结果进行客观评价提供参照标准，以衡量索赔的实际结果与预期目标的契合程度，即用于索赔的事后评价。

3 索赔风险原因分析

3.1 业主方面的原因

索赔其实是在项目合同条件的约束下，承包商与业主之间的利益博弈过程。

如果业主方的管理力量强大，行事作风强悍霸道，或者其存有主观恶意等，无疑会降低承包商索赔胜算的几率。另外，如果业主的项目资金来源紧张、预算控制严格，抑或受内部管理决策机制、办事效率等方面的制约，即使业主有心想积极回应承包商的索赔诉求，往往也只能爱莫能助，这也势必增加索赔结果的不确定性。

案例中的私营业主，就属于作风强悍霸道且存在主观恶意的那一种，成为承包商索赔风险事件发生的主要原因。

3.2 咨询工程师的原因

虽然索赔的最终决定权掌握在业主手中，但是业主在做出决定前，一般都要与工程师沟通协商，采纳其对索赔报告的意见，因此，工程师在索赔过程中发挥重要作用。索赔过程中，工程师作为受雇于业主的第三方，是否了解索赔事件的真实情况，以实事求是的态度，接受承包商合理的索赔要求，且在审查索赔报告时向承包商提出中肯的专业性意见建议，以便承包商进一步补充完善索赔报告，以及最终是否向业主提出客观公正的推荐报告等等，都将不同程度地影响到索赔的结果。

显然，案例中的咨询工程师在承包商索赔过程中未发挥出应有的作用。

3.3 合同方面的原因

合同中设置的条件不利于承包商索赔，或者与索赔相关的合同规定缺失、模糊、相互矛盾以及可能发生歧义，合同规定的仲裁或诉讼条款等，构成了索赔风险的合同因素。

案例中未采用国际工程通用的合同条件，合同构成过于简单，且存在明显的缺陷，因而非常不利于承包商成功索赔。

3.4 承包商方面的原因

承包商的整体实力、管理能力和经验不足，具体表现为：1）在招标投标和合同谈判签署期间，没有认真研读招标文件，投标出现失误，没有澄清相关条款问题，也没有争取到有利于自身索赔的合同条件；2）在项目实施期间履约不力，项目实施达不到合同的要求，而许多看似可以索赔的问题，事实上部分或全部是由于自身的原因引起的，与业主工程师的关系也不够友好和谐；3）索赔管理能力欠缺，如组织资源不到位或经验能力不足，目标和责任不明确，索赔管理缺少前瞻性、计划性，对合同研究不深、不准、不透，对现场发生的情况不及时了解，对索赔事件的责任界限理解不准，未对索赔进行风险分析和结果预判，未按合同规定程序和时限要求进行索赔，所提交的索赔文件质量不专业，证据准备不充分不足采信，对索赔的诉求不合理，索赔的时机和频次把握不当，谈判能力不强沟通不畅，选择处理索赔纠纷的方式不当等等。

案例中的承包商自身在项目管理中存在的问题，主要表现为：1）在招标投标阶段，风险意识不强，在未对项目及其业主进行深入分析了解的情况下，草率承接该项目，并且没有充分利用议标的有利时机来争取规避风险保障自身权益的合同条件；2）在签订合同后，对用现金支票作为预付款担保的风险性认识不足，未采用惯常用的银行保函，而是以现金支票作抵押。而且，工作中出现了严重的失误，在提交第二张抵押支票时，没有同时收回第一张抵押支票，造成后期索赔时于己十分被动的局面；3）索赔管理能力不足，索赔前未对可能存在的风险进行分析评估，想当然地就启动了索赔；索赔过程中又未遵循国际工程通用的程序惯例；索赔报告由项目技术人员负责编制提交，且将索赔与退场结算混在一起，所有这些行为显然都不够专业。

3.5 工程自身风险的原因

如果所建工程本身存在大量严重的风险，比如业主预算资金偏低或资金流断链、大量的图纸问题以及严重的地质隐患等等，由此必然引发施工过程中大量变更和索赔的发生，从而在整体上增加了索赔结果的不确定性。另外，工程项目在索赔时所处的整体状况，该工程在当地是否那么急需，是否有某种政治意义或政治联系，索赔过程中是否会突发某种不可抗力事件等等，都可能会或多或少影响索赔的进程、走向和最终结果。

案例中的工程项目本身是一个烂尾楼工程，业主与此前的承包商及其他相关方存在诸多法律纠纷。招标时没有正式批准的设计图纸，也没有工程量清单，合同签订后施工许可又迟迟办不下来等等，所有这些工程本身的现实问题，是构成承包商索赔风险的潜在原因。

4 索赔风险防范措施

防范索赔风险主要从事前防控、风险决策分析和专业化操作等三个方面入手。

4.1 加强事前防控

1. 选择合适的项目，投标和商签合同时做好准备

尽管说履约项目总是存在一定的风险，但对于一些存在重大风险的项目，仍然要慎重选择介入，比如项目资金不落实，业主的市场声誉很差，项目被有意设置了重重陷阱，招标投标过程和合同文件不规范，设计不完善，当地政治、经济和安全环境不稳定等等。尤其要特别警惕，有的项目（类似上述案例项目）虽已存在多年，却一直无人问津，或者数易其手而进展甚微。这样的项目本身就存在重大隐患，履约风险难以预测和控制，一旦接手往往是凶多吉少，因此规避此类项目的风险（包括其中的索赔风险）的最好办法就是不轻易介入。

另外，投标时要认真研究招标文件，特别是其中的合同条件、规范、图纸和工程量清单等，并根据具体情况，对投标报价做出有利于索赔的调整。比如，在对照图纸核算工程量清单时，如果发现标书清单中的某项工程量偏低，将来实际量很有可能超出合同清单中的量，而对超出部分按合同规定可以索赔时，则应适当提高该项工作的单价。否则，如果单价过低，索赔时即使全部实际完成的额外工程量能得到补偿，也不能弥补实际成本支出。或者研究发现清单中有漏项，而该漏项又与清单中的某已有项相同（比如，同为土方开挖），将来索赔时单价很可能会参照该已有项的单价，则该项单价就应适当抬高。

在商签合同时，尽量争取有利于索赔的合同条件，主要包括明确界定和合理分担双方的风险责任（比如工程变更、实际工程量与清单量不符，市场价格或汇率波动，法律法规变化等），明确定义双方的合同权利、责任义务及违约责任，尽量扩大可索赔的范围，有关索赔的程序规定清晰合理，对仲裁和法律管辖的规定公平。双方可通过协商修改调整合同特殊条款达成一致。

2. 与业主工程师建立友好互信的合作关系

如上分析，业主和工程师都是承包商索赔的风险因素。承包商提出索赔，最终的索赔结果如何，不是他所能完全掌控的。也许业主和工程师的内在原因，承包商无力改变。但是，在项目执行过程中，如果双方建立了良好的合作关系，包括相互间良好的私人友谊，在一种友好互信的氛围中提出索赔，并在索赔过程中能争取到

业主和工程师的理解和帮助，必将有助于降低索赔结果的不确定性。

另外，需要注意的是，索赔工作需要得到业主工程师的理解和支持，因此在索赔过程中，特别是在书面文件中，尽量不要把索赔原因和责任归咎于业主方和咨询工程师个人。

3. 自身做到严格履行合同

承包商在项目实施过程中严格履行合同，对索赔来说有两方面的积极意义。一是项目进展能按合同要求顺利推进，显示承包商信守承诺，有很强的履约能力，从而赢得业主工程师的信任和好感，这样承包商的索赔要求在心理上容易被接受。二是通常情况下，索赔事件的发生往往双方都有责任，所以在索赔谈判时业主工程师就会夸大承包商的责任。如果承包商严格履约，就不会给业主工程师推脱自身责任留下把柄，从而增加了索赔的胜算把握。

4.2 做好索赔风险决策分析

要不要提出并坚持索赔，承包商需要进行决策分析后再作决定，重点是两个关键点的索赔决策分析，避免因选择的简单化和盲目性而带来索赔风险。

1. 初次决策分析

我们认为，并非所有的索赔事件发生后，承包商就一定要提出索赔。在启动索赔（特别是重大的索赔）前，应进行系统的决策分析，以确定是否需要提出索赔，主要方法包括索赔风险分析、成本收益分析、长期短期效益分析等。

（1）索赔风险分析

由于受各种原因的综合影响，索赔最终出现的结果就可能不一样。因此，要对各种结果造成的收益或损失程度及其出现的可能性进行分析研究，从而评估索赔是否存在风险及风险有多大。当然，我们总是期望，索赔能顺利获得最有利于己方的结果。如果分析认为，出现这种结果的可能性很小，或者说几乎不可能，则说明索赔存在风险。这样的话，就要分析前面介绍的几种不利后果各自出现的可能性及其造成的损失大小，以确定各种风险的大小，并对之进行排序。重点研究最大风险和最小风险的情况，从而决定是否启动索赔。如果分析认为，出现最不利结果的可能性非常大，则是否选择索赔就要慎之又慎，以免造成更大的损失。当然，这并不是说有风险就一定要放弃索赔。因为现实往往是风险与收益并存，有时为了获得更多的收益，冒一定的风险也是值得的，这样可以适当调高索赔预期。

另外，有时承包商可能不得不甘愿冒一定的风险，也要选择索赔。比如，由于种种原因造成工程进度严重拖期，眼看合同工期就要到期，承包商面临将要遭受巨额误期罚款的压力。为避免这种潜在的严重履约风险，承包商无论胜算的概率有多低，也只好选择放手一搏。而这种情况在工程实践中是屡见不鲜的现象。

（2）成本收益分析

通过风险分析，我们知道了哪一种索赔结果出现的概率最大。成本收益分析就是针对这种最大概率索赔结果，进行成本收益对比分析，看其经济收益是否能涵盖经济损失。或者在经济收益不足以完全弥补经济损失的情况下，能否以这部分经济损失换得期望的工期补偿，以确定这种交换是否值得去做。

（3）长期短期效益分析

如上所述，影响索赔结果的因素来自多个方面。反过来说，索赔本身造成的影响也是多方面的。索赔不仅关乎承包商眼前的利益，也关乎其在业主工程师面前（乃至整个市场上）的形象，影响相互之间的合作关系，进而对整个项目的后期实施顺利与否产生影响，承包商还可能因此丢失未来与业主长期的或更大的合作机会，造成赢了一局（如果能赢的话）输了全局、赢了当下输了未来的不利局面。所以，有时为了整体和长远利益而牺牲局部和眼前利益，或者以经济效益换社会效益，也是一种明智的选择。

2. 二次决策分析

在承包商提交书面索赔文件，经业主工程师审查和双方协商谈判后，业主工程师对索赔会形成倾向性意见，甚至下达书面的决定。这种意见或决定如果正是承包商所期望达到的，自然会被欣然接受，索赔可以告一段落。

相反，如果业主工程师的意见或结论没有承包商事先期望的那样乐观，那么承包商就要进行分析，业主工程师的意见或决定是否合情合理，是否自身最初的期望不切实际，对索赔的可能结果预判不准等。要推算按照这种意见或决定形成的结果，与最初的期望值有多大差距，是否在可接受的范围内。另外还要考虑，从最初决定提出索赔到得到初步的索赔结论的这段时间内，项目现场的形势可能已经发生了变化，这种变化后的形势是否有利于继续坚持索赔。

综合考虑上述因素后，再决定是接受业主确定的结果，还是坚持继续索赔，直至达到自己的目的。

如果决定坚持继续索赔，则要对下一步的索赔及其可能结果进行类似初次那样的决策分析预判，并确定选择怎样的解决途径，是聘请第三方调解，还是直接采取仲裁或诉讼的法律程序，对由此产生的成本收益及可能的后果进行分析预测。为配合索赔是否需要采取其他公关或工程措施等，包括寻求业主上级或承包商总部的支持，是投入更多资源加快施工进度，还是减缓、暂停现场施工甚至撤离现场等。

索赔决策分析是基于理性分析的科学决策方法，初次决策分析在启动索赔前进行，以确定要不要索赔；二次决策分析则是在索赔获得初步结果后进行，以决定是否要坚持继续索赔。显然，案例中的承包商只做了二次决策分析，而没有做一次决策分析。或许如果承包商事前进行了一次决策分析，认为索赔成功的可能性极低，所以决定放弃索赔，转而与业主当面沟通，了解业主的真实感受和想法，协商如何以双方都能接受的代价终止合同，也不失为一种明智的选择。

4.3 实施专业化的操作

决策分析解决了要不要选择（继续）索赔的问题，而在索赔的操作层面，承包商应在如下方面采取措施，来降低乃至消除索赔风险：1）以专业管理为主，加强项目团队协作；2）研究和准确理解合同条款，实时掌握项目进展动态；3）提出合情合理的索赔诉求；4）遵守合同索赔程序要求，提交专业化的索赔文件；5）做好证据收集和管理等等。因篇幅所限，不再就这些措施展开讨论。

对照这些措施来看案例，应该说，承包商在索赔风险的诸多防范措施方面，或多或少是有欠缺的。案例中，正是由于存在各种索赔风险原因，加之在索赔风险防范管理上的不足，承包商的索赔以失败而告终也就不足为奇了。

当然，这些风险防范措施只是从承包商方面可以采取的措施。然而，由于风险具有不确定性的特点，且造成索赔风险原因来自多个方面，因此，实施这些措施并不能完全杜绝索赔风险事件的发生。客观地说，索赔风险始终是存在的，只是其大小各有不同而已。

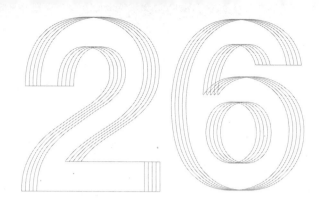

国际工程工期索赔要点及基于案例的经验教训

方 涛

1 引言

由于国际工程项目在勘测设计深度、资源物流保障、社会安全环境等方面的不确定性因素较为广泛，导致各类风险叠加，往往反映出较大的工期风险。工期索赔的目的是规避、减轻或者消除项目的工期风险，而它的工作成效直接影响着项目的经营效益。

2 国际工程项目工期索赔的基础

基线计划（Baseline Programme）是国际工程项目工期索赔的基础。

基线计划是项目管理中的一个重要概念，是项目最初设定并保存的计划，它相当于一份项目快照。项目的实际进度应当与基线计划进行比照，以评估进度绩效。基线计划一旦建立，不可随意更改，其变化需要接受严格的变更控制。项目经理应对基线计划进行规范管理，以保证项目严格按照计划完成，防止失控。但若主要条件（合同工期、工作范围等）发生变化，或进度滞后到已无法追赶的程度，则需按程序对基线计划进行及时变更，形成新的基线计划或赶工计划

（Recovery Programme）。

基线计划的编制应做好以下几点：

（1）捋清合同范围。确保基线计划中的工作分解结构（WBS）包含且仅包含合同范围之内的全部工作。

（2）明确交互接口。尤其在项目存在多个标段情况下，不同标段承包商之间的工作接口较为复杂，应在基线计划中明确，确保自身接口工作全部完成，同时避免超出工作界限。

（3）分清工作责任。分清业主、工程师和承包商应各自承担的工作责任，尤其是业主提供工程用地、设计图纸、甲供材料的情况，应在基线计划中详细明确。

3 国际工程工期索赔管理要点

国际工程工期索赔，是基于基线计划的索赔，过程中应围绕基线计划中的各元素（业主提供条件的变化，设计、采购、施工、验收及试运行中的各环节）开展工作，要点如下：

（1）国际项目业主、工程师非常重视基线计划，基线计划应按合同要求时间提交，否则不仅可能造成不良的第一印象，还可能给承包商后期的工期索赔工作造成被动。

（2）基线计划应逻辑清晰、关键线路明确。除开始里程碑和结束里程碑外，其他作业均应有紧前作业和紧后作业；除开始里程碑外，其他全部作业计划日期均由逻辑驱动，尽量避免使用强制计划日期。另外，由业主承担责任的作业，其自由（浮时）时差和总时差（总浮时）尽量调整为较小值，以有利于后期工期索赔。

（3）应争取尽早获得基线计划的批复。其三个常见批复状态分别为：批准、带意见批准、拒绝。获得"带意见批准"的基线计划已经可以作为索赔的依据。虽然获得完全的"批准"较为困难，但承包商应尽可能关闭意见，尽量争取完全"批准"，以减少索赔基础上的争议。

（4）建立项目进度索赔管理体系，明确工期索赔工作流程（信息反馈、信息分析、索赔意向和索赔报告相关的工作流程和职责分工），确保工期索赔事件不被遗漏，并能按索赔程序得到及时、有序地处置。

（5）工期索赔事件发生后，仔细梳理事件前因后果及过程细节，新建作业将这一过程以横道图的形式表述，并将逻辑关系连接到所影响的作业前，驱动关键线路延长，定量计算索赔事件造成的工期延误天数及施工强度变化（施工强度可能发生叠加，从而导致资源配置增加）。

（6）工期索赔事件陈述所引用的证据，主要来源于正式往来文函、会议纪要、规范、设计图纸、变更通知、试验检测报告、供应商报价等文件，证据链应当按时间轴进行整理分析，确保条理清晰、指向明确。

（7）若工期索赔事件未能在一个月内结束，较长时间未能关闭，持续产生影响，应当按月报送工期索赔中间报告，待事件关闭后 28 天内报送最终影响报告。

（8）工期索赔报告可诉求因业主原因导致的工期延长对承包商造成的经济损失、管理费及合理利润。原则上，若因不可抗力造成工期拖延，工期可延展，但业主和承包商需各自承担自己的经济损失。

（9）若发生业主、承包商同步延误，则根据双方具体延误数据计算双方责任比例。因此，在承包商存在延误责任的情况下，应尽量寻找业主造成的同步延误，如果举证成功，可避免或减轻对承包商的工期延误责任及处罚。

（10）在工期索赔成立后，业主往往要求承包商编制、报送赶工计划，以实现后续或最终合同目标。此时承包商应谨慎分析，若认为即使通过提高工作效率、增加作业时间、增加资源配置、优化施工组织也无法实现原定合同工期目标，则不可盲目顺应业主要求，可做到采取一切措施尽量减轻进度延误。

4 经验与教训

4.1 重视工期计划与索赔工作

（1）某项目合同约定工程开工后 28 天内须向工程师提交合格的基线计划，因承包商未重视该项工作，对计划工程师的招聘过程也未能严把质量关，导致基线计划提交延误，且质量未能满足工程师基本要求，导致该项工作延误 3 个月后仍未获得改善。而业主和工程师均十分重视基线计划，认为承包商项目经理不能胜任项目管理工作，因此发函承包商单位要求撤换项目经理。

（2）某项目基线计划中部分作业未采用逻辑驱动，在插入索赔事件后，未能反映出事件对关键线路的影响，也未能对总工期进行驱动。因基线计划是索赔工作的基础，且在业主和工程师处已有存档，因此，该事件虽被确认为业主责任，但经软件计算并未产生延误，无法索赔工期。

（3）某项目基线计划开工后 8 个月仍未获得"批准"或"带条件批准"，

期间发生索赔事件，由于疏于管理，索赔事件产生的影响被消纳到了后续获得"带条件批准"的基线计划中，在之后的索赔工作中，前期的影响事件未能获得索赔支撑。

4.2 建立实施索赔管理的制度责任体系

（1）某项目索赔管理程序不清、职责不明确，项目中期，因工期明显延误，计划合同管理部门梳理相关业主延误事件时发现，很多业主现场指令或变更并未及时反馈到计划合同管理部门，未能按照索赔程序办理，且错过合同规定的时效，最终所提出的索赔主张被工程师驳回。

（2）某EPC项目，承包商设计及采购工作未能按照基线计划有序推进，开工后1年产生约3个月工期延误。承包商在履约过程中十分注重工期索赔工作，聘请了合同专家、计划专家为项目服务，构建了高效的索赔管理流程，且有效运行，在过程中主动发现大量延误事件，并引用相关合同条款定义为业主延误，随后按流程发出索赔通知，收集证据编制索赔报告，进行工期延长谈判，最终确认为承包商和业主"同期延误"，避免了高额的工期罚款。

4.3 提高计划管理的专业水平

（1）某项目基线计划业主未要求加载资源配置，承包商因此未开展此项工作，而在后续工期延误后编制的赶工计划中加载了资源，由于强度叠加，资源数量超出开工阶段施工组织设计配置，承包商主张补偿赶工费用（资源增加费用），因无法举证赶工计划与基线计划资源配置的对比，未能获得工程师支持与批复。

（2）某EPC项目由于业主征地手续办理延误原因错过第一个工程节点，但业主坚持要求后续节点不动摇。承包商在基线计划获得批复的情况下，编制了赶工计划，经过分析未能满足业主后续节点不改变的要求。因此，承包商在提交赶工计划的同时，重点强调承包商所采取的赶工措施是为了减缓业主原因造成的工期延误，受大坝工程的河流季节影响，并不能完全实现业主的原定目标，避免了后续的节点违约责任。

5 结语

国际工程实施的条件复杂，往往不能实现合同工期目标，承包商因此而面临高额的工期延误罚款风险。只有强化基线计划的编制质量，重视且有效落实履约过程中的工期索赔工作，才能将工期风险降到最低。

国际货物陆路运输分包合同实施及其保险索赔案例

王道好

某中资公司在尼泊尔承接了一个 EPC 工程总承包项目，该项目为尼泊尔政府利用 ADB 贷款兴建。在项目实施期间，根据施工总进度计划，急需从国内向现场发送一批金结构件，以便赶在当年 5 月份当地雨季来临之前运抵工地安装。货物总重 160t、850m³，共计 49 件，大多数为大体积薄板钢结构箱体，单件体积约 20m³。因尼泊尔为内陆国家，从国内发往该国的货物大多先经海运至印度加尔各答港，再转为跨境陆路运输。根据工作分工，该批货物的水路运输由公司总部负责完成，跨国陆路运输则由现场项目部承担。项目部按如下四个步骤组织实施，顺利地完成了这批货物的国际陆路运输及其索赔工作。

1 准备报关文件，申请进关和免税许可

报关文件一般包括产地证、装箱单、发票、提单及保险单等，由公司总部在国内负责出具。货物从国内离境后，立即将报关文件原件发往项目实施地，由项目部向业主申请办理进关和免税许可所需的支持函，以使货物抵达尼泊尔海关前办完一切必要的手续，避免因进关手续未及时办妥而造成货物运输的时间拖延和经济损失。

2 排除业主干扰，选择合格运输分包商

项目部因人员相对较少，又无专用装运设备，对于这样的一次性体量较大的货物运输，项目部选择将其分包给专业物流公司。业主项目经理得知此消息后，就向项目部推荐其亲属承担运输。

鉴于这种情况，项目部书面邀请了 3 家运输商来报价。报价结果是：1）报价人 A 为当地专业物流公司，在业界具有多年的良好信誉，且此前曾为本项目承担过运输业务，但报价最高；2）报价人 B 主要在该国从事机电设备及零配件进口业务，兼营货物运输，没有与项目部合作经验，但报价最低；3）报价人 C 为业主推荐的运输代理，报价居中。

项目部了解到，报价人 C 主营业务也不是物流，在运输方面只是印度一家较大物流公司在尼泊尔的代理。而且，在此之前，他从未做过从印度到尼泊尔的运输业务，因此可以判定，他对该段跨国运输线路及报关清关程序不熟悉。另外，项目部从其他在尼中资公司了解到，他所代理的那家印度物流公司，在为其承担货物运输时，曾将货物中途停在印度境内，要求抬高运价。所以，此次运输如果发生类似的情况，项目部人员身处尼泊尔，很难到印度去交涉，这势必会造成项目部的被动和时间拖延。考虑到这种潜在的风险，项目部决定首先排除报价人 C，但这必须得到业主项目经理的理解与默许。

于是，项目部同业主项目经理进行了开诚布公的沟通，强调如果选用他推荐的运输商而导致整个项目工期延误，承包商将不负责任。如果业主上级就此追查下来，其后果恐对他本人不利，希望他不要因小失大。最终，业主项目经理不得不接受项目部的意见。

经综合考虑，项目部决定选用报价人 A，条件是其价格必须降低到三家中的最低水平。双方经协商谈判，报价人 A 最终接受了项目部的条件。

3 签署并实施分包合同，充分利用分包资源

因该分包项目规模较小，任务单一，合同期短，加之时间紧迫，分包合同没有采用一般国际通用的合同条件版本和构成内容，而是根据该分包项目的特点，专门起草了一份言简意赅的运输分包合同。合同主要内容包括如下三个方面：

（1）分包商的责任和义务

1）承担并完成分包合同所附装箱单中列出的货物从加尔各答港到项目工地的

运输，包括但不限于在港口的装货、捆绑、陆地运输、清关，并卸在工地指定的地点。为此，分包商应安排一台 10t 吊车在现场，并且如果需要，总承包商可以临时使用此吊车。

之所以要求卸在指定地点，是考虑到如果因为种种原因，货物不能在雨季来临前运抵现场进行安装，则将之卸在储存场；如能按期运到且业主同意立即安装，则货物可以直接卸在安装现场。这就为承包商赢得主动灵活，不需要二次转运。而合同明确要求分包商安排一台吊车在现场，是因为项目部在工地没有现成的起吊设备，货物安装所需的起吊设备此次随之一同运来，需要借助其他起吊设备在现场拼装后才能使用。这样，货物到工地后，承包商可以免费使用分包商的吊车，首先拼装自己的起吊设备，再用它来安装金属结构，如此就利用分包合同巧妙地解决了承包商的困难。

2）在从政府有关部门获取进口许可、清关和免税文件等方面提供必要的帮助。

此条款实际上就是利用分包商从事跨国运输多年的经验以及对有关手续和政府官员熟悉的优势，让其代办这些手续，这比承包商自己去办理要容易顺利得多。

3）如有必要，应为承包商运输保险索赔收集和提供证据。

4）代交尼泊尔政府对此批货物征收的税金，承包商将凭正式收据支付。

5）在运输过程中，无论遇到任何不可预见的问题和麻烦，分包商都应积极提供必要的帮助。

（2）分包合同支付条件

采用总价包干，全部以当地币支付，支付中包含了政府向分包商征收的一切税费。预付款为 20%，在第一车货物到工地后支付。剩余款项在总承包商从业主结回运输进度款后再支付。

（3）运输工期

所有货物应在抵达加尔各答港后 15 天内运抵工地。如因分包商的原因而延误工期，将以天计对其处以罚款。

除此之外，合同还规定：虽然总承包商对货物全程运输投了保险，如因分包商的失误而造成货物损害和损失，且保险又没有涵盖的，将由运输分包商承担责任；总承包商对分包商在货物运输全程中遭受的任何生命财产伤害和损失不负责任；一辆拖车一次至多只能拖运两件构件，因超载而导致货物损坏的，由分包商负责。另外，项目部还将详细的货物清单、货物吊装和绑扎图作为合同附件交给了分包商。

由于合同订立得既简单明了又细致严谨，所以执行起来顺利容易，货物全部按期运抵项目工地。

4 事后多方配合，顺利完成保险索赔

此次货物运输事先由承包商的公司总部向国内一家保险公司投了全程保险。由于货物单件体积大、运输路途远、路况差以及运输分包商的部分违规操作等原因，货物在装运过程中，一些构件发生了局部表面的凹陷和油漆刮蹭。

货物运到工地后，项目部当即逐一进行卸货前的检查，并对受损部位及时进行取证拍照，会同运输分包商的押车人员在运单上做了货损记录，双方签字确认。项目部随即向公司总部汇报出单，书面通知保险公司索赔。另一方面，项目部通过运输分包商与保险公司在当地的代理取得了联系，邀请他们一起在卸车后第一时间赶赴现场进行调查取证。

随后，项目部准备了完整的索赔文件和证据，评估损失后提出了合理的索赔金额，并说服保险代理确认索赔文件，然后提交总部。最后，公司总部向保险公司成功索赔。

经过上述努力，货物如期在雨季来临前运到工地，并按总工期计划的要求完成了安装和试运行，从而赢得了业主的信任，为项目最终按期竣工奠定了基础。同时，承包商项目部还与多方配合协助，圆满地完成了保险索赔，避免了自身的经济损失。

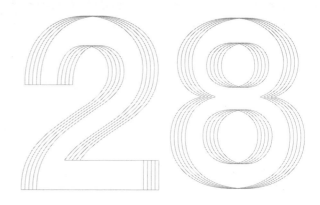

施工现场分包进度管理案例分析

王道好

1 工程案例

在中东某国房屋建筑工程项目上，总承包商通过公开招标，先行确定了一家当地防水专业分包商。在项目完成深基坑开挖、基础处理和围护结构施工后，分包商进场开始基坑防水层铺设施工。由于前期施工准备和基坑施工进度的拖延，整个工程进度形势已经十分紧迫。对此不仅总承包商心急如焚，业主咨询也开始表示担忧和不满。

但是，相对于如此紧迫的进度形势，防水分包商在现场的资源投入却显得严重不足，每天只有一个工长带领几个工人在工地干活，而且由于缺乏有效监督和激励，工人们的工作效率低下，所完成的工程量远远达不到总承包商的进度要求。而防水施工又位于项目施工总进度计划的关键线路上，因此造成总工期的进一步拖延。

为加快防水施工进度，承包商多次口头和书面要求分包商增加现场资源投入和施工管理，均被分包商以各种理由敷衍搪塞了，核心问题是分包商总体实力不强，拥有的人力和技术资源有限，无法同时满足多个项目分包施工需要。

面对总承包商的步步紧逼，分包商后来干脆选择置之不理，信函不回，电话不接，每周进度例会也不参加，仅偶尔安排一名工程师来工地匆匆巡视一趟。总承包商曾提出建议，安排自己的工人参与防水施工，由分包商的工人负责技术指导，所发生的人工费用从其分包进度款中扣除。分包商却以无法保证施工质量为由，拒绝了总承包商的建议。总承包商也曾想过要更换分包商，但一想到从清算这家分包商，到重新招标引入新的分包商，期间也要花费一定的时间和经济成本，而且不能确保新分包商的施工能力就一定比原来的强。再说防水分包本身合同金额不大，工期也较短，经不起这样折腾。

　　无奈之下，总承包商找到分包商的现场工长商量，如果他带领工人完成规定任务，总承包商将直接给予现金奖励，并且每天当晚现场测量兑现。这一招果然灵验，工人干活来了干劲儿，施工进度也提高了。但是，没想到这个工长却过分贪婪，不仅绝大部分奖金揣进了自己的腰包，胃口也越来越大，现场工友却成了他与总承包商讨价还价的砝码。这样一来，事情的性质就完全变味了。

　　于是，总承包商采取果断措施，在设法拿到工长索贿的书面证据后，立即给分包商发去一封措辞严厉的信函。在当地社会行贿受贿是违法行为，员工索贿这样的丑闻如果传出去，必然有损于分包商在业界的声誉。收到信函后，分包商公司总经理立即亲临项目现场，与总承包商协商解决问题，要求承包商撤回信函。总承包商则明确表示，撤回信函是不可能的，毕竟信函所述是已经发生的事实，但可以既往不咎，条件是撤换现场工长，增加现场资源和管理力度，确保分包任务按期完成。否则，总承包商有权以此为由将其清除出场。

　　因为有把柄被总承包商抓住，分包商自知理亏，只好答应总承包商的条件，当即开除了那位贪得无厌的工长，并尽力优先保证本项目的资源投入，最终按期完成了防水分包施工。施工过程中，总承包商对该分包的现场管理也顺利省心多了。

2 分包进度管理措施

　　具备一定规模的总承包项目，一般都会有部分分包施工或供货安装工程，有的甚至将全部现场施工作业分包给各专业分包商。因此，分包施工是整个项目施工的重要组成部分，特别是那些位于总进度计划关键线路上的分包施工，其进度直接影响到整个项目的施工进度。而且，一个总承包工程的建造过程，通常都是由多道施工工序、多个作业面和多家参建单位构成的。作为总承包商，只有采取综合措施，全面加强现场施工协调管理，才能顺利地推进整个项目施工，确保实现项目合同总工期目标。

2.1 建立健全分包管理组织机构

施工进度能否按计划完成直接关系到合同工期目标能否实现，总承包项目部通常要安排项目部领导全权负责现场施工管理，并设立专门的管理部门和工作岗位（如施工部和现场工程师）。针对分包商的施工进度管理，可以根据项目的具体情况，要么设立专门的分包管理部门和管理岗位，要么将分包管理的职责纳入施工管理部门和岗位的职责范围内。同时，分包现场施工管理又与技术、质量、HSE 和合同管理直接相关。因此，这些职能部门或岗位也应承担对分包相应的职能管理任务。

2.2 做好分包进场交底工作

由于分包商入场前对现场的实际情况及总承包商的相关管理流程要求不了解，分包项目开工前，总承包商有必要召集分包商举行启动会议，以明确双方各自的合同责权范围，现场管理组织机构、人员构成及其责权范围，并详细介绍对分包施工的进度、技术、质量和 HSE 要求，上一道工序的实际完成情况，工地人员物资进出场管理要求，现场作息时间规定，双方文件信息往来管理规定，分包工程的质量检查验收程序要求，现场按分包合同规定可供其使用的场地、设备材料和水电供应情况，分包完成的工程量确认和进度款结算程序要求等。特殊情况下，总承包商现场管理还可能有一些专门要求，比如在当前新冠疫情全球流行情况下，承包商制定的现场防疫规定，也需明确告知分包商严格遵守。如果有必要，双方还可以到施工现场作业面进行实地查看核实，完成现场进场交接手续。

2.3 定期下达分包进度计划

总承包商要根据项目总进度计划及现场实际情况，确定分包合同的工期。与分包商签订合同后，可以制定该分包项目的专项进度计划，或者要求分包商提交这样的进度计划由总承包商审核批准。在分包项目的实施过程中，总承包商要定期（比如每周或每月）向分包商下达当期施工进度计划供其遵照执行，并同时提供给内部与分包管理相关部门和人员，作为依据来监督控制和评估分包商施工进度的实际完成情况。

2.4 加强施工过程协调控制

工程施工现场通常是包括一些分包商在内的多家单位同时参与施工作业，因此，总承包商的现场施工管理人员（如现场工程师），要在对现场正在发生的各部位、各环节施工的动态全面了解的基础上，及时做好综合协调和监督控制工作。综合协调包括，依据总进度计划的需要，对同一工作面上各作业方的施工顺序和活动空间的协调；对施工中发现的图纸、规范、技术问题进行协调处理；协调保障总包商提供的水电供应充足、道路通畅及设备正常运转；协调配合质量部门和监理工程师对分包施工的检查验收等。监督控制主要工作是，检查核实分包商现场人力、物质及技术管理资源投入是否充足，其施工作业采取的工艺方法是否合规，工作效率和施工进度是否满足要求，作业和材料的质量是否合格，不合格项是否及时得到整改，作业过程是否遵循了 HSE 管理的规定等。

2.5 其他措施

分包商现场施工进度管理的措施还有很多，包括采取各种组织的、经济的、技术的、合同的手段，总承包商可以根据实际情况，选择多措并举，督促分包商按计划要求完成施工任务。现列举一些措施建议如下：

1）严格履行分包合同中总承包商的责任义务，尤其是支付分包进度款，以免给分包商拖延进度造成口实。2）定期与分包商召开进度会议（如周例会），综合协商解决分包施工过程中出现的问题。3）及时客观地回应分包商可能提出的变更索赔要求。4）如果必要，审核分包商的设计图纸、专项施工方案、材料样品或样板间，并协助报批。5）根据分包进度拖延的严重程度，选择不同的督促警告方式，警告在人员上可由现场工程师、部门经理、项目施工负责人直至项目经理发出；在形式上可以先口头后书面信函；在沟通对象上可针对分包现场技术管理人员、现场负责人，甚至是其公司总部负责人。6）为表达对分包施工进度的不满，可以要求分包商撤换其现场技术管理人员甚至是负责人。7）借助业主咨询工程师的力量，向分包商施压。8）大型分包项目，可视具体情况，考虑引入多家分包商，形成同行间的竞争，避免出现总承包商受制于独家分包商的情况。9）以一定的额外经济奖励为条件，激励分包商加快施工进度。10）减缓进度款支付，迫使分包商加快施工进度。11）增加资源投入，帮助分包商加快进度，所发生的额外费用从分包进度款支付中扣除。12）剥离部分分包工程，由总承包商自行或另找其他分包商完成，相关费用从分包进度款支付中扣除。13）没收分包商履约保函，将分包商清除出场，改用另一家分包商承担剩余分包工程。

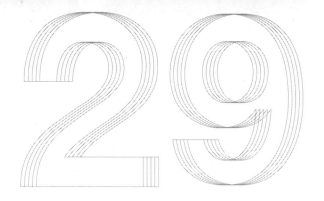

国际工程设计管理要点及经验教训案例

方 涛

1 引言

在 EPC 或总承包模式下的国际工程项目中，通常由工程承包商负责 EPC 或深化车间图设计。中国施工企业"走出去"，从传统单一的施工单位角色过渡到国际工程承包商角色，普遍存在设计管理能力薄弱这一短板。大量实例表明，承包商对设计管控的成效，很大程度上决定着项目履约和经营的成效。重视设计，增强设计管控能力，以设计为龙头，向设计要效益，已经成为广大"走出去"企业从追求规模向追求效益这一转变过程中亟待解决的问题。

2 国际工程设计的主要模式

国际工程设计工作大多包含在基于 EPC 合同模式或 Lump Sum 总承包合同模式下的承包商合同范围内，由承包商自行实施，或由承包商分包给相关设计公司实施。

EPC（Engineering，Procurement，Construction）合同模式是指受业主委托，按照合同约定对工程建设项目的设计、采购、施工、试运行等实行全过程承包的合同模式。EPC 模式能充分发挥设计在建设过程中的主导作用，有利于整体方案的不断优化，能有效地克服设计、采购、施工相互制约和脱节的矛盾。

Lump Sum 合同模式中文释意为"总承包"模式，该词出现于英国化学工程师协会（Institute of Chemical Engineers）的系列合同范本中，英文全名为"Lump Sum Contracts"，俗名"红皮书"（Red Book）。

EPC 合同模式下，设计工作直接影响项目使用功能、项目投资、项目建设进度以及现场施工便利性和可行性，设计方案的经济性直接确定了项目投资规模和后续的施工工期问题。一般情况下，由承包商依据业主功能需求或概念设计负责项目的设计原则（Design Criteria Memorandum）编制，并开展基本设计（Basic Design）、施工详图设计（Detailed Design），部分（如钢筋图）需进行车间图设计（Shop Drawing）。特殊情况下，某些大型跨国公司可能实施其特有的设计管理体系，例如沙特阿美石油公司在其五十多年的运营过程中，形成了一套独有的 EPC 设计管理体系。其设计工作分为 5 个阶段，分别为早期施工图（Early IFC）阶段、30% 设计深度阶段、60% 设计深度阶段、90% 设计深度阶段和 100% 施工图（IFC）阶段。早期施工图（Early IFC）的存在，是为了项目前期能有一定的图纸供承包商尽早开工。而 30%、60% 和 90% 深度阶段的图纸，都属于设计工作不断深化的中间过程，每个阶段的图纸均要报业主批复，只有深化程度达到 100% 后，才能成为施工图（IFC 图纸）用于施工和验收。在其体系下，IFC 图纸可直接用于施工和验收，少量需要细化的图纸（例如钢筋图和钢筋料表）仅需报送阿美石油公司备案。

Lump Sum 总承包合同模式下，初步设计（IFC Drawing）由业主提供，或由业主委托的第三方设计单位提供，承包商依据规范对初步设计图纸进行细节深化，形成车间图（Shop Drawing），报咨询工程师、业主、政府机构或项目所在国具有资质的审图机构审批后方可用于施工。

上述两种合同模式下，经业主、咨询或工程师审核，对承包商设计图纸的批复状态一般为以下四种：状态 1 为"不需要批准，图纸可以用于施工"，状态 2 为"批准，图纸可以用于施工"，状态 3 为"带意见批准，在遵照执行批示意见的前提下图纸可以用于施工"，状态 4 为"拒绝，图纸不能用于施工"。获得状态 3 的图纸，可边施工边完善，完善后可获得状态 2。获得状态 4 的图纸，需要重新绘制并提交审核，直至获得状态 2 或状态 3 才可用于施工。

3 国际工程设计管理要点

3.1 EPC 模式下的设计管理要点

EPC 项目设计管理，应贯穿招标投标过程与履约实施过程，设计团队应尽早介入，投标方案中的设计理念应贯穿到履约实施设计中去，做到在满足合同功能需求的同时，控制或降低造价成本，最终获得经营效益。在 EPC 项目投标过程中，应着重做好以下三方面工作：

（1）全面分析招标设计文件（概念设计或初步设计），充分理解招标设计意图，把握项目的功能需求，做到满足业主需求但又不超出业主需求。

（2）对招标设计文件中的关键数据、性能指标进行计算复核。EPC 项目中承包商对设计负责，承担设计责任。因此，招标文件中给出的关键数据或性能指标仅供参考，如需采用，需要进行验证。若不经验证直接采用，可能发生不能达到合同约定功能标准的履约风险。

（3）在时间允许的情况下，尽可能基于对招标设计的复核，提出多套投标设计方案及工程量，最终结合工程进度、施工难度、工程造价和项目所在地法律法规、社会及自然环境等因素综合考虑，选取最具竞争力的设计方案用于投标。

在项目中标后的履约实施过程中，着重做好以下七方面工作：

（1）设置项目层级设计管理职能部门，主要实现对设计方案的经济性控制，对设计过程的进度控制，对专业接口的对接管理，对设计成果的质量控制（主要表现为一次获批成功率），以及对采购端永久设备设计输入信息的协同管理等。

（2）建立设计、采购与施工联络机制。边设计边施工是 EPC 项目的特点之一，设计的过程同时也是与采购和施工相关联匹配的过程。因此，需要 EPC 项目部层面统筹建立设计、采购与施工的联络机制，以实现业主需求、标准、规范、功能、产品、进度、质量、成本等方面的信息共享，协同各方工作步调，缩短决策时间，提升工作效率。

（3）建立设计审核机制。设计是 EPC 项目的龙头，直接决定着项目的进度与成本，因此，EPC 项目部应建立完善的设计审核机制。一般情况下可聘请有经验的设计顾问或第三方设计公司主持设计审核工作，施工技术团队全程参与并提出与施工相结合的合理建议，避免设计、施工脱节成为"两层皮"。审核过程重点把握设计标准适用性、设计原则适宜性、关键部位安全性、产品功能可靠性、工程量和成本可控性以及施工便捷性，并提出有利于降低成本、施工难度或加快进度等方面的优化建议。

（4）编制设计计划，实施设计进度管理。EPC 项目设计进度直接制约采购和施工进度，工程进度滞后往往是由于设计滞后所导致的，因此设计进度管理是 EPC 项目管理的一个关键点。为此要事先编制设计进度计划，该计划应包含地质复勘、地形测量、设计原则报告、基本设计（含计算书）、详细设计和车间图设计各环节，逻辑上应关联永久设备采购和施工作业，程序上每项设计文件至少包含两轮设计与批复时间（首次提交时间、首次业主咨询审核、第二次提交时间、第二次审核批复时间）。依据计划进行设计进度控制，定期召开设计例会，发现滞后及时督促补充设计资源，进行设计进度纠偏。

（5）捋清内外部接口，实施设计接口管理。EPC 项目设计接口众多，包括外部接口（如与市政给水排水、电力系统和道路连接等）和内部专业接口（如土建与机电和装修之间、设备选型与设备基础之间）。EPC 项目部应专题研究、整理接口清单，提前落实各类接口信息，避免因信息不明耽误设计进度或造成设计错误。

（6）制定激励办法，实施设计优化管理。首先应对设计优化进行合理定义，EPC 项目设计优化并不能简单定义为工程量减少，有时工程量减少反而增加施工难度，从而导致成本增加，设计优化应满足项目在某一特定阶段的重点需求，或全过程的重点需求。项目履约过程中，有时更加重视成本，有时更加重视进度，有时成本和进度同时被重视，满足项目在特定阶段的特定需求是设计优化的内涵。因此，设计优化管理工作应结合项目特点制定适宜的设计优化目标，这个目标可能随项目进展而动态变化。应在设计分包合同或内部责任书中约定设计优化的定义和设计优化的激励办法，引导促进设计者依据项目不同阶段的主要目标开展设计优化活动。

（7）设计材料与设备选型原则。EPC 设计中的主要材料与设备选型，应在满足合同功能要求和标准规范的前提下，尽量选择经济性较好、生产运输周期较短且容易获得的产品。EPC 项目部应组织尽早完成主要材料、设备清单，并通过对项目所在国供应商、中国供应商和国际供应商的询价工作，掌握各类材料、设备的报价和生产、运输周期，随后根据工期、成本等综合因素选取优先采购途径。设计工作以优先选取的供应商产品参数作为设计参数，以确保设计所采用的材料、设备在供应周期和成本上可控。

3.2 总承包模式下的设计管理要点

在总承包项目投标过程中，着重做好以下三方面工作：

（1）检查招标设计是否满足招标文件所描述的功能需求，如不满足，向业主发送答疑文件，要求其澄清回复，以避免重大合同风险。

（2）核对招标设计图纸与工程量清单，检查工程量清单漏项漏量情况，如有遗漏，通常要对相关报价进行调整。

（3）在正式签署合同前，应检查核对业主提供的合同文件中的图纸和工程量清单是否与原招标文件相一致，避免落入业主有意无意设置的合同陷阱。

在项目中标后的履约实施过程中，着重做好以下几方面工作：

（1）车间图绘制过程需遵循规范要求，协调匹配各专业接口（结构、建筑、机电、暖通、装饰装修等）。若承包商自己不能完成设计时，则应尽量选择具有所在国车间图设计经验、绘图人员专业全面、综合实力较强的车间图设计分包商，避免造成设计质量风险及设计、审批进度风险。

（2）国际工程车间图分包往往以数量进行结算，建议在设计分包合同中对绘图比例、图纸幅面以及结算支付条件进行约束（建议以图纸批复数量为结算依据），便于有效控制绘图成本。同时设置设计激励条款，鼓励设计者在满足合同要求的前提下尽量为承包商节约成本，避免设计者为顺利通过设计批复而不考虑承包商成本的现象。

（3）应安排主要专业设计代表（建筑、结构、机电等）常驻现场，建立与承包商、业主及工程师之间的业务对接，协调、联络各专业之间的设计接口，向后方设计团队反馈承包商、业主或工程师的审批意见，以及负责设计交底工作。

（4）参与项目基线计划编制，依据采购、施工计划倒排车间图设计及报批计划，应考虑一定的内部审核时间并至少考虑两轮外部审批周期，基本流程如下：车间图设计→内部审批→提交业主工程师审批→第一轮修订→重新提交业主工程师审批→批复。

（5）重视车间图设计进度管理。依据车间图设计计划开展设计进度管理工作，定期开展车间图设计例会（例如周例会），协调或要求设计分包商增加设计资源，解决制约设计进度的外部因素（如协调解决专业接口信息、设备材料信息等）。

（6）重视车间图设计审核工作，防止设计超标、超量，激励有效设计优化（有利于降低成本加快进度的优化）。

（7）严格按照合同条款规定的程序和要求开展设计变更索赔工作，避免因索赔程序不合规而导致索赔无效。

（8）竣工图应在施工过程中同步绘制、报批，避免因竣工图绘制及批复延误导致工程移交延误。

4 经验教训案例

（1）投标过程与履约过程，尽可能选择同一家设计单位。

某 EPC 项目，投标方案及报价基于某国际知名设计公司成果，项目中标后，与另一家国际知名设计公司签订了设计合同。由于设计理念不同，实施阶段设计方案较投标阶段设计方案工程量显著增加，且设计公司坚持自身设计无法变通，项目因此承受较大经济损失。

（2）招标设计与合同约定功能要求应匹配。

某 EPC 项目，因招标设计可研报告提供的相关信息不明确，且承包商未在招标过程中向业主提出澄清答疑，在履约过程中信息进一步明确，计算结果表明招标设计无法满足合同文件提出的技术指标要求，履约阶段的实际设计开挖工程量不得已增加，以满足合同技术指标要求，所增加的开挖量较难获得索赔支持。

（3）招标设计图纸工程量复核工作十分重要。

某总承包项目，由于户型种类多、设计图纸深度浅和投标时间短等客观原因，投标阶段未进行招标设计图纸钢筋量复核。项目实施过程中，钢筋实际用量超出合同工程量清单约 20%，由此增加的成本只好由承包商自己承担。

（4）形成对设计单位的有效管理，做实图纸审核工作。

某 EPC 项目，由业主指定设计分包商，实施过程中图纸提交与批复顺利，但疏于对图纸的审核，造成建筑面积超过合同标准的损失。按照合同要求，两室一厅住宅实际使用面积控制在 $67 \pm 3m^2$ 范围内，即 $64 \sim 70m^2$ 均满足合同要求。而实际大部分户型使用面积均超过了 $70m^2$，造成成本额外增加。

（5）处理好与设计审批咨询工程师之间的关系，节约成本从设计优化着手。

某 EPC 项目，工程前期设计成果审批困难，耗费大量时间与精力未能取得好的成效，设计审批曾一度成为制约进度的首要因素。项目部分析原因后制定了解决策略，从尊重个人开始，全方位构建与设计审批咨询工程师之间的良好关系。此后，设计批复明显加快，且设计优化获得成功，混凝土总量减少，直接降低了成本。

某 EPC 项目，设计审批单位为以严谨苛刻著称的欧洲某全球知名设计公司。项目部设计团队积极构建与设计审批单位的关系，前期工作重视沟通，以严谨的工作态度、扎实的工作成果赢得了设计审批单位的信任，设计人员和审批人员工作之余成为朋友，后续通过有效沟通，针对项目实际情况，提出的许多变通方案得到了设计单位的快速批准。

（6）重视设计优化，降低施工成本。

某 EPC 项目，由于目标工期紧张，针对前期左岸交通便利、右岸无法通行的实际情况，将原概念设计中的发电厂房位置由右岸布置优化调整至左岸布置，从而利用左岸交通第一时间启动结构复杂且周期较长的发电厂房施工（有效施工时间增加约 1 年），即使面对国际新冠疫情的影响，项目仍然按期投产发电，实现了工期目标。

某 EPC 项目，原设计方案为 6 种户型，且建筑物外立面造型结构复杂、模板加工复杂且周转性材料消耗量较大。履约阶段，以有利于加快施工进度为切入点，积极与业主沟通，最终优化为 3 种户型，同时，以外墙涂料喷绘图案方案替代外立面复杂造型结构，节约了施工成本。

5 结语

国际工程设计管理能力提升的重要性已经尤为突出，中国施工企业在"走出去"过程中，从各自的实践中不同程度地获得了经验教训。他山之石可以攻玉，注重调研，把握要点，通过不断总结与改进，相信中国承包商在国际工程的大舞台上定能驾驭好设计这一"龙头"，为实现向"效益型"转变保驾护航。

妥协
——EPC 项目设计报批案例解析

王道好

1 案例情节描述

那是在南亚某国中国承包商工程营地的一个盛夏之夜。

已经是半夜三更的天。室外的发动机停了，四周漆黑安静下来，空调机也同时停了，随即就可以感觉到，房子里的温度就像炉火渐旺似的在慢慢升高。酷暑八月里，即使到了下半夜仍然闷热难耐。项目经理吴先生只好起身去开了窗，一股湿热的空气迎面而来。屋子里令人窒息的气温，加上浮桥工程设计遇到的麻烦，一起向他脆弱的神经袭来，让他翻来覆去久久无法入睡，大脑反倒越来越清醒和亢奋了。

浮桥初步设计的第一批图纸，从去年底递交业主项目办审批，至今已八个月过去了，仍然没有得到明确肯定的答复。根据当初投标时的施工计划，设计图纸本应在提交后半个月内给出批准与否的意见。设计不获业主的认可，下一步的工作就无法继续进行。整个施工期已因此严重滞后。

最初的两三个月里，吴经理每次到项目办催问图纸时，业主工程师总是支吾着说仍在审查中。其实，他们都从未见过这种形式的浮桥，根本不懂此项技术，怎能轻易下结论呢？据现场工程师私下透露，起初图纸转到了业主雇请的技术咨询英国人塞蒙先生手中。但他不是浮桥专家，甚至连一些图纸和设计计算也看不明白，不敢贸然下结论，只得将图纸寄回英国的咨询公司总部，另请专家审核。不久，业主项目办来函，声称送交的图纸规范等不齐全，要求提供进一步的资料。吴经理只好立即通知设计分包商负责人，生产厂家的高级工程师陈先生，赶忙准备了部分浮桥结构详图和合同中提及的且设计中依据的一些技术规范，以航空快递寄过来，补交给业主。按理说，初步设计只是方案性的，根本无需详细的结构图。但是，这毕竟是客户并不算过分的要求，客户就是上帝嘛。

不料，第二批图纸提交上去后仍如石沉大海。业主又进一步提出，要求设计代表来现场，就设计问题当面讨论澄清。业主工程师还声称，只要问题弄清楚了，设计很快就能批下来。这一要求听起来也是合情合理，因为根据合同，整个合同施工期内，应有设计代表常驻现场。在陈先生风尘仆仆地赶来的同时，业主聘请的技术咨询专家格莱斯通先生也专程从英国赶来现场。

技术讨论从五月开始，在首都举行了四次面对面的交流。谈来谈去，无外乎浮桥的静、动水稳定性，锚的抓力，桥面板的厚度，油漆及表面处理，上游漂浮物的处理以及浮桥的安装等。讨论中，以承包方的经验和直觉判断，这个英国咨询也不是浮桥专家。最起码的一点是，他甚至拿不出这种带式浮桥系统的英国国家规范。一些零星的技术参数取值明显偏于保守，所引用的公式不能准确地反映浮桥的实际受力状况。所有这些足以说明，英国的浮桥技术多年来没有得到足够的发展。与其说是在讨论，不如说是在教他学习，至少说是在让他对中国成套的浮桥技术略有了解。

从根本上说，承包商与厂家的利益是一致的。这种带式浮桥是厂家三十多年来自行研制和逐步改进完善的技术，不可能在销售一座浮桥的同时，还搭上出卖所有的技术工艺。对业主该说什么不该说什么，厂家领导和专家在陈先生出国前都做了明确的交代。最终，格莱斯通以提交资料不完善和对有关技术参数心存疑虑为由，未向业主提出建设性推荐意见。

六月初，格莱斯通先生离开了现场。技术咨询不能给出明确意见，就该由业主自己作出决定了。为此，业主项目经理普热丹先生安排工程师代表提米西纳同承包商到工地继续进行讨论。在业主以名誉担保不向外泄露浮桥技术后，承包商作出让步，同意尽量详细地介绍浮桥的设计计算。在工地约一个礼拜，吴经理与陈先生吃住在业主项目办，克服生活上的不适和交通上的不便，冒着酷暑，耐心地向工程师代表讲解浮桥设计，从基本理论、公式推导到技术参数的取值等，提米西纳先生边听边做记录。对一个非浮桥专业的人来说，要想在短短一个礼拜弄懂掌握其全部技术，谈何容易。从讨论中工程师代表偶尔表现出来的心不在焉的神色，承包商预感，这次讨论的最后结果恐怕不会太乐观。

工地谈判结束后，等了近一个月，工程师代表仅根据讨论内容，整理出一份并不完整的技术报告，没有给出认可设计的意见。这本是承包商意料中的事。

承包商只好再做让步。既然业主不相信他们的产品，又没见过浮桥，那好，他们花钱邀请业主到厂家和中国现在正在使用中的浮桥现场考察。申请出国的报告经业主的主管部门灌溉总局，上报到水利部被否决了。上级官员们担心承包商会花钱买通前去考察的人，在承包商事先准备好的报告上签字。

几个月来，一方面，业主一直在催逼承包商提供更详细的设计；另一方面，厂家又坚持初步设计批准后再提供新图纸，他们甚至担心，即使提交了全部技术，业主仍可能借故不买他们的产品，落得个"偷鸡不成反蚀把米"的下场。作为承包商，吴经理既要满足业主的要求，又不能得罪厂家，处于两面夹击、左右为难的境地。

业主来函的口气越来越强硬，说不定哪天就突然通知终止合同。偏巧在这时，从国内传来消息，公司总部早已正式发文，通知厂家公司组织生产，现在浮桥制造已接近尾声。令吴经理不解的是，在设计未获业主批准的情况下，总部竟贸然下令生产，而且事先并未征求他这个现场项目经理的意见。如果这时候业主提出终止合同，承包商将遭受巨大的经济和信誉损失。吴经理曾多次向总部请求，指望派有关领导来现场协助指导工作，也杳无音信。在这种时候避之还来不及，有谁愿意来自找麻烦呢？吴经理处于一种内外交困又孤立无援的境地，心想二十年来所从事的工作，还没有一件是无果而终，也没有过什么明显的失败，难道这次就这样无功而返？虽然终止合同被业主清算在国际承包业时有发生，但他仍无法第一次面对这样的结局。在参与这个项目之初，他曾在思想上有过轻视，但当工作中遇到了麻烦，他还是认真而竭尽全力了，可谓一让再让，想尽千方百计了。

回想这几个月来，英国咨询的作梗，业主的漠然，还有总部的袖手旁观，身边同事的爱莫能助，一切责任和风险都落在了他一个人的肩上，一种无形的压力压在了吴经理的心头，让他这些天来一直寝食不安。

下一步该怎么办？设计问题总不能这样无限期拖延下去。"不行，我还得去找业主谈。"吴经理在床上自言自语。是的，绝不能就此罢休！还得做最后的努力，他这样给自己鼓劲。冷静下来，左思右想，另一条妥协办法在他脑海里逐渐明晰起来。

第二天早上，吴经理开车到业主项目办。一见面，普热丹先生就对他说："吴先生，我已经到了山穷水尽的地步，你快想办法帮帮我吧。"显然，他也不愿意工程就这么半途而废，这毕竟是这个国家有史以来的第一座浮桥。浮桥建成了，他脸上有光，说不定对他未来的仕途还大有帮助呢。吴经理直截了当地提出了自己的想法："你们不是不相信我们的技术吗？请允许我们先按图加工浮桥，运到现场来安装后，我们负责按合同要求的荷载作通车试验，并运行六十天，如果没有问题，你们总该接受了吧？"业主项目经理对这一新想法表示了强烈的兴趣。随后，双方就具体的细节讨论了几次，最终形成了对原合同修改的一号备忘录。

根据原合同，承包商需在工程开工后一年内，完成浮桥的设计、加工和运输，实现第一次安装，并在随后的五月份雨季来临前拆除，在第二年的雨季结束后第二次安装，工程即告结束。工程实际在九月份开工，到第二年九月份满一年时正处于雨季时节，河宽和流速都远远超过了设计范围。可以料到，即使浮桥按期运到工地，也只能等到十一月份旱季来临时才能第一次安装，整个工期因此至少顺延两三个月。现在工期过了近一年。根据新草拟的备忘录，二次安装和一次拆卸将在第二年雨季结束后 60 天试运行期内完成，因此，充其量只比原合同实际工期推迟六十天。而本工程中，承包商没有安排多少人员和设备，所以不致造成太大的经济损失。

十月下旬，双方正式签署了一号备忘录。备忘录中的条款虽然看起来很苛刻，对承包商不利，但总算前进了一步，项目可以继续执行下去了。

自此后，浮桥工程便一路顺利地完成了，并且取得了出乎预料的经济效益，而这一切似乎都源于那个酷暑八月的不眠之夜。

2 案例点评

从以上的案例中，我们可以得到以下几点体会：

1）贵在坚持，不要轻言放弃。每当身处"山重水复疑无路"之时，我们往往只要再坚持一下，过了这个坎儿，就会迎来"柳暗花明又一村"。

2）以小的妥协退让为代价，最终赢得全局的胜利。如果不做这种妥协退让，恐很难预料整个项目的最终结局会是什么样，很可能是半途而废，承包商因此损失惨重，业主和承包商双方都是输家。

3）是非之间可以找到解决问题的第三条途径。业主需要的不是设计而是产品，只要产品能满足合同功能要求，图纸批与不批对双方来说都不重要。

4）妥协是建立在一定的基础上的。在本案例中，设计未经业主批准，就组织产品生产并运抵现场安装和通载试验，存在一定的风险，但这种风险是由承包商和设计供货商共同承担的。另外，承包商和供货商对自己的产品充满自信才敢这样做。

5）不同民族文化背景的人之间的沟通交流存在困难。这种困难可能源于认知、文化和价值观的不同。这也是实施国际工程项目难点之一。

6）该案例虽属个案，却具有一定的普遍借鉴意义。多年来，在国际工程项目中，由中国承包商提供的设计、产品或本国技术规范等，要想获得业主咨询工程师的认可，往往需要付出很大的努力。

设计－建造项目中设计变更的合同责任与风险分析

蓝庆川

1 案例项目概述

某地下轨道交通工程为固定总价包干的设计－建造项目模式。工程建设招标之前，业主已委托第三方完成初步设计，并将之作为招标文件一部分提供给承包商报价。招标文件规定，投标文件应包括报价、工期、工程量清单、设计说明、施工方案、参考设计文件等。承包商投标时依据业主提供的初步设计编制了参考设计并按此进行报价。该参考设计是承包商以业主的初步设计为基础并进行深化，设计的深度更深，有明确的设计原则和标准方案工艺等，可按此编制工程量清单和预算，但还没有达到施工图的设计深度。

关于初步设计文件和参考设计在合同中的效力，合同规定：

1）承包商提交标书应遵守招标文件的要求。

2）合同额是固定的，不可因制作施工图阶段时的预算等因素更改。

3）合同图纸只显示某些概念性设计，或工料规范说明所要达到的标准和要求，承包商须负责一切所需的施工图设计或深化设计。

4）除业主书面认可为工程变更的项目外，其余一切使工程得以展开施工，以完善功能为目的，实现合同图纸或技术要求、技术规格说明书目的但并未改变原设计实质的施工图深化，均视为本工程深化设计所需。

承包商在进行施工图设计时，主要依据是初步设计和参考设计。这两个文件的编制时间虽然有先后关系，但是因为具体设计方案也有不同，互为补充，需要相互参考。该项目合同并未规定这两个设计文件的优先级别，从合同条款分析，只要是两个设计文件规定要求，承包商负责的施工图设计均须满足。虽然参考设计的依据是初步设计，但比初步设计更详细，在具体细节上有一定差异，工程数量也不完全相同。这两份重要的设计文件，是详细设计的重要依据和判断设计变更的基础。设计变更的类别不同导致的合同责任和风险不同，应采取的应对策略也是有差别的。

2 案例分析

2.1 不可预见地质条件改变的设计变更

业主提供的初步设计文件包括初步设计地质勘探报告，该地质资料显示该项目地下工程存在较厚的软弱淤泥层，因透水性及承载力差，初步设计采用地下连续墙作为深基坑的围护结构，地下连续墙深度穿透淤泥层达到承载力较好的砂土层。承包商提交投标文件时也采用了和初步设计相同的围护结构方案。

承包商进场实施时进行了详细的施工图地质勘探，得到更加准确的土层参数，发现该深基坑的软弱土层厚度比初步设计地勘报告平均厚 5m 左右，直接影响桩基础和地下连续墙的深度。因为地下工程的桩基础和地下连续墙工程量很大，地质条件改变导致工程量和造价显著增加。淤泥土层实际厚度虽然普遍比初步设计地质资料显示的更厚，但是地层厚度变化起伏是正常现象，也是一个有经验的承包商应该充分认识到的，不属于地质条件的显著变化或异常。按合同条款约定，承包商不能以此向业主提出索赔，该设计变更导致的成本增加，由承包商承担。

2.2 外部环境条件改变引起的设计变更

本项目有一部分地下结构物位于一栋既有建筑物下方，在项目招标阶段，因为业主还没有征迁该建筑物，在进行初步设计和参考设计时均没有条件在该建筑内进行钻探，只能根据该项目的竣工资料估算拆除工程量，并按其周边地质资料采用三轴搅拌桩对基础进行地质改良。承包商进场施工完成该建筑物拆除后，发现该建筑基础下方存在大量的抛石和碎石桩，而且抛石埋深较深，全部挖除清理难度大且成本很高。

因为存在这些地下障碍物，原设计用三轴搅拌桩对地基进行加固的施工工法不再适用，承包商不得不修改设计方案，改用成本较高的高压旋喷桩对地基进行加固。

经分析认为，该处建筑物约 20 年前重新规划修建，没有重建前竣工资料，而抛石和碎石桩均为重建该建筑物之前所遗留的。业主提供的招标文件对此情况没有说明，承包商在招标阶段只能在既有建筑物周边进行调查，没有条件勘查这栋既有建筑正下方的障碍物，这些地下障碍物是承包商难以合理预见的。承包商向业主提出变更索赔，并证明了通过努力仍未查明该建筑物下的障碍物，最终获得业主对此外部条件变化引起的设计变更的认可，增加的费用由业主承担。

2.3 施工图深化设计引起工程数量变化

在施工图设计时，在没有改变初步设计和参考设计规定要达到的标准和要求情况下，存在工程数量变化是常见的，只有到详细施工图阶段才有详细地质资料和详细计算分析，这些是获得准确工程数量的前提条件。按合同约定，只要没有改变初步设计和参考设计规定要达到的标准和要求，工程数量的减少节省了费用，属于承包商的合同权利。作为设计－建造项目的承包商，在施工图深化设计阶段，通过优化设计，将工程数量减少，可增加项目收益。该项目在初步设计和参考设计阶段根据地质条件和同类项目技术指标预估灌注桩基础的根数、直径和深度。详细设计阶段，承包商完成了详细地勘报告和现状调查，通过结构荷载分析确定了桩基础的详细设计数量，少于初步设计阶段预估数量，深化详细设计满足各项设计要求。合同也没有明示条款约定桩基础数量变化按单价和实际工程量计价，承包商认为没有改变初步设计要求，深化设计数量减少属于承包商权利，不应扣减合同额，获得业主认可。

该项目也有详细设计实际工程数量比初步设计大的情况，比如部分钢筋混凝土墙的强度验算需要的配筋量小于裂缝宽度验算的配筋要求，导致用钢量比预估的明显增多，也增加了混凝土的数量。关于混凝土结构的裂缝宽度验算要求，在招标文件里明确规定，因深化设计引起的工程数量增加属于承包商的合同责任，承包商不能以此向业主提出变更索赔。

2.4 业主主动书面指示要求修改设计

合同在实施过程中，因业主要求发生变化，业主可以书面指示承包商修改设计，包括修改设计标准、增加或减少设计范围、提高功能要求和改变设计方案等。由于签订合同时的设计文件为业主提供的初步设计及承包商提交的参考设计，设计深度和实际需求难以在前期全部明确，在详细设计阶段业主为满足运营单位及项目远期规划需求指示承包商做了很多设计修改，主要包括：1）将地下车站的防洪标准从100年一遇提高到200年一遇的标准；2）因水利航道管理要求，在项目穿越岸堤时提高了堤岸的高度，加宽了堤岸保护范围；3）增加了电梯的数量，并将电梯的载人数量从21人提高到40人；4）配合业主远期建设，增加灌注桩、消防电梯、人行天桥和车站的幕墙等。

按设计－建造合同的约定，如果业主提出修改设计的要求没有实质性改变初步设计，也没有明显改变工程量，只是功能的完善等，承包商不能提出设计变更索赔。上述几个业主指示的设计变更中，都增加了承包商的成本，但只有增加电梯数量和规格、增加桩基础、增加幕墙索赔被业主接受，其余都被业主认定为满足初步设计的合理要求，由承包商承担增加的费用。

3 风险分析和应对策略

3.1 投标阶段对地质条件的影响分析

投标阶段，承包商应评估合同范围内哪些工作和地质条件关系密切，地质条件变化是否会引起成本的显著变化，比如工程数量和金额较大的基础工程、地基处理、土方开挖和围护结构等工作。在投标阶段采取适当的报价策略降低风险，如果不具备全面详细勘察的条件，可考虑对重大施工方案或设计数量影响大的地质条件在投标前进行补充勘察以降低报价风险。

3.2 因深化设计引起工程量增减

对于总价包干的设计－建造项目，在合同中应约定，在施工图设计没有改变初步设计和参考设计规定要达到的标准和要求情况下存在工程数量的变更，合同额不调整。即使如此，承包商应避免完全取消某项合同内的工作，或施工图设计改变初步设计的主要参数，以免业主以承包商的施工图设计发生了实质改变为由扣减没有实施的工程量。由于这种争议处理起来承包商往往处于被动地位，应在施工图设计变更前预先评估其合同变更风险。

3.3 业主在实施过程中提出的设计变更

在项目实施过程中，如果业主提出的设计变更实质性改变了原设计、取消或增加某项工作，通常会导致合同额的调整，因此应对这些变更进行评估和管理。如果业主提出的设计变更引起合同额增加过多，超出其资金预算时，业主需要一定的时间筹备补充资金，影响项目的现金流。在业主资金来源受到较严格管控时，甚至还可能存在业主面临追加资金失败的风险，导致项目实施困难。承包商通常根据项目整体需求配置设备和人力等资源，当设计变更导致承包商的合同工程量减少，可能导致承包商的设备资源等成本的摊销变得不经济。设计变更还通常伴随着施工暂停、施工顺序调整以及设计变更洽商和审批等影响承包商工作效率、施工和管理成本以及项目工期等多方面因素。

承包商对业主指示要求修改设计的管理，包括费用索赔和工期索赔两项重要的工作。当合同影响金额较小，也不属于设计实质性改变时，若承包商对单个事件提出索赔，耗费大量精力，但不易获得预期效果。承包商可做好日常合同变更记录并报业主和顾问变更意向，结合变更的数量和业主的意见，合并数个变更事件进行处理。即使暂时合同额得不到增加，也为实施中发生设计变更减少工程量时，作为冲抵合同额减少，一揽子解决变更费用索赔问题。

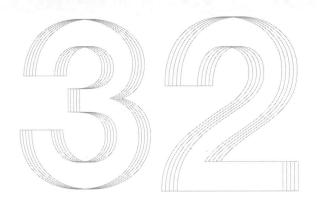

多国别／地区规范混用的合同责任风险案例分析

蓝庆川

1 项目概述

　　某轨道交通项目位于中国澳门地区，由于项目所在地没有轨道交通、地下隧道和列车系统等完整的规范体系，设计采用了中国澳门标准、中国香港标准、中国大陆标准、美国 NFPA 标准、日本标准、英国标准、欧洲标准、中国香港地铁设计指引等，施工验收标准主要包括中国澳门消防规章、中国澳门工程施工验收规则（质控手册）、中国大陆施工验收标准（国标），属于典型的多国别／地区设计规范混用的项目。项目执行的规范对项目初期规划、深化设计、招标投标、施工许可、施工管理、工程验收移交和运营维保等均产生影响，也是影响项目的工期、质量、成本的主要因素。本文对该项目采用多国别／地区的规范进行设计和施工的主要三种规范混用类型进行合同责任风险分析并提出防范措施的建议。

2 案例分析

2.1 必须满足的本地强制规范

项目所在地政府主管部门通常都有一些必须遵守的规范，只有满足了这些本地强制性规范，才能在规划、设计、施工和施工竣工验收时获得相关权限部门的认可。当这些强制性规范条文与合约内其他规范相矛盾时，应优先执行本地强制性规范，除非获得权限部门同意。

本项目必须遵守的澳门本地规范包括《防火安全规章》《工地技术规章》《建筑钢结构规章》《屋宇及桥梁结构之安全及荷载规章 2008 修订版》《预防和控制噪音法令》《建筑物废料管理制度》《混凝土标准》《水泥标准》《钢筋混凝土及预应力混凝土结构规章》《海事活动规章》《道路工程施工管制与安全设施手册》《道路交通标志、标记及标线一般工作指引》《电力分站、变压站及隔离分站安全规章》《都市房屋建筑总章程》《无障碍通道设计建筑指引》《澳门供排水规章》和《公共工程升降机设备的审批、验收及营运制度指引》等，涉及项目设计和施工的方方面面。满足本地强制性规范，需要注意以下几点。

2.1.1 存在无法完全满足本地强制规范的例外情况

本项目消防设计必须遵守澳门本地的《防火安全规章》，但是该规章对地下隧道、地下隧道紧急疏散口以及地下车站部分设计没有适用条款。在初步设计阶段，业主向消防主管部门征求意见后允许部分消防设计依据美国 NFPA130 标准执行。消防系统执行美国 NFPA 标准的范围较广，影响到排烟系统、紧急照明系统、紧急后备电源等等，对整个项目的设计和工程造价的影响显著。

业主在初步设计阶段就对上述消防标准的特殊性进行了较深入的研究，在初步设计中考虑了其影响的具体范围。承包商在投标阶段对此特殊性有充分的认识，在设计、报价和施工中执行比较顺利，没有因此产生争议。

2.1.2 对材料采购成本和时间的影响

该项目的防火门设计的耐火等级要满足澳门当地规范，通常按国标、英标或美标生产的防火门可达到同等的耐火性能，这样的规定在合同里显得没什么特别之处。但是，澳门防火门产品有严格的准入和认证程序，不同类型、不同规格的门都必须通过当地权威机构（政府授权的认证单位）的消防测试并获得认证后才能使用。由于防火门的规格很多，按要求必须进行多批次全套防火门耐火测试，厂家即使在出厂时委托国际公认的 SGS 等权威第三方出具检测报告，也不能取代当地的消防认证和成品门的耐火测试。每套门的防火测试的费用从 3 万到 5 万元（折合人民币）不等，单这一项检测费用就高达数十万元人民币。另外，在当地的认证单位进行该项检测还需排队等候，耗费半年以上时间才可完成整个检测流程，对工期影响很大。在该项目上，承包商在投标阶段和当地专业防火门分包商合作，对相关规定了解全面，在报价和工期上做了相应的考虑。

此外，还应注意当地强制性规范对施工成本的影响。本项目开挖需要弃土量较大，投标阶段，当地政府开始执行新颁布《建筑物废料管理制度》的要求，所有弃土均要运至指定弃土场并收取废料处理费。经初步测算，仅这一项弃土处理费就高达上千万元（折合人民币）。承包商在投标时向业主提出豁免费用申请并获得批准，节省了工程造价。但是豁免期过后的弃土处理费仍然是一笔不小的开支，且指定的弃土场距离施工地点较远，夜间不工作，对施工时间安排影响仍然较大。

2.1.3 对施工准照和许可办理的影响

施工准照是项目开展施工的必要程序，需要注意影响项目准照办理的各项规定和办理周期。本项目是政府公共设施工程，大部分准照有豁免办理条件或可简化办理手续，但是因为有一段工程必须在外港航道上施工，对航道安全有一定的影响，需要申请占用航道以及向海事部门、武警边防、水利部门等申请许可证，耗费将近一年时间，项目部不得不多次调整施工顺序，尽可能避免对总进度计划关键线路的影响。

在投标阶段，承包商经过分析认为，本项目必须在基础施工阶段 24 小时加班，才能满足合同工期要求。因此，项目开工后立即向主管部门提交夜间施工申请。按当地法规《预防和控制噪音法令》，对施工噪声要求很高，且临近工地还有对环保要求较高的生态保护区，申请夜间施工的桩基础工程都是大型设备，噪声较大，申请提交后经过多次修改预防和控制方案后，才获得有限条件批准。由于部分工序还是受限制不能夜间施工，并不能充分发挥夜间施工的效率。

从上述分析看出，当地强制规范对项目具有复杂的、全过程的影响，设计单位和施工单位都应在前期梳理适用的当地规范，并明确哪个规范是和设计、施工及竣工验收有关的强制条款，对此类当地规范，要全面满足。防范此类风险的有效办法是聘请当地顾问，对设计、施工和报价提供专业咨询，出具符合当地规定的审核报告，承包商据此采取相应的应对策略。另外，和熟悉当地规范和施工的专业分包商合作也是比较有效的解决办法。

2.2 规范的优先顺序

本项目由澳门投资和管理，项目地点位于澳门及内地，合约规定设计应以澳门地区规范优先，如果没有则参考国际或相邻地区的相关规范或指引。当地没有的标准，主要参考：《香港铁路设计标准》、国标《地铁设计规范》、国标《地下铁道工程施工标准》、欧洲标准 EN 81 和 EN115、国标《电梯制作与安装安全规程》、美标《NFPA130 标准》和国标《地铁设计防火标准》等。

不同国别规范体系存在差异，规范存在重合的、相互矛盾或不一致的规定时，容易导致合同条款的争议。由于项目涉及专业复杂，难于在合同中完全明确所有规范的优先顺序，出现矛盾时，惯用的做法是最佳原则（The Best Practice/Standard）解释，简单来说就是哪个规范要求更高就按哪个执行。这对保护业主是有利的，但是承包商在合同价格不可调、固定总价合同模式下，面临成本增加风险。

该项目地下钢筋混凝土结构设计有一项重要设计计算指标"最大裂缝宽度验算"，合同中执行国标《混凝土结构设计规范》、澳门地区《混凝土及预应力混凝土结构规章》和《港铁新建设计标准》这三个规范对此都有相关规定，相互并不统一。依据合约总的原则，应以澳门地区规范为主，未有明确要求的参考其他规范。对于最大裂缝宽度验算，澳门地区规范只规定了裂缝宽度不超过 0.2mm 为原则，最小保护层不小于 40mm，由于本项目地下连续墙为永久结构物，结构埋地最深超过 40m 且和土壤直接接触，设计建议保护层采用 75mm。若按澳门地区规范，保护层厚度按 75mm 计算，导致混凝土墙体厚度增加超过 12%，钢筋用量增加 60%。参照《港铁新建设计标准》则规定裂缝宽度验算以 40mm 或标称保护层厚度取小值计算，国标《混凝土结构设计规范》的计算式中保护层的实际厚度超过 30mm 时，可将保护层厚度计算值取为 30mm。由于地下混凝土结构所处环境差别很大，单一执行其中某个标准，都不能较好地满足设计要求。经过多次沟通并综合采纳项目各方专业工程师意见，最终确定在不同的使用环境分别采用不同的规范。

从以上分析看出，同一项设计参数，如果合同中有不同的适用规范可参照，当难以比较哪个要求高哪个低时，最容易产生合同分歧。而设计参数的变化，经常伴随着施工难度和成本的变化，而类似的混用规范带来的合同分歧在项目前期难以识别，需要熟悉不同规范的专业知识。从本案例也得知，各种规范的优先顺序不是绝对的，在相互矛盾或因特殊情况不适用时，这个顺序可能有不同的解释。如果在项目执行过程中因此和业主发生争议，承包商索赔的难度较大。

2.3 多国规范混用的复杂性

在混用规范的项目上，因为一些专业或系统的特殊性，需要执行种类繁多的规范，尤其是国外的规范。本项目的车辆和行车系统采用日本生产的某车辆走行轨道系统，由走行基座、导向轨、供电轨组成。车辆采用双侧导向方式，在线路的一侧布置导向轨，另一侧布置导向轨与供电轨组合结构件。走行基座为钢筋混凝土结构物，导向轨为 H 型钢，供电轨用于向车辆提供动力电源，由车辆和行车系统承包商负责安装调试。该系统由 19 个子系统组成，车辆和行车系统设计主要执行 NFPA、ASCE、UIC、ISO、IEC、EN、IEEE、DIN 等，设计适用规范文件列出 416 个国际标准，12 个项目所在地规范以及 4 个国标。其中，最复杂的是电力系统共列出 174 个规范，其次是车辆设备 55 个，可见对承包商熟悉国外规范的要求很高。这种多国规范混用的复杂性，在设计阶段就给承包商带来很大的技术难度，本项目采取了以下对策：

（1）把这部分系统的设计和施工交给专业的公司实施，总承包商只需负责土建和一般机电工程部分。土建和机电施工完成到一定条件后，将工作面移交系统承包商进行安装和调试。

（2）把这个复杂的系统划分为 19 个子系统，不同的系统由不同的专业工程师负责，把复杂的问题分解成相对单一的专业问题。

（3）各子系统设计完成后，编制一套接口文件，这个文件把需要和系统外其他专业配合的工作详细进行划分，形成各子系统的工作责任矩阵表。在这个文件里不只是明确了设计范围的划分，还包括施工、采购、进场条件、进度计划、调试和验收等。通过这个接口文件，项目实施全过程的各项工作界面变得简单和清晰。

跨境项目特有条件和风险的案例分析

蓝庆川

1 项目概述

某轨道交通项目起点位于珠海市，跨越内地和澳门，终点到达澳门境内，全长约2.2km，主要工作包括车站、海底隧道和高架桥等。该项目由澳门特别行政区政府负责全部工程内容的实施，建成后整体由澳门特区政府管理，是一个典型的跨境工程承包项目。

以下介绍该项目跨越两地边境具有的特殊性，并探讨项目在实施过程中因跨境面临的实际问题、承包商风险和应对策略。

2 案例分析

2.1 项目的管理模式

该项目业主聘请澳门当地项目管理公司、独立设计审查顾问、质量控制监察、监理和工料测量顾问对该项目进行监管，包括澳门侧和珠海侧的全部工程范围。所以项目监管模式上，等同于一般的澳门境内项目，但是因为部分工程所在地在珠海，项目监管单位将管理团队分成澳门分部和珠海分部两个部门。项目监管单位都是澳门公司，仅向澳门业主负责，执行澳门的相关法规，虽然在内地实施项目，并不需在内地注册和获得资质，不受内地有关项目监察法律法规约束。

总承包商为澳门本地企业，是一家可实施珠海侧和澳门侧工程的跨国（跨境）工程公司。总承包商的项目管理机构也和业主一样，项目经理部下设置两个项目分部，分别实施跨境两侧的工程。

2.2 政府对项目的监管

本项目是依据国务院有关批示，由澳门特区政府规划、修建和管理这个跨越澳门和珠海两地的跨境项目。项目立项和规划都由澳门特区政府负责，在内地不需进行立项和审批。因实质上项目具体实施时，有一部分在内地管辖的土地及海域上，涉及内地主管部门对安全、环保的监管以及海域使用权的申请，并不能简单视为澳门当地项目。在珠海侧的工程，政府部门按照内地工程监管规定对该项目监管，主要涉及表1所列几个方面。

项目监管执行情况 表1

序号	事项	监管单位	本项目执行情况
1	项目立项	发改委	无须立项
2	施工许可	建设局	无须办理
3	消防设计审查	公安消防	竣工后由澳门管理，无须办理内地消防审批
4	土地出让	土地局	由澳门特区政府向中央申请，无须办理土地出让
5	质量监督	质监站	由澳门特区政府负责，质检站不参与监督
6	施工安全监督	安监办	由澳门特区政府负责，无须办理
7	竣工验收	建设局	内地主管部门不参与，仅报备即可
8	环境影响评价	生态环境局	须报内地主管部门审批
9	洪水影响	水利部	须报内地主管部门审批
10	航道通航条件	交通运输部	须报内地主管部门审批
11	海域使用	海事局	须报内地主管部门审批

2.3 材料供应的跨境问题

因为项目两侧施工所用的部分材料不适合跨境供应，如商品混凝土、钢筋、砂石料需在施工所在地采购。为便于实施，对于需要在当地采购的材料，设计分别采用了当地的标准，即珠海侧工程采用中国标准设计，澳门侧工程采用澳门标准。当然，不是全部材料都适用前述方式解决，比如电气工程、给水排水、消防等在竣工验收时须全部满足澳门的法定验收条件，这部分的设计标准则采用了澳门标准，材料从澳门侧采购后运输到珠海侧使用。

2.4 市政设施接入以及消防救援问题

该项目的车站相距约 2km，若从澳门侧向珠海侧车站供水，管线长、成本高。比较经济的方式是从内地向珠海车站供水，但是两地跨境供水存在水质标准不同、行政许可、禁止两地管网直接连通、后期管理和支付等诸多问题要解决。另外，因受到外部条件限制，位于内地的车站没有条件将排水接到澳门的管网，需就近将排水系统接到内地的管网。

本项目由澳门特区政府管辖，但是其地下隧道和地下车站的消防紧急出口必须就近设置于内地管辖的区域，而这些出地面的紧急出口是个封闭区域，只有出口处用地规划由澳门特区政府管理，澳门的消防局并没有通道可直接从澳门到达此处进行消防救援。项目交付澳门特区政府管理后，需要协调跨境两地的权限部门确定消防联动和管理责任。

2.5 劳工管理

因劳工主管部门不能跨境执法，本项目雇员要分别接受所在地政府监管，在澳门侧施工要符合澳门劳工局的各项规定，内地侧施工要遵守内地劳动局的监管规定。因项目部分雇员需兼任两侧的工作岗位，须办理两地的工作证。与此相关的劳工配额、劳工合同、薪酬支付、劳工保险和福利等，都要按两地不同的规定执行。因部分人员需频繁跨境工作，在一定程度上耗费时间和精力，为了减少跨境通关的影响，跨境两侧配备了相对独立的劳动力资源，不能统筹灵活调动，影响了劳动力资源的效率，也增加了项目的管理成本。

2.6 跨境施工的边防监管

本项目大部分工作没有跨越边境，只需分别由内地和澳门两侧的项目分部按境内工程施工即可。但有一条地下盾构隧道，始发井在内地境内，接收井在澳门境内，施工任务由珠海侧项目分部负责实施，从珠海开始开挖掘进，在海底跨越了两地边境线，直到澳门接收井。因跨越边境的边防监管要求复杂，两地执法部门必须对进入隧道的通道出入口进行严格的监管，涉及澳门海关、澳门警察局、内地边防和内地海关等执法部门同时监管，项目部经过多方协调，探索出解决跨境施工的监管难题的跨境施工安保方案。首先封闭澳门出口，施工设备、人员和材料都只能从内地始发井进出隧道，当隧道贯通后，需要从澳门出口调出盾构机等设备，此时人员从口岸通关进入澳门出口外侧将设备从井内吊出到接收井外。因为设备必须跨越在接收井四周临时设置的"边境"围栏，在吊出前还需向两地执法部门申请，在执法部门监控下，将设备吊出临时"进口"到澳门境内，再报关"出口"到内地。

2.7 工程款跨境支付和税费

本项目按照澳门项目管理，在内地跨境施工的工程也视为澳门本地实施，业主在澳门支付总承包商的工程款（澳门币结算）。内地侧的工程大部分由内地分包商实施，相当于内地分包商承揽了境外国际工程项目，工程款按境外外汇收入处理。

部分工程所用的材料和设备，如钢筋、水泥、商品混凝土、砂石料等可在内地采购直接用于内地施工部分，也不需报关出口到澳门，因此无法申请内地的出口退税，在编制主要材料来源计划时要按此计算相关成本。

3 对承包商的建议

跨境工程是国际工程的一种特殊形式，所以承包商在投标和实施中既要按国际工程进行管理，又要在投标阶段对项目跨境实施的各种特殊性进行全面调查，在项目管理策略里考虑这些条件对项目管理模式、劳动力资源、施工组织、工程进度和成本等方面产生的影响。

（1）项目部组织构架要适应业主的管理模式。采用两地分别设置项目分部会增加项目的管理成本，还需要有统一的管理和决策，不是两个完全独立的项目部，好处是可以提高对跨境施工部分的执行力，避免在某一侧境外工作出现问题不能及时处理或对施工质量和安全管理失控。从投标报价阶段就要有项目总体组织策划，确定管理模式，并按此条件进一步明确各项工作的实施方法。如果前期对此判断不准或策划模棱两可，可能会导致实施时产生管理混乱，影响项目的顺利实施。

（2）人力资源可采取在项目所在地招聘、国内招聘派遣或从第三国（地区）招聘的方式，除了要考虑人力成本外，还要考虑项目工作人员可否跨境工作、日常出入境如何组织等。如果项目雇员要跨境工作，需要注意劳动合同、签证办理、劳工配额、薪酬支付、劳工保险和福利等符合工作所在地规定。

（3）因设计标准在跨境两侧存在一定的差别，要区分可当地采购的材料和进口材料两种，计算成本时不需要考虑当地采购材料的进出口费用，采购周期也相对较短。对于必须跨境从另一侧购买或从第三国购买的，则要考虑相关的费用。从本案例分析看出，商品混凝土、钢筋、砂石料等适合在施工所在地境内采购，机电设备则根据项目的设计标准具体分析。跨境进口材料要考虑支付关税、使用外汇和出口退税等财务方面影响。

（4）如果跨境项目存在跨越边防管制区工作的情况，需要考虑进出管制区的方案并提前和有关执法部门协商，了解有关规定和条件，项目施工组织要和进出边境管制区方案匹配。

综上所述，跨境项目因所在地不同，其特殊性条件也不同，产生的合同风险也不同，承包商应针对每个项目做针对性的调研，在项目策划、合同、工期、造价等方面做全面的分析并采取适当的应对措施。

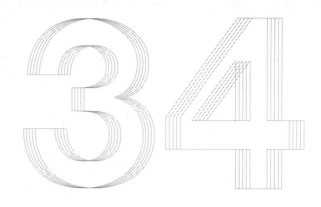

暂定金占合同额比例过大的合同影响案例分析

蓝庆川

1 前言

在工程项目招标中，业主可以在合同总额中指定暂定金额，用于招标阶段尚未确定或不可预见的工作。项目实施过程中，承包商没有权利决定使用暂定金，使用暂定金的决定权完全在于业主，承包商有权按合同约定获得相应的管理费和利润。

暂定金有两个重要特点：一是暂定金须经过业主批准后才能使用；二是业主可以使用部分或全部暂定金，也可以不使用暂定金。按国际工程惯例，暂定金一般为合同总额的3%～5%，对合同总价影响不大。由于暂定金在合同中的上述两个特点，如果暂定金在合同中所占的比重比较大，会在合同实施过程中对承包商和业主双方的责任和权利影响很大。本文以尼日利亚某项目为例，分析暂定金额占合同比例过大对业主和承包商双方履行合同的影响。

2 项目概述

尼日利亚某项目主要工作内容为新建一栋综合办公楼，建筑面积约 1.7 万 m²，总造价约 2500 万美元，采用固定单价合同。业主在招标时提供工程量清单、技术规范和施工图。由于业主在招标阶段未能确定中央空调、电梯和扶梯、外墙装修等具体设计要求，对这些工作采用暂定金（Provisional Sum）的形式包含在合同总价中。合同中这几项暂定金的累计金额约 723 万美元，占合同总额的比例高达 29%。合同规定业主有权指定分包商实施暂定金项目，并支付承包商相应的配合费及利润，如果业主指定分包商实施暂定金项目，业主应支付总承包商管理配合费和利润，在项目实施过程中由业主和承包商商议管理费和利润，无固定费率。

项目实施过程中，暂定金使用情况统计如表 1 所示。

暂定金使用情况（单位：万美元）   表 1

暂定金项目	暂定金额	实际使用金额	合同额调整金额	合同总额调整比例	使用方式
中央空调	280	233	−47	−1.9%	业主指定分包
电梯和扶梯	106	80	−26	−1.1%	业主指定分包
外墙装修	219	160	−59	−2.3%	总承包商实施
不可预见费	118	0	−118	−4.8%	未使用
合计	723	473	−250	−10.1%	

3 对承包商的影响

（1）合同中业主设定的暂定金额占了合同总额的 29%，因为暂定金占合同总额比例过大，承包商在投标报价时只能把项目管理费和利润摊销到其他清单项，导致其他项目综合单价偏高。在投标阶段，对土方工程、钢筋混凝土工程和普通装修工程等常规工作，业主较容易和市场单价做对比，承包商难以解释综合单价过高的原因，使承包商处于被动局面。

（2）该项目是固定单价合同形式，在项目实施过程中，对实际工程量增加的项目，因单价偏高，对承包商有利；反之，如果实际工程减少，对业主有利。投标阶段应分析主要工作的实际数量和工程量清单预估工程量的偏差，注意综合单价偏高的项目，避免实际工程量减少对承包商的不利影响，这个策略和一般的不平衡报价效果类似，但是对于暂定金比例很大的项目影响尤为明显。

（3）确定暂定金的使用需业主和承包商在项目实施中进行，每次使用暂定金都要经过一系列的审批流程，包括提交技术设计、审核技术方案、提交估价、审核估价和签发业主指令等。整个过程中需要经过承包商、监理、设计、业主等项目参与方协商，需要花费大量的时间，在获得业主批准前，使用暂定金实施的工作往往处于等待状态，对项目的正常工作安排产生干扰。本项目实施过程中，业主分别对空调和电梯这两项暂定金项目进行了分包招标，每次招标都耗费了超过 6 个月的时间，对项目施工进度的影响很大。

（4）通常情况下，承包商自行实施的利润高于业主指定分包，然而业主指定分包越多，施工协调难度越大，两者成反比关系。本项目中，业主指定空调和电梯两个分包商，承包商获得的管理费和利润约 5%，利润率远低于正常预算，而承包商需要配合分包商的工作包括设计和施工界面协调、现场仓库、装卸吊运、工作平台、施工水电和其他现场配合设施等，配合协调工作繁多，持续时间长，因此，对这两项指定分包的暂定金项目，不能给承包商带来预期收益。

4 对业主的影响

（1）在合同中约定业主有权通过招标指定分包商来实施暂定金项目。该合同条款可保护业主利益，防止承包商在项目实施阶段对暂定金项目报价过高或索赔。本项目业主在实施过程中通过分包招标确定中央空调系统、电梯工程和外墙装修这几项暂定金项目的分包商，指定分包金额合计约 590 万美元，业主节省暂定金约 132 万美元，占项目合同总额的 5.3%。

（2）业主是使用暂定金的决定人，所以要承担暂定金预估不足对项目的责任。若暂定金比例高，发生这种情况时，有可能导致业主总资金预算不足，需要追加项目资金。资金短缺往往会影响项目整体进度，甚至影响项目交付。因此，有经验的承包商在投标阶段应对影响较大的暂定金项目进行必要的评估，若存在明显偏差，应建议业主复核，减少项目实施阶段对承包商和业主的不利风险。

5 建议和思考

综上所述，虽然在合同中设定一定的暂定金，可以解决招标阶段一些项目尚不确定的费用问题，但是合同中暂定金的比例太高对业主和承包商履行合同都产生较多影响。投标阶段，承包商要从项目总体利益出发，评估其对成本和工期的影响，给业主提出合理建议。

如果无法避免在合同中包含高比例的暂定金，承包商在项目实施前期可对暂定金的使用和实施编制总体计划，尽早和业主确定合同中的暂定金使用，减少因暂定金审批流程、暂定金工作量对项目的不利影响。

价值工程失误导致工程质量缺陷案例分析

卢亚琴

1 价值工程的原理

在工程项目建设过程中，价值工程（Value Engineering）是通过修改技术设计或施工工艺而避免不必要增加建设经济或时间成本的活动。完成价值工程需工程相关四方配合工作，即承包商、业主、设计咨询、专业分包或其他相关方，并需明确成本和成果、具体执行方、技术咨询方和事项通报相关方等输出成果。否则，实施价值工程可能达不到预期的效果甚至归于失败。

价值工程研究过程中容易出现的问题，即可能导致价值工程设计失败的因素，包括：1）设计研究时间不够；2）设计方案深度不够，技术设计和价值计算无法准确匹配；3）价值工程设计开始太晚，比如晚到与之相关的分部工程已建成；4）未考虑相关价值工程与其他界面专业的相互影响，以及参与项目生命周期内运维、资产管理方意见；5）在价值工程研讨过程中，因参与人变更频繁而回到以往已确定的不合理方案中，造成时间浪费。

2 金属屋面价值工程的技术和经济分析

在中东某国，一大型商场的金属屋面 6.2 万 m^2，原设计为铝合金蜂窝板（Aluminum Honey Comb，厚度 15mm），综合成本单价为 110 美元 /m^2，承包商合同报价为 90 美元 /m^2。业主为避免承包商因成本超出预算并选定分包商无限期延误工期，启动风险避免工作机制，即同意承包商寻找替代方案并缩减成本。经过价值工程研讨、分析、论证并经政府消防部门审批后，选定替代方案为立接缝金属屋面（Standing Seam Metal Roof，厚度 15mm），综合成本单价为 82 美元 /m^2。总成本节约 637 万美元。

3 金属屋面实施价值工程后产生的质量缺陷

在上述价值工程方案和价格确定过程中，钢结构在同步施工中，立接缝金属屋面虽然在当地机场、大型仓储设施有规模化项目成功案例，但建成后的金属屋面在当年三次大暴雨中屡次漏水，漏水点最多时高达 150 处，为商城部分运营区带来较大经济损失，商户索赔累计 130 万美元，修复费用累计 370 万美元，仅屋面修复增加工期 5 个月。

造成漏水的主要原因为：1）因钢结构已设计完成并同步施工中，立接缝金属屋面的坡度必须按照铝合金蜂窝板的坡度即 1% 设计，在建成当年的三次暴雨中屋面排水槽及雨水漏斗未能顺畅排水，导致雨水在屋面淤积后通过屋面内排水槽与金属屋面板接缝、金属屋面与混凝土屋面接缝处大量漏水；2）当年三次暴雨雨量为 60mm/h，超出暴雨量设计指标 30mm/h，因屋面排水系统按照设计指标设计并施工，排水系统的天生缺陷加剧了漏水发生的可能性；3）排水管设计时有部分排水管管径低于暴雨量设计指标 30mm/h。

4 承包商与业主方设计监理的责任划属

金属屋面漏水事件作为重大质量缺陷，其整改措施包括：1）在排水槽内增加雨水漏斗、垂直排水管、水平排水管；2）排水槽本身及排水槽与金属屋面板接缝处全面铺贴防水材料，保证整个屋面的水密性和气密性。

虽然说当地三次超标准降雨强度是造成金属屋面漏水的直接原因，这种极端天气的作用属于不可抗力的范畴；但是通过事件本身和消缺措施，也可以了解承包商及设计监理在此次重大质量缺陷中均有责任。承包商责任是，未能在立接缝金属屋面的细部设计上执行规范规定的水密性和气密性要求，未能保证排水管管径100%符合暴雨量设计指标要求和无任何设计余量。设计监理的责任是，在设计方案审批时未能在钢结构、金属屋面、排水系统三个专业中发现个体设计缺陷和专业整合缺陷。

5 价值工程建议

金属屋面实施价值工程后的缺陷，可以通过以下途径避免：1）与钢结构专业提前对接，设计屋面钢梁的倾斜度，为金属屋面龙骨和屋面板提供足够坡度，在极端暴雨情况下通过坡度自然排水，控制屋面漏水风险；2）与机电专业提前对接，考虑气候变化引起的非经常年降雨量，增加屋面雨水漏斗数量、增大排水管径、增加排水井个数，保证非常规暴雨来袭时屋面排水顺畅，控制屋面漏水的风险；3）严格按照金属屋面原规范的水密性和气密性要求，在价值工程技术路线上采用水密和气密措施，杜绝发生屋面漏水现象。

国际工程质量事故内外处理方式差异分析

蓝庆川

1 案例介绍

2016年，我国某央企承建一个尼日利亚某综合办公楼项目，业主为当地投资公司，聘请英国一家知名咨询公司为监理（PM）全面负责对项目的执行监督。该项目采用国际工程的管理模式，所有工作施工前都先经监理审批施工方案、施工材料和施工计划，监理全程监督施工过程中的质量、进度和安全。

2017年，在施工上部主体结构钢筋混凝土结构时，发生一起施工质量事故，部分钢筋混凝土梁柱的混凝土抗压强度达不到设计强度标准。发生该质量事故后，承包商项目部启动了事故处理程序，企业内部执行的是国内施工管理模式，对外执行监理公司要求的国际工程管理程序。两种方式的处理过程如下：

1.1 按国内工程管理模式处理

现场试验检测人员首先发现质量异常，并在发现问题后第一时间向项目技术负责人和项目经理报告。项目部按公司的管理规定，书面向上级汇报事故初步情况，并采取了暂停相关混凝土施工的临时措施，防止在原因查明之前事故影响进一步扩大。同时，项目部组织技术部展开事故原因分析，初步查明事故发生的过程和原因，现场对施工的全部工序进行排查，形成书面报告，进一步向上级报告自查情况。

承包商总部主管部门在收到相关报告后，组织了事故调查工作小组赴项目部，进一步系统地调查和分析事故的原因、责任和经济损失，并形成了工程质量事故调查报告。对事故相关责任人进行了处罚，并制定了下一步纠正方案。

1.2 按国际工程管理方式处理

事故发生后，项目部向监理公司书面报告事故发生的情况，监理公司随即组织承包商的技术人员开展现场调查，首先是界定已发生质量事故影响的范围，防止质量事故的影响扩大和引起安全问题。接着，监理公司要求承包商提交相关检测试验资料，重新审核混凝土配合比，检查混凝土搅拌设备和计量设备标定。此外，监理还指示承包商聘请第三方独立检测单位对相关原材料、混凝土试块、现场样品等进行复检，监理公司审核复检报告后转交该项目设计单位进行验算。经过设计单位验算，确定了补强方案。最后，监理公司针对调查中发现的问题，指示承包商完善相关施工管理流程，进一步加强施工过程监督，并适当加大了容易出现问题的工序的抽检频率。

2 案例分析

（1）本项目因为执行双重管理模式，对质量事故处理采用了国内及国外的两种不同处理方式，具有互补增强作用。国内工程处理的重点放在调查原因、减少损失以及对责任判定和处罚上，分析此次质量事故的主要原因是施工现场管理不到位，不按施工方案要求施工，施工过程没有实行有效的质量检查，不重视原材料的检验工作，使得混凝土搅拌质量不稳定。从现场管理和监督上进行加强，也对后续工作起到警示作用，但是在技术分析上不够深入，没有深挖技术原因。而国际监理公司的处理重点在于对事故原因和影响进行定量分析，从原材料检查、施工设备技术性能、混凝土搅拌和浇筑工艺、混凝土试块检验等整个施工流程进行调查，并据此确定下一步工作的整改措施和监督重点，从技术和管理流程上提高混凝土施工质量的稳定性，防止事故再次发生。同一个事故，不同的处理方式对项目的影响截然不同。国内处理方式对本次事故影响显著，针对性强，有良好的警示作用；国际监理公司处理方式，因为有详细的定性分析，使得后期采取的措施更具体和符合现场条件，修缮后的管理流程不但适用于该次事故，还可用于提高应对同类问题的管理能力。

（2）两种质量事故处理方式，对项目成本影响也不同。两种处理方式都增加了管理的成本，但是国内处理方式的重点是解决管理问题，从管理制度上加强对质量的管控，虽然也对技术措施进行改善，但是涉及的范围相对较小。按国际工程管理方式，处理流程上的改进，主要是投入在事故的技术调查上，持续时间长，花费较大，根据调查结果需要改进技术措施，增加设备投入成本，而且还对相似情况采取加强管控措施，所以增加的管理成本要比国内处理方式更大。

（3）两种方式的差异还体现在处理事故的时效上不同。国内方式效率高，调查事故原因时间较短，能较快恢复正常施工，对整体进度影响相对较小。国外管理方式中整个处理流程较长，从调查发生质量事故时的各种施工记录，到已施工部位的质量排查，整个处理过程都有方案，全程有监理见证监督，要委托第三方独立检测单位复检，以便得到公认的试验结果。所以按国外管理方式处理质量事故，耗费时间长。由于质量事故影响范围和严重程度不同，可以在处理过程中，和监理协商，在确保有可靠控制措施的前提下有条件地恢复部分施工。

（4）对国际工程管理的质量事故处理，承包商要有充分认识，并做好积极应对措施，不要以为可以敷衍了事。此外，从上述分析看出，无论采用何种方式，都在时间和成本上对项目产生一定影响，应该加强事前预防，在管理流程、施工方案、材料检测上严格加以控制，并制定切实有效的质量检测和验收方法。对于项目上重点环节和重点部位，应当加大检查频率，发现问题及时督促整改，预防小事故，遏制大事故。

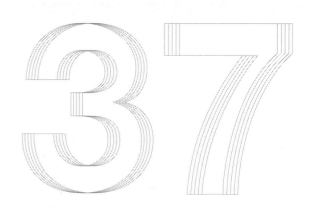

国际工程项目成本管控及其案例分析

王道好

　　承包商从事工程承包经营的最终目的，是在满足业主在工程的功能、质量、进度、服务和造价等方面的条件下，获取最大的经济效益。而在项目合同签订之后，对工程实施过程中的成本进行及时有效的控制管理，使之在总体上降到最低程度，就成为实现上述目的的有效途径之一。同时，它还为实施中的资金筹措与管理，如实反映工程的财务状况，竣工后客观评价该项目的经营成果，以及今后的项目编投标工作等提供了可靠的参考依据。

　　但是，一些国际工程企业在实施项目时，往往是重进度和施工技术，轻管理和成本控制，工程财务多半实行记账式管理，未能将工程成本信息及时准确地反馈给项目经营决策者，容易造成工程成本失控。有的工程完工后也不进行成本分析总结，亏损不知亏在何处，赚钱也不知赚在哪里，自始至终是一笔糊涂账。有些项目经营管理者虽然注重实施中的成本，处处想着省钱，但未能有意识地制定系统合理的控制依据，控制过程缺乏科学性、持续性，控制结果也无法进行科学准确的评价。因此，其行为在某种程度上带有盲目性。

　　成本管控是实现项目经济目标的重要手段，项目经营管理者应高度重视，要在组织上安排专业的部门或岗位来担当，并投入一定的物质、技术和管理资源，也需要项目其他各部门人员的紧密配合和协助支持，通过共同努力确保项目经济目标的实现。

项目成本管控要坚持系统化思维，即把成本管控本身视为一个系统工程，一个纳入整个工程管理大系统的子系统。由于受工程性质与规模、合同价格与支付条件、施工环境及成本控制的技术手段等方面的影响，牵涉到工程款结算、财务、工程计划与统计、现场施工工艺组织、设备材料以及人事后勤管理等诸多方面，工程项目的成本控制管理，要视具体情况采取不同的措施方法，可遵循的基本原则是 PDCA 循环。

现代项目管理强调计划的领先指导作用。因此，成本管控应首先对合同总价中的各个价号进行分析，明确其价格性质和构成，如有的是单位工程量价格，有的是单项包干价格；有的价号中含有其工作以外的价格构成，如不同程度地摊销间接费、计划利润、风险准备金或标书中的漏项工程；有的则只是该项实施工作的成本构成。另外，采用不平衡报价投标的项目，其价格构成也会受到影响。通过价格构成分析，可以真实地还原各自价号做标时采用的真正成本部分。在此基础上，如有必要，可结合对项目实施的实际情况的进一步了解和分析，并参照公司总部下达的或项目部制定的经营成本目标，对之进行适当的修改调整，形成各单项工程或工作的成本计划。汇总各单项成本计划就构成了整个项目的成本控制计划，而合同总价与总成本计划的差值就构成整个项目盈利的控制目标。

成本管控计划编制完成后，要作为项目管理计划的一部分，下发项目所属相关部门或岗位遵照执行。在执行过程中，可根据单项工程的性质，合理地选择控制方法，如总量、比例、实时动态控制等，进行过程控制，并将成本的阶段性结果与相应的计划进行对比分析。

对于一次性完成的工作（如货物运输、单项金属结构设备吊装、保函保险等）和分包出去的单项工程，在工程实施或分包合同谈判中可采取总量控制方法，使之不超过其计划成本。例如，某项目有一项单项工程，其计划成本为 52500 美元，项目部在分包合同谈判中，以 48500 美元的固定总价，将此单项工程分包给了当地一家分包商完成，使该单项工程的实际成本在总量上没有突破原计划成本。

有些费用支出基本伴随工程的始终，比如现场办公费用、水电供应、劳保、业主现场服务费等，则宜事先设定一定的比例，在实际使用中，保证其费用支出大致随工程进度或总成本支出控制在此比例以内。例如，某项目的现场办公、通信、水电及污水处理等费用，计划成本为总成本的 3%。项目初期，设施购置和建设支出为 1%，在工程实施中按工程进展，将其费用控制在总成本的 1.75% 以内，加上一些零星的不可预见开销，总支出没有超过总成本的 3%，实现了单项成本控制目标。

对于那些工程量大、施工期长、施工工艺反复循环或连续性的单项工程，其成本对项目总成本影响又较大，如土石方工程、混凝土工程、基础处理工程等，则应采取实时动态控制。在制定专项施工组织和工艺方案时，要根据单项成本目标，确定该单项工程的单位工程量计划成本，以此换算出每个工作日（或每月）应完成的工程量，作为生产计划指标指导工程实施，并在施工中对实际发生的成本进行测算，再将其与计划成本进行对比。如果低于计划，工程继续照常施工；如果高于计划，则应分析原因，采取相应措施，或修改计划成本目标，或改变施工工艺，或加强施工管理等。如此反复，直至该单项工程结束。以某项目中的隧洞开挖为例，直接费成本计划目标为 53.05 美元 /m^3。隧洞设计开挖成洞面积为 11.77m^2，主要施工设备均采取租赁（租赁费中已含油料、司机、修理等费用），初步估算每台班（六小时）约为 2500 美元。为保证隧洞开挖的实际成本不超过计划，则其台班进尺至少为 Q=2500/（11.7×53.05）=4（m）。考虑到施工不均衡性和超挖的影响，台班进尺还应适当提高。比如，可以 4.5 m 作为最低台班进尺进行生产控制。每月底再对实际成本和实际完成的产量进行核算比较，看是否满足成本控制的要求，并采取相应的纠正措施。

需要指出的是，由于工程施工往往是多项多工种同时交叉进行，过程中的人员设备流动和材料用途难以准确界定，成本摊销核算就变得十分复杂。因此，实时动态控制的循环不宜过分频繁，可视具体情况按月或季度，或分阶段（如每完成该项工程总工程量的几分之一）进行核算控制。当然，如果有条件采用专用的项目管理软件辅助进行成本管理，只要及时更新项目的各项实际投入和产出数据，就可以随时掌握项目的最新成本状况，真正实现实时动态管理，既节省了人力又提高了管理效率。

成本控制的方法还有多种，如局部的比例与总量控制相结合，即虽然各个时段内的实际成本比例一定程度地偏离了计划数，但最终成本仍在其总计划额度之内，或者采取比例与实时控制相结合，两项或多项关联项合并控制等方法。亦可将工程总成本划分为材料、设备、人工等直接费和间接管理费几大块，分别进行总体综合核算控制。

每个单项工程结束后，应对其最终的实际成本进行核算，分析总结盈亏的原因。表 1、表 2 分别为某金属结构设计、供货和安装总承包项目中的两个单项工程的最终成本，其成本计划目标均直接采用了投标报价中的数值。

承包商临建房屋最终单项成本分析   表 1

序号	项目	单位	工程量	单价（美元）	合计（美元）	备注
1	标价中的直接费	m²	200	100.00	20000.00	
2	实际临建成本	m²	212	39.68	8413.16	综合价
2.1	砖木结构	m²	72	77.98	5614.56	移交业主
	其中：材料费	m²	72	70.63	5085.36	
	人工费	m²	72	7.35	529.20	
2.2	临时工棚	m²	140	19.99	2798.60	
	其中：材料费	m²	140	17.63	2468.20	
	人工费	m²	140	2.36	330.40	
3	临建节约成本 1-2				11586.84	57.93%

从表 1 可以看出，尽管承包商的临建总面积比计划增加了 6%，其实际成本仍比计划目标有大幅度降低，仅占 57.93%，其原因有两条：一是三分之二的建筑面积降低了质量标准，这些房屋用作承包商的工具房、车库、修理间等，合同中对其质量没有要求，工程竣工后应予拆除，故由原计划中的砖木结构改为临时工棚。而承包商的居住用房竣工后将移交业主，仍按原标准建造。二是即使按原标准施工的房屋，其实际成本仍比计划降低 22%。

金属结构采购和运输最终单项成本分析   表 2

序号	项目	单位	工程量	单价（美元）	合计（美元）	备注
A	B	C	D	E	F	G
1	投标成本价	t/ m³	189.87/746.67	2509.86/638.23	476547.79	
1.1	金结加工及包装费	t/ m³	189.87/746.67	1646.76/418.75	312670.11	
1.2	运输及清关杂费	t/ m³	189.87/746.67	863.10/219.48	163877.68	
2	实际成本支出	t/ m³	159.45/851.13	2274.76/426.15	362709.83	
2.1	加工及包装费	t/ m³	159.45/851.13	1623.19/304.09	258817.77	
2.2	运输费	t/ m³	159.45/851.13	889.76/166.69	141875.16	
2.3	出口退税				-22771.08	
2.4	运输保险索赔				-15212.02	
3	节约成本（1F-2F）				113837.96	23.89%

表 2 中的工程量，以吨计实际比计划减少 16%，以方量计则比计划增加 14%，但实际成本单价均低于投标价中的成本值，且投标价中没有计入出口退税的收益（投标时隐含的利润），实施中又发生了未预料到的保险索赔收益。综合这些因素，该单项工程的实际成本比计划成本减少 23.89%。

在对各单项工程的成本实行过程控制的基础上，可累加得出整个工程在实施过程中的总成本支出，列成图表随工程进展逐渐递增，并与结算计划和实际结算进行对比，直至工程结束，以反映出整个项目实施过程中的总体财务状况，并随时可以对之进行分析评价。

现以图 1 为例加以说明。其中，曲线 1 为投标时所做的工程款结算计划，曲线 2 为实际工程款结算情况，曲线 3 为实际成本支出累计。从表中可以看出：1）由于受施工进度拖延的影响，实际工程款结算远远落后于投标计划；2）结算拖延主要发生在 1998 年 3 月~ 1999 年 3 月，这与工程进度拖延的实际情况是一致的，形象地反映出进度与结算的同步关联性；3）在三年多的项目实施期内，除工程初期和 1999 年大部分时间（总共不到一年）外，在三分之二以上的时间内，工程收入大于成本支出，而在支出大于收入的时段，两者相差不大，说明阶段性流动资金短缺程度并不严重，因此该项目的总体财务状况良好；4）工程最终实际成本明显小于实际结算的合同总价，因此该项目取得了可观的经济效益；5）可以推测，如果不发生工期延误，其财务状况会更好，盈利会更大，说明了确保工期对改善项目财务状况和提高经济效益的重要性。

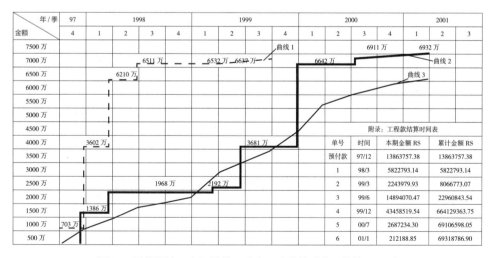

图 1 工程款预计、实际结算和成本开支曲线（货币单位：RS）

在成本控制过程中，可将各单项的成本按类别进行分解和汇总，如此循环累加，到工程结束时就形成了整个项目总成本的构成情况（表3），并与投标时所做的标价构成进行分析对比，对项目的总体经济性作出评价。

项目总成本构成表　　　　　　　　　　表3

序号	摘要	投标价合计（美元）	占总价（%）	实际费用（美元）	实际占总价（%）
1	直接费	775369.91	66.94	654328.30	55.41
1.1	施工机械费	32344.40	2.79		
1.2	永久设备费	18795.18	1.62		
1.3	材料费	329838.79	28.46	314554.13	26.64
1.4	运输费	139999.16	12.09	136583.50	11.57
1.5	人工费	153135.45	13.22	147559.69	12.50
1.6	临时建筑	55124.70	4.76	分别计入1.3和1.5项	
1.7	设计费	46332.23	4.0	37951.81	3.21
1.8	其他			17679.17	1.50
2	间接费	347491.24	30	230128.46	19.40
2.1	管理费	86872.94	7.5	102276.53	8.66
2.2	佣金	81081.41	7	38889.19	3.29
2.3	贷款利息	25251.07	2.18	0	0
2.4	税金	117336.38	10.13	73976.21	6.26
2.5	投标、风险等	36949.96	3.19	11861.79	1.00
2.6	杂项	0	0	3124.74	0.26
3	其他	35444.16	3.06	66377.38	5.62
3.1	保函手续费	5328.21	0.46	21746.38	1.84
3.2	保险费	30115.95	2.6	20270.27	1.72
3.3	有关手续费			1032.42	0.09

序号	摘要	投标价合计（美元）	占总价（%）	实际费用（美元）	实际占总价（%）
3.4	利息支出减收入			6670.65	0.56
3.5	汇兑损失减收益			16657.66	1.41
	以上三项合计	1158305.89	100	950834.14	80.52
4	标价变更				
4.1	降价	-5791.53	0.50		
4.2	追加报价	57237.67	4.94		
5	扣除出口退税	投标未计入	0	-22771.08	-1.93
6	利润	0	0	252748.86	21.41
	总计	1209751.93		1180811.93	100

现以表 4 为例来说明某项目的总成本构成情况。从中可以看出：1）该项目经营结果，利润率高达 21.41%，经济效益十分可观；2）在成本构成中，除个别小项支出外，几乎所有的单项均有不同程度的盈利；3）利润构成中，直接费和间接费均比标价低约 11%，表明投标报价和实施中的成本控制较为均衡；4）成本中一些单项所占比例与投标估算的比例接近，说明这些单项的标价取值比较切合实际，可直接供今后投标类似工程时参考；5）考虑到在实际的直接费成本计算中，将施工机械费、永久设备费、临建材料费及追加报价中的材料费一并计入了材料费中，故在直接费中，利润主要来自于材料费控制；6）在间接费中，利润主要来源于佣金和税收支付的结余。另外，由于该项目的总体财务状况好于预期，贷款利息一项也对间接费的利润有所贡献；7）一般管理费的控制有待加强，并应在今后投标中可适当加大对该项费用的比例。另外，工期延误可能是造成一般管理费超支的重要原因之一，在工程实施中一方面要加强工期管理，确保工程进度按期完成，另一方面要加强对工期延误的经济索赔；8）虽然保函手续费和保险费的投标计划与各自的实际支出有差别，但二者计划的合计与实际费用的合计基本持平。同样地，银行汇兑损失与实际贷款利息之和也控制在计划的贷款利息以内。这表明通过各单项间的成本互补，仍可使实际成本在总体上控制在计划之内。

虽然说成本控制是以成本计划为目标,确保各项实际成本不突破其计划目标值,但从利润最大化的角度来讲,即便成本已经控制在计划以内,在工程实践中如发现仍有降低成本的空间,也应尽力挖掘。换句话说,成本管控工作是永无止境的,没有最好只有更好。

国际工程非传统安全管理案例浅析

王道好

1 工程案例

最近两年多的国外项目工作经历，对小刘来说，或许是一段终生难忘的记忆。

六年前，小刘从名牌大学安全工程专业毕业，在北京一家知名央企工程集团顺利找到了工作。来公司报到并完成入职培训后不久，小刘就被派往集团旗下国际公司在非洲的公路项目上，并担任项目专职安全员工作。两年多的项目实践，小刘不仅积累了项目 HSE 管理的专业经验，而且外语水平明显提高。因为表现突出，项目结束回国后，他被国际公司的安环管理部直接留了下来。

2019 年初，国际公司在南太平洋岛国承接了一个五星级酒店总承包项目。得知这一消息后，不安于办公室按部就班工作的小刘，主动要求去项目上工作。当年夏天，小刘远渡重洋来到新项目工地，担任项目 HSE 经理。首次担任这样重要的工作，小刘既觉得新鲜又深感责任重大。经过全体员工近半年的共同努力，工程进展逐步走上正轨，小刘全面负责的项目 HSE 管理也受到上下一致的认可。

2020 年初，武汉爆发新冠疫情，引起全球关注。起初，小刘并未在意，只是对国内疫情和家人有些担心牵挂。不料短短 2 个月后，远在数千里之外的这个岛国，也出现了首例新冠病例。小刘开始感到紧张了，既为项目 HSE 管理面临的新挑战也为他自己被新冠感染的风险而担忧。而且，因为先前没有应对经验，心中又不免产生一丝慌乱和迷茫。

还是项目经理沉着冷静又富有经验，专门找他研判疫情商讨对策，要求他先就项目疫情防控起草一份专项管理方案，并表示会全力支持配合他的工作，这给了小刘莫大的鼓舞和信心。

但是，面对领导布置的工作任务，小刘却一时不知如何下手。于是，他开始上网收集疫情防控措施相关资料，通过视频请教公司总部的安环专家，并专门拜访了中国大使馆和当地的中国援助医疗队。两个星期后，一份完整的项目疫情防控管理计划书，摆在了项目经理的办公桌上。

随即项目疫情防控按计划启动实施，首先是成立以项目经理为组长、HSE经理为执行组长的项目疫情防控工作组，千方百计组织筹措各类防疫物资，对员工开展防疫知识宣传和心理疏导，并对项目工地和生活营地实行封闭管理等。然后，疫情防控转入常态化管理，包括每天上班前进场员工的工卡核查和体温检测，外来人员提前办理网上申请和现场核酸报告查验及进场材料车辆消毒，办公室和生活营地的定期消杀，个别外出人员的出场申请及返回时的消毒等等。2021年3月后，当地疫情形势渐趋恶化，项目部每周分别与业主工程师、分包商召开的进度例会也改为视频会议。当中国援助的新冠疫苗抵达该国时，项目部立即与大使馆和当地相关部门联系，让项目部全体员工及时接种了疫苗。随着当地疫情逐渐缓解，项目部适时调整了防控措施，但仍然坚持入场查验、工地和营地封闭管理、外来人员核酸检测等基本防控手段。

为减轻国际旅行带来的新冠感染风险以及时间和经济成本大幅度上升的压力，项目部根据公司总部的统一要求，调整了员工回国探亲休假的政策，原则上非必要不安排回国。小刘已到了谈婚论嫁的年龄，疫情前原本打算休年假时回国与女友商量婚事，但想到自己工作岗位在项目防疫中的关键作用，加上国际航班变化带来的旅途不便和票价巨幅上涨，小刘说服了国内的女友，主动向项目部提出了放弃休年假，答应等项目竣工后再回国。

受疫情全球蔓延的影响，项目先前根据合同要求在欧洲订购的部分机电设备和装修材料，供货商要么无限期延后供货时间，要么直接取消了订单。项目部经与业主工程师协商，紧急改为从中国进口。同时，项目部还就疫情给项目施工造成的工期拖延和额外经济损失，启动了与业主工程师的索赔谈判工作。

现在，项目已经进入后期施工。回想这两年多的工作经历，小刘不禁感慨万千，心中曾有过焦虑和困惑，有过误解和委屈，更有过努力和牺牲，但所幸经过他与大家的共同努力，项目进展并未因新冠疫情而受到严重影响。而在经历了工作中的风风雨雨之后，他也获得了成长和认可，变得更加成熟自信了，由衷感到以前所付出的一切都是值得的。这段特殊时刻下的国际项目工作生活经历，必定成为他人生中一笔宝贵的财富。

2 非传统安全浅析

上述案例所描述的新冠疫情防控管理，微观上应该是项目 HSE 管理的一部分，宏观上则属于非传统安全管理的范畴。

而所谓的非传统安全，是相对于传统安全而言的。传统安全，宏观上是指以军事安全为核心的、关乎一国主权和领土完整甚至生死存亡的安全，往往由边界或领土争端、意识形态对立等因素引起，其应对和解决往往诉诸政治、外交和军事手段。非传统安全则是非军事、政治和外交等新安全领域中的全球安全、国家安全和人的安全，是通过互信、互利、平等、协作而形成的不受任何形式的危险、威胁、侵害和误导的外在状态和形式及内在主体感受，包括经济安全、金融安全、生态环境安全、信息安全、资源安全、恐怖主义、武器扩散、疾病蔓延、跨国犯罪、走私贩毒、非法移民、海盗、洗钱、严重自然灾害、核安全等等。其中的疾病蔓延就包括了疟疾、鼠疫、艾滋、埃博拉及近年爆发的新冠病毒等传染疾病。

与传统安全相比，非传统安全有如下突出特征：1）涵盖范围广泛，即突破了传统安全的界限，延伸至经济、科技、金融、文化、社会、环境、资源等各个领域，无所不包，涵盖人类生活的方方面面。2）行为主体多样，除国家外，还有社会组织和团体、群体与个人等非国家行为体。3）指涉对象发生变化，即由国家过渡到人，不仅指个体的人，也指集体的人和整体的人，即全人类。4）具有跨国性和全球性，即在当今的全球化时代，由于人员、物资、商品、服务的高流动性和行业与行业、国与国之间日益紧密地相互依存，非传统安全问题的蝴蝶效应十分显著。5）具有突发性和不确定性，非传统安全中的很多事件特别是自然灾害、重特大传染病、恐怖袭击、金融危机等具有突发性特点，往往难以预测，突然而至，让人猝不及防。

非传统安全威胁之所以由原先潜在、局部的问题，演变成全球性的现实威胁，有其复杂深刻的历史背景和成因，主要包含以下四个方面：一是国际政治秩序长期的不公正，引发更多矛盾和危机。二是世界经济发展长期的不平衡，造成更多不安全因素。三是人类发展与自然环境长期失谐，导致更多环境安全问题。四是国家间联系的迅速发展与国际危机防范机制建设不相匹配，使各种非传统安全威胁难以得到及时遏制。

国际工程是经济全球化分工合作的重要组成部分，业务经营处在复杂多变的国际环境中，国际工程从业人员和物资时常发生国际流动，因此遭遇非传统安全威胁在所难免，特别是其中的恐怖袭击、疾病蔓延、信息安全、环境安全、经济和金融安全、非法移民、走私贩毒、洗钱、严重自然灾害等问题，更有可能与国际工程领域发生直接的关系，非传统安全威胁给国际工程相关方造成人员伤亡和财产损失的情况时有发生，有时甚至还十分严重。近年来一直在全球蔓延的新冠疫情，深刻影响了整个国际工程行业的方方面面，就是最好的佐证。另一方面，如果出现管理疏忽，个别国际工程项目或从业人员，也可能参与到非传统安全犯罪组织或活动中，给项目管理带来新的挑战。因此，在国际工程管理中切不可忽视非传统安全管理问题。

3 管控措施

在国际工程项目上，非传统安全管理与通常意义上的项目风险和 HSE 管理，既有区别又有联系。因此，在实际操作中，可以将非传统安全纳入项目 HSE 风险管理体系中，实行有区别的一体化管理。针对具体的非传统安全风险，可以按事前防范、事中监控和事后评估改进三个阶段进行有效管控。

在事前防范中要坚持预防为主的方针，树立全员非传统安全意识，特别是项目领导和 HSE 管理人员，要重视非传统安全风险管理，建立健全预警防范机制和管理流程制度，实行非传统安全的常态化管理。具体措施包括：1）加强宣传教育，让项目全体员工了解非传统安全威胁的潜在可能性、表现形式、危害程度及加强防范的意义和措施，增强全员防范意识；2）在项目的 HSE 管理组织和制度体系中，增补非传统安全管理的相关内容；3）要求员工个人加强自身道德修养，遵纪守法洁身自好，并密切关注项目员工的言行举止，防微杜渐，严防项目人员参与任何形式危及自身或他人非传统安全的组织或活动；4）项目实施中自觉遵守项目所在国的法律法规，保护自然生态环境，善待当地员工，与当地社会建立和谐友好的关系；5）加强环境安保和治理及饮食卫生管理，创造清洁、规范、安全的工作和生活条件，丰富员工业余文化生活，保障员工身心健康和生命安全；6）针对具体的项目，对当地发生各类非传统安全威胁的可能性和危险源进行分析辨识，并采取针对性的防范措施；7）针对特定的非传统安全风险制定专项应急预案，配备应急救援资源（如医疗救治、安全保护的人员和物资），并适当组织应急演练和专业培训；8）适时开展非传统安全专项巡查检查；9）对特定的非传统安全风险进行系统分析评估，厘清责任主体，并考虑是否需要采取投保等风险转嫁措施，定期对整个项目的非传统安全风险进行综合评估；10）与当地环境、气象、防灾、安全、疾控等相关部门机构建立畅通的沟通联系渠道。

当非传统安全风险事件发生时，项目应立即启动应急预案机制，对事态的发展进程进行全程监控管理。具体措施包括：1）设法阻止事态进一步发生、蔓延、恶化或扩大；2）开展紧急救援，如撤离现场人员、设备财产、信息资料，实施医疗救治或其他保护措施（如躲闪、隔离、覆盖、切断风险源等）；3）对一时无法阻止的事件，持续跟踪关注其进展状况；4）与公司总部、当地使领馆、项目业主、当地社会、政府和其他相关专业机构联系，寻求支援和帮助；5）妥善应对公共关系，通过通知、汇报或发布会等形式，适时进行必要的风险事件信息交流或发布，涉及员工人身安全的，还应及时与员工家属进行沟通联系；6）保护风险事件发生现场，获取和保存与事件相关的证据。

在非传统安全事件发生后，要积极开展善后处理工作，主要内容包括：1）如果事件对项目的正常运转造成干扰和破坏，要尽快领导组织恢复项目生产和生活秩序，包括物质层面和员工心理层面，严重影响工程进度的，还应采取赶工措施；2）分析事件的原因和性质，评估其造成的损失和影响，提出并实施整改措施；3）对于造成的项目损失，若非自身原因引起的，可向业主寻求工期和经济补偿；参加了保险的，可向保险机构理赔；4）因项目员工个人故意行为所为或管理者疏忽造成的事件，后果严重的应追究相关人员的责任；5）若造成项目员工伤亡的，要妥善处理赔偿和善后工作；6）因项目行为对当地社会和自然造成损失或破坏的，要妥善处理补救赔偿和恢复重建等问题。

总包与分包：一对欢喜冤家的情路终结
——分包商清算案例

王道好

1 案例背景

　　2011 年底，中国某大型央企在某海湾国家的首都，通过竞争性投标，中标承接了一个大型医院配套的员工生活区建设工程项目，合同总价 4.73 亿当地币，工期 609 天，总建筑面积约 12 万 m^2。

　　中标后，总承包商立即成立了项目部，全面负责总承包管理和协调，并以劳务分包的方式，组织全部土建工程和大部分装饰装修工程施工，所需劳务主要由来自国内专业劳务公司的熟练工和在第三国招用的非熟练工组成，不足部分由当地劳务公司提供。而机电、电梯、固定家具、室外基础设施及景观绿化工程等分别分包给当地注册的专业公司施工。

2 案例情节描述

　　本案例将要描述的是，总承包商与机电分包商在该项目实施过程中的互动情节，包括从招标授标开始，一步步走到最终合同清算的全部过程。为了将案例情节叙述得更加形象，我们不妨把双方视为夫妻关系，其中总承包商姑且为女方，机电分包商为其招赘的上门女婿。那么，发生在总承包商与分包商发生之间的事情，就多少有点像一对跨国冤家之间恩怨情仇的故事。故事说明，当初女方选择了一个门不当户不对的文弱书生为其人生伴侣，最终不得不自食苦果，婚姻归于失败，活生生地上演了一出人间悲剧。不幸的是，类似悲剧时常在建设工程领域一再重演！

第一步：恋爱并确定婚姻关系

项目初期，根据分包计划安排，项目部在当地组织了机电管道工程的分包招标工作。招标过程基本是规范的，招标流程是标准固定的，采用的合同文件是国际通行的示范文本，履行了内部评审和上报程序。并且，采取了广泛的招标询价，共收到有效报价 10 家。后经多轮报价和谈判，形成各分包商的最终报价。

在前三家报价中，第一名是一家马来西亚华人在当地注册的机电公司，最终价格 1.47 亿当地币，第二家报价 1.65 亿当地币，第三家是中东地区一家知名的机电专业公司，实力最强，报价高达 2.2 亿当地币。项目部对前三家拟定分包商的在建项目及公司进行了实地考察，经综合评定认为，第一家实力最弱，第二家的实力要高于第一家，但也强不了多少。而第三家虽实力最强，确因报价实在太高而被排除在外。经慎重比较权衡，最终决定选最低价 1.47 亿的公司中标，主要有以下三方面的原因：1）遵循有效最低报价原则；2）避免因选第二家或第三家而被认为存在腐败的嫌疑；3）整个总包的合同总价就偏低，比第二名报价低了 1 个多亿当地币，项目部不得不尽量压缩分包项目的成本。这一点就相当于说，姑娘自家的经济条件不好，只好选个穷小子过日子。

实际上，总承包商在决定选用这家机电分包商时，已经预计到该分包商在项目执行中会出现资金短缺的局面。换句话说，姑娘在选择结婚前，对眼前这个对象就有点心中忐忑。只是让她没有料到的是，糟糕的情况发展得如此之快，如此严重。也就是说，剧情反转太快，大大超出其想象。

第二步：幸福的新婚蜜月期

分包合同签订后，总包按合同规定，在现场为分包提供了办公室和物资仓库，并支付了 10% 预付款。分包用这笔资金组织动迁进场，顺利开展工作，如组建项目团队，安排专业人员进场，制定工作计划，选择自己的分包商和供应商，完成图纸设计和报批及材料选型和认可，现场组织安装施工等等。各项工作有条不紊地按计划展开，显示出一个专业分包的应有水平。应该说，在分包开工最初的一段时间内，双方的合作还是比较顺利愉快的，因此可以说，小两口度过了一段新婚蜜月的幸福时光。

第三步：小打小闹的不愉快

但凡两口子在一起过日子，时间一久，难免会闹些小矛盾，生活便因此有了起起伏伏。

在项目进展一段时间后，总承包商发现分包商的工作进度有些拖延，该报的图纸没有出来，该提交的材料样品没按时提交认可，现场安装进度也赶不上节奏。问其个中缘由，对方总是支支吾吾，欲言又止。

最初的这些小问题都发生在执行层面，也就是双方现场的工程师或施工经理之间有些争吵，发生在现场的日常工作中和承包商内部的每周进度例会上。这在施工过程中是再正常不过的事。

第四步：相互矛盾冲突升级

当矛盾在执行层面不能得到妥善解决时，总承包商现场执行层将问题反映到项目经理这里。项目经理多次找分包现场经理进行沟通督促，并指示项目部合同管理部向对方正式发函，指出其现场资源投入不足导致进度拖延，属于违约行为。

进度进一步拖延后，引起了业主咨询工程师的警觉，要求机电分包项目经理参加业主与承包商的每周进度例会，对其拖延进度提出警告，并在会议纪要上记录在案。

而分包项目经理则以各种理由推卸责任，比如说现场不具备施工条件，总承包商未按合同约定付款，或者上报咨询工程师的图纸和材料样品迟迟得不到批复等等。

在与机电分包项目经理多次、多渠道沟通无效的情况下，总承包商项目经理直接给机电分包公司总部去函投诉，要求其公司总经理亲自到现场，共同商讨如何追赶延误的工期。这等于是把这个不给力女婿的爹妈叫来解决问题了。

从机电分包公司总部领导那里得知，该公司原本指望，在上一个项目即将竣工时，可以从中获得一些收益，在本项目资金紧张时可以支援一下。没想到那个项目的总包严重拖欠他们的进度款，他们不仅得不到应有的进度款，反而要倒贴一部分。总承包商由此推测，分包商很可能是把本项目的部分资金挪到那个项目上去了，才导致本项目资源跟不上，进而影响施工进度。

第五步：拯救婚姻的努力

总承包商从分包商那里了解到实情后，就不敢贸然继续向其支付进度款了，因为很有可能所支付的款项都被挪作他用了，再说总承包商本身也是资金非常紧张。但是，工程还得继续进行，总承包商不想就这么草率地把机电分包商给开了，这毕竟是两败俱伤的事。

这样，总承包商指示分包商将其对外欠款明细列出来，根据施工进度需要，提出用款计划，由总承包商尽量想办法，直接支付给机电分包的供应商或分包商，然后从将要支付给机电分包的进度付款中扣除。结果发现，机电分包不仅大量拖欠其供应商和下家分包的工程款，而且连其在项目上工作的员工，也大半年没发工资了，所以严重影响了大家的工作积极性。

在综合评价机电分包商的现实情况后，总承包商提出修改合同条款，改变合作模式，由原来的机电分包改为机电咨询服务，即由分包商的现场管理和技术团队负责技术指导，总承包商向其支付一定的咨询服务费。这样既可以保证工程进度顺利进行，又不用机电分包商承担什么资金支付压力，最后还多少能获得一些可靠的收益。应该说这是对工程和双方都有利的方案。

但是，没想到机电分包商胃口太大，经多轮磋商，双方在支付咨询服务费上始终无法达成一致。

第六步：女婿单方面离家出走

新的合作模式谈判失败，机电分包商眼看期望的经济利益无法实现，就干脆把办公室和物资仓库的大门一锁，直接拍屁股走了。也许机电分包商想以此相威胁，逼迫总承包商就范，乖乖地答应自己提出的条件。或者，分包商确实感到自己已无力继续经营项目，而且也没太大的油水可捞，索性一走了之。另一方面，他也没闲着，而是聘请了合同专家，接连给总承包商发函，指责其未按进度付款，应该承担全部责任。

前面说到，总承包商已经在给分包商的现场技术管理团队支付工资。而且，双方在工作中建立了信任合作的关系。这些人也看到分包商是指望不上了，所以都非常乐意继续留在项目上，直接为总承包商工作。这样，总承包商就将分包商现场的技术管理团队几乎全部收编过来，保证了施工进度不受太大的影响。

第七步：一纸休书，解除婚约

前面说到，双方之间的唇枪舌剑一直在你来我往，而且火药味越来越浓。等总承包商把一切安顿好后，觉得是时候采取行动了，没必要继续将时间和精力浪费在这种毫无意义的嘴仗上。于是，在请示了总部领导并与咨询工程师通气后，项目部给分包商去函，对其进行违约清算。这段发生在异国他乡的跨国恋情由此宣告结束。

至于分包商在现场上了锁的办公室和仓库，总承包商在咨询工程师的见证下，撬门打开，将物资设备逐一登记造册，并全程录像留作证据，以备后用。

关于清算分包商是否存在法律诉讼风险，总承包商也做了认真系统的分析，并咨询了自己的专业律师，认为风险很小，即使被起诉，胜算的可能性也很大，主要有以下三条理由：1）总包没有拖欠其进度款，相反所有的支付加起来超过了实际进度产值；2）机电施工进度严重拖期，本项目根据原合同规定，应在2013年9

月全面竣工，但直到 2014 年 10 月被赶走，机电的进度才完成 60%，这中间虽然有各种各样的原因，但机电分包商有不可推卸的主要责任；3）未经许可，擅自把办公室和仓库的门上锁，长期不到工地，本身就违约在先。

现实生活中，两口子离婚后通常有两条路可走，要么单身，有了孩子的话就是单亲家庭，独自把孩子养大；要么选择二婚，重新寻找属于自己的幸福。在本案例中，无奈之下，总承包商选择了前者，独自咬牙把剩下的活儿干完，个中的艰难与不易，或许只有他自己知道。

3 结束语

在形象化地叙述完这个工程案例后，笔者不打算像本书中的其他文章一样，就案例展开详细的分析讨论，希望读者可以细细地回顾思考一下这个故事的过程，看能不能从工作和生活的角度，都有所感悟和收获。或许生活就是这样，很多事情都是以满心欢喜开场，却最终不得不以满面泪痕收场，难以做到善始善终。个中滋味的确很值得我们每个人品味和思考。

国际工程总承包项目中的分包保函管理案例分析

王道好

1 案例描述

某中资公司在中东承接的一个大型综合性房屋建筑总承包项目，在实施过程中因资金链断裂，长期大量拖欠各分包商的进度结算款，工程进度因此受到严重影响。其中，一个固定家具供货安装分包商，在多次申请结算到货材料款和安装进度款无果后，将施工人员全部撤离现场，造成家具安装施工被迫停工。

停工期间，总承包商项目经理辞职离开了项目，加之项目部管理上的疏忽，导致该分包商的履约保函到期时没有提前延展或采取其他必要的防范措施。新任中方项目经理到岗后，一方面设法从公司总部申请到部分流动资金，另一方面积极召集各分包商，协商有条件分期支付欠款和复工复产等问题。

项目经理通过项目部负责家具分包管理的现场工程师，邀请家具分包项目负责人来项目部，打算协商如何一揽子解决家具分包的相关问题。

该分包负责人是一个比利时老头，项目经理没想到，他一见面就威胁说："今天你必须给我钱，否则我就送你上法庭。"

项目经理一听来者不善，这是要开撕的架势，就直接回怼说："那你就直接去法庭好了，何必到我这里来！"一听这话，这老头还没来得及坐下来，就气呼呼地转身走了。

在项目经理看来，按照中国人的思维，做生意要和气生财，做事不能得理不饶人，你到我这里来就是我的客人，我会以礼相待，同时你也得有个客人的样子。中国人讲究"礼尚往来""朋友来了有好酒，若是那豺狼来了，迎接他的是猎枪"嘛。你有什么诉求可以好好地说，干吗要如此威胁我？你都要送我上法庭了，我还会心甘情愿地付钱给你吗？以你这种方式，你到底是来要钱的还是来抢钱的？虽然我方未按合同规定付款，但是你方未经许可擅自撤离现场，并且履约保函到期未及时延期，所以你也有严重违背合同的地方。

后来，分包负责人带着团队又来找过项目部一次，依然态度傲慢强硬。所以，双方没谈两分钟又不欢而散。双方还打起了笔墨官司，相互指责对方违约。总承包商提出有意愿支付未付款项，但延展保函有效期是支付的前提条件。分包商辩称，承包商没有书面要求保函延期。总承包商则认为其托词毫无道理，因为分包合同一经签订，就构成约束双方行为的法律文件，双方都必须自觉遵守，无论对方有无书面要求，正如一部法律一旦颁布，自生效之日起，国民都必须遵守而不管是否另有专门要求提醒。

为破解僵局，项目经理通过项目部合同经理向对方建议，既然双方在项目层面无法解决问题，那就上升到公司层面，让其公司领导去见中资公司区域总部的分管领导。自然，见面会上分管领导依然坚持项目部提出的原则，要求分包商先行延展保函。后来，这位比利时人又向咨询工程师告状，想让咨询工程师向总承包商施压。咨询工程师听中方项目经理把实际情况一讲，当即表示对方必须先把履约保函延期了才能支付欠款。

最后双方达成一致，分包商先提交延期保函，总承包商支付部分欠款。然后，分包商立即恢复现场施工，剩余欠款则在后期逐步结清。问题最终得到圆满解决。

这个案例说明，保函作为约束对方的手段在分包管理中是何等重要，总承包商在项目分包管理中必须高度重视其保函管理。而一旦出现履约期内保函失效等被动局面，总承包商要设法采取补救措施，来保证分包保函在其合同期内持续有效。

2 分包保函管理

总承包项目中的分包保函管理，大体上可以划分为两个阶段：第一阶段是分包合同签署前的管理；第二阶段是分包合同执行期内的管理。

2.1 分包合同签署前的管理

主要包括：1）分包招标文件中的保函要求条件及格式设计；2）分包合同签署前的保函审查接收。招标文件中要求的保函分为投标保函和合同期内保函两类。其中，较为重要的是合同期内的保函，又细分为预付款保函、履约保函，以及质保金保函或其他特种保函等。

承包商在准备分包招标文件时，要在投标者须知和合同条件内，分别设置专门的保函条款，包括保函的种类、形式、期限、金额、币种、受益人、提交时间、可接受的担保机构、延期以及未提交或到期未延的后果等方面的详细规定，并将保函格式作为招标文件的附件提供给分包投标人，要求投标人或中标人必须严格按照相应的条款和格式要求提交保函。

各种保函的格式可以参照主合同文件中提供的格式，或承包商公司总部规定的统一版本，也可根据需要自行设计。保函内容一般包含保函种类、文件编号、担保金额和币种、生效日期和时限、受益人和委托人、兑付条件（比如常见的无条件见索即付）、担保机构的名称、公章或法人签名等信息。

在接收分包商保函时，首先要辨别其真伪，确认是否为认可的担保机构提供的保函原件。然后，再按照分包招标文件的相关规定，详细检查保函的内容是否符合要求。只有真实有效合乎规定的保函才能接收。

在分包招标开标时，如果投标人没有提供投标保函或不按规定提供，其投标书可按废标处理。在签发中标通知书后，如果分包商拒绝按招标文件规定签署合同，总承包商可兑付其投标保函，以弥补由此造成的损失。而在签署正式的分包合同前，要确保分包商提供的保函（一般包括履约保函和预付款保函）真实有效合乎规定。否则，可暂缓将已签署的分包合同和投标保函原件返还给分包商。分包合同签署后，如有必要，分包商还应将未中标人的投标保函及时退还。

2.2 分包合同执行期内的管理

在分包合同执行期内，总承包商项目部要将分包保函纳入常态化管理，通常要设置专人或部门负责管理，主要做好以下几点工作：

（1）妥善保管保函原件，防止其丢失或破损

一般来说，保函原件作为重要的经济票据和法律文书，要专门保存在安全的地方，以防保函丢失或破损，也不宜在保函原件上随意涂写更改。原则上，日常管理中只使用其复印件，确需调用原件时，要严格履行出入登记手续。

（2）随分包工程变更发生的保函变更管理

在分包工程实施过程中，如果发生了价值相对较大的书面工程变更，总承包商可要求分包商对保函作相应的调整，包括担保金额和有效期的变更，及时重新办理或增补保函。

（3）防止保函有效期过期，确保其法律有效性

一个总承包项目常常有多项分包工程，大的项目有时甚至多达数十上百个分包商。每项分包工程又有履约、预付款等多种保函，且各自的起始时间和有效期也不一样。加之，由于种种原因很可能造成主合同或分包合同的延期。所有这些原因都给保函的日常管理造成困难，稍有疏忽就可能发生某个保函过期失效的情况。为确保分包保函的有效性，可以建立分包保函数据库，设置各个保函的过期预警提醒，定期查看和更新数据库，一旦发现某保函出现了预警提醒，立即书面通知相应的分包商办理提交保函延期，否则将采取其他措施。

（4）充分利用保函的威慑作用，督促分包商严格履约

在分包工程实施期间，难免出现一些分包商履约不力的情况，如拖延分包工程的施工进度，不听从总承包商或咨询工程师的指令安排，野蛮施工造成较大的质量或安全隐患等，总承包商可以采取口头或书面警告，如不立即改正其违约行为，将有权没收其履约保函，从而起到有效的威慑作用。

（5）返还正常失效的分包保函

通常情况下，分包合同到期时分包保函也随之失效，或者分包保函按分包合同规定的其他时限正常失效。如有必要，可将已失效的分包保函原件以书面形式返还分包商。

除了上述常态化管理外，还可能出现如下一些特殊的情况，需要采取相应的应对措施。1）分包商未按要求办理到期保函延期时，可在保函有效期的最后时刻之前，到担保机构兑付保函；2）由于分包商严重违约，总承包商决定对其进行违约清算时，可通过兑付保函补偿己方的损失；3）施工过程中分包商为缓解资金压力，或竣工时欲尽早结算质保金，可能会提出以银行保函置换被扣留的部分或全部质保金，总承包商要综合考虑是否同意其要求；4）因总承包商管理失误或其他原因，造成保函有效期未及时延展，可参照前述案例那样，采取适当措施迫使分包商后补延展保函。

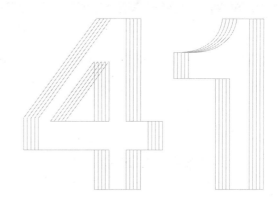

争议变更支付风险案例分析

卢亚琴

1 争议变更概述

变更索赔是项目履约过程中的合同机制之一，菲迪克1999红皮书在变更审批流程上赋予工程设计监理决定变更价值的权力，对工程设计监理的专业程度和职业道德要求极高。但在一些项目具体实施时，业主可能出于各自原因的考虑，会在合同特殊条款中重构项目管理架构，对相关方审批设计变更的权限重新进行设计定位。以下案例将分析业主、项目管理公司（Project Management Company）、成本管理公司（Cost Control Management）、工程设计监理（Engineering Design Supervision）、总承包商（Main Contractor）、专业分包商（Subcontractor）在复杂变更审批流程下各方主张和整体事件后果。

2 变更批复流程导致变更价值产生争议

某大型商场项目原合同价值为2亿美元，变更立项由设计监理签发确认或驳回，确认后的变更项目价值由成本管理公司核算，变更价值确认单由项目管理公司签发。月工程进度款的申请、审批同上述流程。该流程与菲迪克1999红皮书不一样的部分在于，决定变更价值的权力由工程设计监理转移到成本管理公司和项目管理公司，决定变更项目月工程进度款审批的权力也相应转移到成本管理公司和项目管理公司。

现简略分析一下两种管理模式各自的优缺点：99 版的流程简单，设计监理权力大，审批效率高，业主经济成本低；更改后的流程复杂，监理权力受限，审批更专业，但效率低，因参与方过多而更容易产生相互间的掣肘和矛盾，业主支付成本高。

因变更名目繁多，变更价值巨大，总承包商提交变更超出总合同额 40%，如钢结构、机电专业的变更原因均为重新设计，成本管理公司不能及时准确核算变更内容、已完月进度工程量和价格。为避免分包商因资金问题产生进度滞后和总工期拖延，业主和管理公司在月工程进度款支付时，对变更支付采用临时支付机制，即 Paid in account，暂时假定提交变更价值准确，按照进度百分比暂估变更月工程进度产值后支付。

上述变更价值的临时支付机制为项目埋下两个隐患：1）合同约定的变更价值确认主体更换为非合同主体，业主或将管理公司签发的变更价值确认单推翻重审；2）临时支付的变更工程价款有可能与实际价值有巨大差异，业主需承担超付风险。

3 变更项目临时支付的后果

事实是，对变更的支付一直在未审定其真实价值前持续发生，直到业主的融资银行因工程严重拖期后，在项目再融资协议签署后仍然无法保证赶工计划（Mitigation Programme）节点工期实现后，融资银行彻底停止支付。其后发生的总承包商与分包商因工程款支付延误导致减员、降效，导致项目进度更严重拖延，总承包商面临的债务压力和诉讼压力空前高涨。

同时成本管理公司陆续完成变更价值核算工作，结果是多项专业分包的变更真实价值与索赔价值差距巨大，比如机电分包通过总承包商提交的变更项目真实价值仅为原索赔价值的 45%。此结果直接导致总承包商的结算应收款变为业主的应扣款，即业主超付和超结算。

最终，总承包商与分包商联合否定成本管理公司的核算结果并要求仲裁，业主因总承包商连同分包商不履行合同义务促交工而触发保函兑付的合同机制。而项目仍处于更加严峻的拖期境地，业主的融资银行彻底断供资金，商铺租赁商家也纷纷终止与业主的租赁协议并要求退还租赁保证金。

4 合同变更支付对总承包商和分包商产生的不同后果

总体上说，无论变更支付争议事件演变到何种程度，分包商的合同风险远小于总承包商的合同风险。分包合同的保函有效期与总包合同不一致，在项目无限期拖延的同时，分包商的保函陆续到期且分包商因分包款支付延误后拒绝延期保函，总承包商无法利用最极端的没收保函的合同机制来促使分包商按分包合同履约完工，但机电分包除外。因为分包合同的变更支付没有明确关联临时支付，业主对总承包商的超付实际上都转化为总承包商对分包商的超付，但分包商坚决拒绝超付的说法并且拒绝在变更总额不确认的情况下继续正常履约。

同时业主没收总承包商保函事件虽然由总承包商成功止付，但双方在项目签约时的伙伴关系初心已变，双方已经转化为尖锐矛盾对立关系，进一步加重了项目延期完工的风险。

5 总承包商面临争议变更支付后果的不确定性

总承包商在变更超付的现实面前，策略性的选择解决路线应该以降低成本减少亏损为目标。事实上，总承包商选择与分包商形成统一战线，继续相信分包商索赔价值真实无误，并垫付大量工程款高达原合同额 25%，换取业主取消拖期罚款的条件，双方重新约定完工日期，争取竣工结算结果利好于总承包商。由于机电分包商的非其不能的强势地位，及其不时以完工为条件裹挟总承包商继续向业主进行不实索赔的动机，新约定的完工日期仍未实现，业主又重启拖期罚款的合同机制。

直到笔者发稿时，该项目仍未完工，因实施中发生的大量变更导致的争议，最终如何解决尚难预料，总承包商或将在承担业主的拖期罚款和商业损失反索赔后遭受巨大亏损。

6 原因分析及改进建议

上述案例发生变更争议及后续问题的根源有三条：1）项目初期阶段设计准备不充分，业主就急着招标上马，导致实施中发生大量的变更；2）业主对项目及变更管理流程设计太复杂，加之相关方操作中的不公正不专业，容易产生扯皮；3）针对具体变更的争议解决上，相关方站位不高，纠结于具体数额的多少，而忘记了实施项目的初心，忽略了项目的整体效益，结果自然是捡了芝麻丢了西瓜。

针对案例项目中出现问题的原因，笔者提出如下几条改进建议：

（1）选择合适的项目管理架构

从前面的分析可以看出，菲迪克1999版确定的业主→监理→承包商这一传统的项目运作模式，与本项目业主实际采用的业主→项目管理公司＋成本管理公司＋设计监理→承包商的模式相比，各有优缺点。因此，业主在设计构建项目管理架构时，要结合自身和项目的实际情况，综合考虑项目管理的成本与效率以及建设项目的总体目标等多项因素，选择确定最优的项目管理架构。

（2）选择成熟的项目招标时机

全生命周期的项目运行自有其内在的规律性，比如，项目前期工作是开展后期工作的基础准备，在项目的前期各项准备工作做得越充分细致，后期建设实施过程中出现不确定性的风险就越小。本项目的业主没有遵循项目建设的内在规律，在项目的功能需求定义和工程设计尚不完善的情况下，就匆忙进行招标开工建设，必然造成实施过程中产生大量的设计变更，由此引发相关方的争议和项目总体目标的不确定性。

（3）建立项目参与方多方协同的工作机制

国际工程建设项目参与方众多，主要包括业主、融资支付银行、设计监理、承包商以及（供货）分包商等。这些参与方由于各自的利益、认知、专业和责权范围等方面的不同，在工作交往中极易发生矛盾纠纷，因此，有必要建立各种多方协同的工作机制，以实现项目总体目标为原则，寻求各相关方最大共同点，通过有效沟通化解相互间的对立冲突，提高管理效率和项目进展速度。

除了建立对外相关方的沟通协调机制外，有效的内部沟通协调机制也很重要，如业主方内部与项目管理公司、成本管理公司、设计监理等之间，承包商内部与各供货（分包商）等之间的沟通协调机制，厘清各自的工作目标、职责范围、权益诉求和工作流程等，建立和谐顺畅的工作关系，形成目标统一、责任清晰、利益共享、相互配合、行动一致、快速响应的局面。

（4）秉持互利共赢和整体战略的思维

业主发起实施建设工程项目的根本目的，是以一定的经济支付为代价，换取相关方参与项目过程，最终在预期的时限内获得满足既定功能要求的工程。相应地，其他相关方无不是抱着各自的经济收益目的才参与到项目中来的。天下没有免费的午餐，没有人愿意倒贴钱提供产品和服务。因此，业主要允许相关方在项目实施中获得一定的经济利益，那种让合作方血本无归的做法，最终埋单的还是业主自己，因为无法按期实现项目的整体目标才是业主最大的失败和损失。

从另一角度来说，承包商或其他相关方既然想在项目实施中从业主那里获取经济利益，就必须理解和接受业主实施项目的目的要求，只有尽力满足了业主的要求，才有可能顺利地获得业主的认可和经济支付。

所以，无论是业主还是承包商及其他相关方，在面对具体的变更争议时，在坚持合同规定的原则的同时，都应做到高瞻远瞩、换位思考、互谅互让，以局部的经济让利来争取项目整体目标的顺利实现。

在本案例中，如果管理公司在处理变更临时支付时，发挥其专业判断和保持高度职业操守，及时合理批复临时支付变更价款，在管理好业主资金的同时，使承包商的正当诉求得到一定程度的满足。总承包商在成本管理公司核定变更成本后能够正视核定结果，认为虽然自己主张的变更索赔诉求一时没有完全得到满足，但从长远看，与因误期罚款而遭受的损失相比还是要小得多，因此选择不再与业主方纠缠以免影响总体施工进度，并果断对分包采取合同措施，共同消化变更索赔中损失掉的经济利益。那么，该项目应该早已顺利交工，且总体上来看，最终承包商和业主的损失也是最小的，这才是各项目参与方共同期望的结果。

延误支付分包工程款的问题与风险
案例分析

王道好

1 案例基本情况

某国有建筑企业在中东某国的首都，承接了一高层住宅楼的总承包工程项目，合同总价 2.5 亿当地币，合同工期 33 个月。主体建筑为二层地下室，一层地面层，三层裙楼，34 层标准层，建筑高度 157m，总建筑面积 6.6 万 m^2，混凝土方量 4.5 万 m^3，钢筋 7500t。

项目开工后，承包商根据分包合同计划，通过邀请招标的方式，将工程的主体结构混凝土施工分包给一家土建结构专业分包商。双方在 2018 年初签订分包合同，其主要商务条款包括：1）预付款为分包合同价的 10%，逐月从进度款中扣回；2）工程进度款按月结算；3）质保金 10% 按月扣留，其中一半在结构封顶时返还，另一半在此后一年返还。

总承包商由于自身的原因，不能按合同约定支付预付款和进度款，工程进度和双方合作关系受到严重影响，也接连不断地给总承包商自己带来这样那样的问题。截至笔者接触了解这个项目时，其建造施工还在进行中，现实中已经发生了一系列于总承包商不利的问题，未来还会发生一些于其不利的风险，现分述如下。

2 延误支付造成的问题

根据施工总进度计划和分包商的进场计划，分包商应在收到预付款后，于2018年5月中旬前，陆续组织90人的第三国作业层人员进场，第三国劳务相对价格便宜，与当地市场上由劳务公司提供的劳务相比，成本要低40%。但招聘第三国劳务，必须提前租用政府认可的劳工营地，并办理工作签证，这需要一笔不小的费用。招聘的过程也需要一定的时间，正常情况下需要45～60天。

项目混凝土结构筏板施工预计在2018年4～5月开始，如果分包商的人员进场能按原计划执行的话，组织第三国劳务进场，在时间上完全可以满足施工需要。但是直到4月底前，总包也没给分包预付款去租劳工营，后面办理劳务工作签证所需的费用支付就更拖后了。因为总承包商延期支付，导致第三国劳务直到2018年9月才陆续开始进场，比原计划推迟了4个多月。

所以，当4月初项目开始结构施工时，土建分包没有自己的劳务队伍，为不影响总体施工进度，分包商只好临时在当地市场雇佣高价劳务。结构筏板施工面积和体量大，需要大量的劳动力投入，高峰时现场分包的作业人员多达150人，全部采用高价劳务。这无疑大大增加了分包商的成本，而这不是分包商的责任，完全是因总承包商未及时支付预付款造成的。

后来分包商以此为由，向总承包商提出了经济索赔，要求补偿其2018年4～9月高价劳务的差价。

由此可以看出，如果总承包商拖欠付款，可能面临的第一个问题是，分包商提出经济索赔。

问题还没完，劳务公司在现场作业的进度款也没有得到及时支付。当然，正常情况下，延后一两个月支付也是可以理解的。拖延付款对劳务公司的资金也造成很大压力。因为按照当地的法律，公司必须在每月15日前，通过工资支付系统WPS向员工支付工资，这个WPS是政府可以实时监控的，一旦发现未支付，拖欠一人罚款5万当地币，非常严格。所以，在干了三个月的活儿未获得任何支付的情况下，劳务公司也撑不住了，突然将全部人员撤离工地。发生这种情况，土建分包商也没办法，因为他没有从总承包商那里及时结回工程款，连自己生存都困难，哪有钱支付劳务公司呢？好在这时，分包商自有的第三国劳务陆续进场，总承包商又另找了一些其他劳务队伍，才不致于工程施工停摆。

所以，总承包商拖欠付款，可能遭遇第二个问题是，分包商作业人员撤离，工程暂停施工。

另外，本来分包商打算用预付款采购模板设备材料的，特别是在本项目上，竖向结构拟采用爬模施工，爬模设备需要提前从国外定购。分包商一看拿不到预付款，需要自己投入大量的资金，而且测算模板项目也不挣钱，正好借坡下驴，提出说模板工程不做了，你们自己张罗做吧。因为理亏，总承包商无奈之下，只好另找一家分包单位承担模板工程施工。爬模设备原本计划在地下室施工时就应到场的，因为资金紧张，实际到标准层 5 层施工时，爬模设备才到现场，比原计划推迟了半年以上。

以上说明，总承包商延误付款，可能面临第三个问题是，分包商有意减少其合同施工责任范围。

而且，施工过程中，分包商经常因支付延误给总包发函，指责其违反合同规定，要求其承担违约责任。截至 2019 年 4 月，2018 年 9 月前的已完工程进度款还没有结清。这样，总承包商不得不花费大量的时间和精力，去处理和回复这些信函。但是，事实胜于雄辩，自己的确存在违约的表现，这是无法抵赖的。

所以，从这个案例可以看出，因为延误支付，损害了双方合作关系，总承包商可能不得不承担违约责任，这是他要面临的第四个问题。

还有一点就是总承包商项目部的内部问题，因为长期拖欠员工工资，每月只通过 WPS 象征性地发放一点补贴，导致员工普遍情绪低落，对项目未来信心不足，人心涣散。2018 年在不到半年时间内，主要管理技术人员，如技术、施工、合同、采购和财务等，相继离开项目。所以，总承包商拖欠内部员工工资，导致项目部士气低落，人心思离，是其无法回避的第五个问题。

3 延误支付的潜在风险

上面我们讨论的是，总承包商因拖欠分包支付而遭遇到的五个问题。因为项目还在进行中，未来还会发生什么不利于总承包商的事情，我们很难预测。尚未发生的问题，我们姑且称之为风险。下面我们来分析一下，承包商可能会面临什么风险，大体有四个方面。

（1）合作方信心丧失，工程进度拖延

人有时并非完全理性动物，在双方的经济交易行为中，信心与信任发挥着重要作用。以银行为例，银行大都是为富人服务的，你越有钱，银行越敢给你放贷，因为它对你有信心，不怕你还不上贷款。

干工程也是这样，总承包商资金越充足，基本每次都按点支付，甚至有时催着给你付钱，那么分包商就越对你有信心，也舍得投入资源，还干劲十足，巴不得早干完早收钱。

在本案例中，因为总包没钱支付，分包在坚持一段时间后就失去了信心，不敢继续往里投入，因为他担心，投入越多可能损失越大。再说，以分包商自身的实力来看，他也确实没有能力一下子向一个项目投入如此之大的资源。不仅不继续投入，分包商可能还会减少投入，把已在现场的资源悄悄转移到其他项目上去。

结果就可想而知，因为资源投入不足，施工进度必然严重滞后。

（2）工程被迫停工下马或更换分包商

一般来说，分包商出于种种原因的考虑，会最大限度地坚持履约。但其抗风险的能力总是有限的，当承受压力超过了一定限度时，就可能不得不选择停工，并撤离现场。

当然，总承包商可以选择另一家分包商继续承建。问题是，如果项目停工是因为上一家分包商履约不力被总承包商清除出场，选择第二家分包商是一件相对容易的事，即便如此，总承包商也需付出一定的时间和经济代价。现在的情况是，因为总承包商没钱，分包商主动撤场，那么了解实情的人，有谁还愿意接盘这个烫手的山芋？

所以，更换分包商并非轻而易举。找不到接盘分包商，工程项目就不得不半途下马，成为烂尾楼项目。

（3）遭遇围堵等群体暴力事件

总承包商不给分包商付款，分包商也没钱支付员工或外协队伍工资，大家日子都难过。

现在，暴力讨薪已经不是什么新鲜事，很多建筑工人在外辛辛苦苦干了一年，却拿不到应得工钱，投诉又无门，最终可能就选择过激行为。这类事件处理不好，一起普通的经济纠纷就会演变成治安事件，再经媒体一曝光，可能升级为政治事件，相关单位或政府的领导可能被牵涉其中。在国际项目上甚至可能会演变为有国际影响力的外交事件。

（4）面临法律诉讼等涉法问题

总承包商施工中拖欠工程进度款，或者有的承包商甚至在工程竣工交付后多年，仍没有给分包商结清工程欠款。那么，分包商在多次友好协商和催要无果的情况下，可能不得不拿起法律的武器来捍卫自己的权益，包括申请仲裁或提起法律诉讼等手段。

对于分包商来说，只要所完成的工程得到相关方的验收认可，合同规定的支付期限已过，工程价款是合法的，协商调解无效，他就有权选择起诉总承包商。法律机关对其合法的诉求也会给予支持，以彰显法律的公平公正原则。

法律程序走起来是个相当漫长和专业的过程，往往消耗双方大量的人力物力。如果总承包商败诉，他不仅要如数支付分包欠款及相关损失和费用，而且其社会声誉也会遭受严重的负面影响。

以上是本案例所述的一个在建项目，针对总承包商在未来可能遭遇的风险而展开的分析讨论，主要有四个方面。当然，也可能还有其他潜在的风险，因为未来的事情谁都无法准确预测。

小型国际工程项目财税管理案例分析

王道好

1 概述

项目财务管理是项目管理的一个重要组成部分，它是根据财经法规制度，按照财务管理的原则，组织项目的财务活动，处理财务关系的一项经济管理工作，具有涉及面广、综合性强和灵敏度高的特点。财务管理作为一种价值管理，通过项目资金的收付及流动的价值形态，可以及时全面地反映项目物资运行状况，渗透在项目全部经营活动之中，涉及项目建造的各个环节和各个要素。所以，抓项目内部管理，要以财务管理为突破口，通过价值管理来协调、促进、控制项目的生产经营活动。因此，项目的财务管理是一切项目管理的基础、管理的中心。

正是由于财务管理在项目管理工作中的重要地位和作用，国际工程企业和工程现场项目部都十分重视这一工作，一般会在项目部内部设立相对完善的组织机构，并配置相应的资源，建立和执行一套严格的业务流程制度。通常由项目经理或项目分管副经理来负责财务的领导工作，有的还成立专门的财务部门，并配备会计和出纳等专业人员。

但是，对于一些规模较小的工程项目，财务管理的业务量不大，如果按通常原则设置专业管理机构和岗位，不仅相对增加了项目管理成本，而且造成了人力资源的浪费。所以，从经济的角度看，这种做法并不一定可取。下面我们来看一个小型国际工程项目是如何进行财务管理的。

2 工程案例

某中资公司在南亚地区中标一个 EPC 总承包项目，主要合同任务是一项金属结构的设计、供货和现场安装工程，以及少量的配套土建工程设计施工，合同金额约 120 万美元，工期两年。

在项目启动期，公司总部按通常项目管理的要求，拟向现场派驻 12 名技术管理人员，其中就包括专门的财务管理人员。经项目经理初步测算，如果照此计划组建现场项目部，人力资源成本太高，两年执行下来，项目经营必亏无疑。

于是，项目经理经与总部协商，最终将现场项目部常驻的人员规模缩减至 3 人。其中，项目经理对项目全面负责，并承担合同、对外沟通联系及财务日常管理工作；一名机电设备工程师负责材料进口、机电设备管理、金属结构安装及后勤管理工作；一名土木工程师则担负现场测量、土建施工及当地劳务管理等工作。其他方面的工作，总部将根据项目需要临时派遣人员赴项目短期完成。

项目开工后，公司总部对项目经理授权，在当地银行开立了一个当地币账户，用于项目工程款中当地币的结算和使用，外币部分则由业主的账户银行直接汇往公司总部的外币银行账户。

项目实施期间，项目经理负责财务资金的日常管理，主要包括工程款当地币部分的接收和支取使用、对外现金或支票支付、财务收支流水账记录、原始票据的整理保管、本外币兑换等。

临近竣工时，总部安排一名曾在当地工作过的财务人员赴项目现场，完成财务账目整理和成本核算工作，并与当地一家税务服务公司联系，完成应缴税款的核算和支付。在现场完成这些工作后，财务人员将全部财务资料带回国内存档。至此，项目财税管理工作基本圆满完成，项目经营成果也取得了可观的经济效益。

3 案例分析

本案例说明，在专业财务人员长期缺席项目现场的情况下，同样可以完成项目财务资金的日常管理。通常情况下，如果项目规模不大，现场施工项目或工作量不多，结构比较单一（如供货安装、劳务分包等），或者项目周期不长，那么财务资金管理的业务量相对较小，可以考虑不必在现场设置专职人员，而是像本文案例那样，由项目上的其他人员兼职承担财务管理。或者如果项目配备了专业财务人员，但其本职工作任务不够饱满，也可以安排兼任项目的其他工作，比如行政后勤、物资采买等。对于在一个国家或地区内有多个在建项目的情况，还可以用一套人马同时承担多个项目的财务管理工作。

除此之外，还可以针对各个项目的具体情况，采取其他灵活有效的财税管理措施，比如：1）直接由公司总部财务人员负责管理，项目现场人员则利用网络将项目发生的财务活动信息随时传送总部；2）总部定期（比如按季度或年度）向项目现场派驻财务人员短期工作；3）在项目所在国当地，聘请财会专业人员或公司代理财税管理工作等等。其目的是，在不影响项目正常财务管理工作的前提下，尽量节约其人力资源成本。

在专业财务人员缺席项目现场的情况下，项目财务管理应注意做好以下几点工作：1）对项目兼职财务人员进行授权，明确界定其责任权限范围；2）人选上坚持财务人员的职业操守要求，防止其利用工作便利弄虚作假、中饱私囊；3）必要时，对兼职人员进行岗前业务培训，使其掌握财务管理的基本知识技能；4）兼职财务人员要及时如实有序地记录财务活动信息，妥善整理保管原始资料，并定期对资金的收支结余进行核算扎账，防止项目财务最终成为一笔糊涂账；5）项目财务信息是项目经营管理的核心机密，要防止信息泄露。

4 结束语

本文通过一个工程案例，看似是针对小型项目提出财税管理的一些解决方案，实质上是在探讨项目管理中的人力资源配置的成本与效率问题。的确，在国际工程项目管理实践中，时常会遇到这样的问题：有的管理工作虽然业务量不是很大，却是整个项目管理中必不可少的内容，或者是按有关规定必须设置对应的工作岗位。面对这类情况，如何处理好管理中的规则、需要与成本效率的关系，在人力资源配置上实现"人尽其才"，或许本文具有一定的借鉴意义。

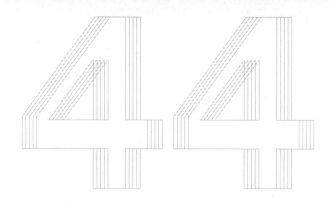

国际工程项目人际沟通技巧案例分析

王道好

1 案例描述

故事发生在中东某建筑工程项目的工地上。当时，中方承包商的项目经理正率领项目主要团队成员，包括施工经理、合同经理、机电经理和计划工程师等，在咨询工程师办公室参加每周一次的进度例会。咨询方参会代表有项目经理、土木工程师、机电工程师和现场监工等。

由于项目施工总体上按进度计划顺利进展，双方项目经理都是长期从事国际工程管理的体面人士，承包商与咨询在相互尊重相互理解的基础上，建立了友好的合作关系。尽管在一般项目建设管理过程中，双方沟通交流时发生矛盾冲突是司空见惯的事，但这种情景在该项目上却十分罕见。特别是中方项目经理，平时在与咨询交往过程中展现出的诚实信用、礼貌待人的言行举止，不仅赢得了对方上下一致的尊重，还与咨询经理建立了友好的私人关系，因此在工作中很少受到故意刁难或非礼待遇。

在没有什么重大原则性问题需要协商解决的时候，双方经理参加周例会，更多是出于主持会议和礼节性需要。在涉及技术细节问题时，由双方专业负责人在会上直接沟通协商，总体来说，会议的气氛都很融洽。

但是，这一次却是个例外。在讨论到现场施工进度问题时，咨询方土木工程师约翰先生不知何故率先发难，两眼直勾勾地盯着中方施工经理，一直在不停地大喊大叫，质问他为什么没有按他的指令执行，抱怨进度为什么如此缓慢，说话间早已是口吐白沫满脸通红，看来怒气还真不小。好在中方施工经理年龄较大有涵养，又听不懂英语，就没有接茬，任由对方在那里喋喋不休。

眼见同事们一个个沉默不语，中方项目经理心想，会议总不能一直这样僵持下去，得想办法打破这种僵局。但是，如果自己出面硬怼，针尖对麦芒，也许能逞一时之快，却不一定能真正解决问题，反而会让自己有失身份，双方还会因此撕破脸皮，影响双方今后的合作关系。所以，这一招是万万使不得的。

沉思片刻，中方经理灵机一动，趁约翰先生歇口气的空当，以平和的语气半带玩笑半认真地说："约翰先生，我听说您的血压和心脏一直不太好，您这样激动恐怕对您的身体不利呀，是很容易出危险的呢！"

听了这话，一向生性耿直身体肥胖的约翰先生，或许真担心自己的身体健康，抑或是意识到自己刚才的表现有些失礼了，说话的口气立刻缓和下来，一脸的愤怒也烟消云散。一场尴尬就此化解，双方恢复理性继续沟通交流。

不得不说，中方项目经理在关键时刻，虽寥寥数语，却发挥了扭转乾坤的作用，其处变不惊、娴熟运用沟通技巧的能力，实在令人叹服。

2 沟通技巧建议

从上述案例中可以看出，在双方的工作沟通中，承包商项目经理所在意的，不是咨询工程师所表达的内容，而是其说话的方式，并以巧妙的方式，有效化解了沟通中的不和谐气氛。由此可见，说话的方式和技巧在双方语言沟通中是何等重要。

所谓沟通技巧，是指人利用文字、口头和肢体语言等手段，与他人进行交流时使用的技巧。沟通技巧涉及许多方面，如简化运用语言、积极倾听、重视反馈、控制情绪等。笔者以为，作为项目管理，拥有相关的知识、能力和经验固然重要，但具备良好的沟通技能更重要。在承包项目实施过程中，管理者一项很重要的工作，就是与内外各方的信息沟通，包括业主、咨询、领导、同事、下属、分包等相关方。通过有效沟通，一方面可以让管理者清楚地将自己的意图和感受转化为易于理解的信息，减少因沟通不畅而导致的意外后果，从而提高管理的效率；另一方面也有助于了解对方的意图和信息，并使自己成为良好的合作者和团队成员。

人际沟通技巧有多种多样，根据沟通的对象、目的和环境的不同，所采取的策略方法也不尽相同，下面仅提出几条共同性的原则和注意事项。

2.1 相互尊重是基础

在人际交往中，要想赢得对方的尊重，就需要先尊重对方。相互间在信息交流碰撞中，你可以不同意对方的观点，但是要捍卫对方说话的权利。体现尊重的具体行为举止有很多，比如：与对方沟通不宜突然造访，应该事先约定并按时赴约；会见过程中遵循主客之间基本礼仪；根据双方角色地位的不同，在称呼和说话语气上表示出应有的尊重，做到待上以敬待下以宽；尊重对方的人种肤色、民族习惯、文化价值观及个人喜好；认真倾听并适当回应对方的陈述，不随意打断对方的话，也不做与双方交流无关或其他有失礼貌的举止；谈论对方能听懂或感兴趣的话题，不炫耀显摆自己的优势长处；工作上的交流要就事论事，不涉及人格侮辱或人身攻击；在众人面前即便要驳倒对方的观点，也要适当给对方留台阶下等等。

2.2 真诚信用是前提

古人云：感人心者，莫先乎情。要在沟通中说服对方达成共识，只有先让人心服然后才会有口服，所以要先通过感情这座桥，抵达对方的内心世界，攻破其心理防线。因此，沟通中要用好感情这张牌，做到态度真诚，推心置腹，动之以情，晓之以理，使对方感到不抱有任何个人私利，也没有丝毫不良企图，而是完全从工作大局出发，是真心实意地为了对方的切身利益着想。

人际交往贵在信守承诺，所谓一诺千金是也。所以，交谈中不要不顾实际随意夸下海口。一旦承诺对方的事情，就一定要尽力兑现。实在无法办到，也要及时向对方解释清楚，争取对方的理解。人若失信，再美妙的言辞也显得苍白无力。无法取信于人，对方很可能从内心就不愿意与你交流，自然就达不到自己想要的沟通目的。

2.3 换位思考，相互理解

理解他人是有效沟通不可或缺的一部分。常言说，设身处地，将心比心，人同此心，心同此理。有时沟通中遇到困难，并不是道理没讲清楚，而是由于双方都固执己见，不愿替对方着想。如果双方互换个位置思考，体会一下对方的感受，也许就容易在相互理解、求同存异的基础上达成共识了。

换位思考可以是双向的。一方面，沟通遇到问题时首先要客观地检视一下是否是自己做错了。如果不是，那就站在对方的角度，体验一下对方的感觉；另一方面，当自己一时无法说服对方时，也可以请求对方设身处地地替自己考虑一下，理解自己这样说的初衷和处境。

2.4 控制情绪，冷静处理沟通中的冲突

控制情绪对于沟通效果来说至关重要，带着强烈的情绪进行工作交流，难免会导致沟通不畅和冲突。俗话说冲动是魔鬼，冲动之下人容易失去理智，说出一些过分或过激的话，其杀伤力有时难以预估，因为言语的力量是巨大的。同时，控制情绪也是自我心智成熟、心胸涵养高的表现。

人非草木，孰能无情。人在工作生活中遭遇各种事情，因此产生各种不同情绪，是十分正常的现象。但是，这毕竟是个人的私事，不应将个人感情，特别是一些负面情绪，带到工作沟通中，把对方当作发泄个人怨气的对象。在沟通过程中，一个客观冷静、心胸宽广的人，在面对对方情绪失控粗暴无理时，不仅能做到面不改色稳如泰山，不被对方情绪左右，更不会火上浇油最终导致双方不欢而散；相反，却能采取得体的言行，有效化解对方情绪，保全自我颜面，使沟通回到正常理性的轨道上来。

2.5 既善用肢体语言又能察言观色

除了口头信息之外，有效的沟通还依赖于肢体语言，包括身体的坐站行走姿势、手势眼神、头部移动和面部表情等所传达的信息。沟通中既要善于运用自我的肢体语言来增强自己语言的感染力和说服力，同时又要能察言观色，通过对方的肢体语言，特别是其下意识中不经意表现出来的举动，来捕捉对方的言外之意、弦外之音，判断理解其内心的真实想法。

2.6 其他

提高沟通有效性的措施方法还有很多，比如：通过多赞扬、肯定或感谢的话语抬高对方，让对方感觉很受用，作为回报自然乐意接受你的观点和要求；克己忍让以柔克刚，就像本案例中承包商所做的那样；先行自责，使对方感觉难为情拒绝你的意见和要求；善用幽默的话语，创造轻松愉快的沟通氛围；以自嘲的方式，化解自己在沟通中遭遇的尴尬处境；善用数据、事实、证据等客观的东西佐证自己的观点和要求；条件互换，有舍有得，你先帮助对方解决问题和困难，对方也会投桃报李，帮你解决你的问题和困难，双方形成默契达成共识。

浅析基于马斯洛需求层次理论的团队管理

李浩然

1 马斯洛需求层次理论概述

1943 年，犹太裔美国人著名社会心理学家马斯洛（A.H.Maslow，1908—1970），在 Psychological Review 上发表了一篇题为 *A Theory of Human Motivation* 的文章，提出了关于人的需求层次理论。该理论基于三个假设前提：1）人要生存，他的需要能够影响他的行为。只有未满足的需要能够影响行为，满足了的需要不能充当激励工具。2）人的需要按重要性和层次性排成一定的次序，分为从基本的（如食物和住房）逐步到复杂的（如自我实现）需要。3）当人的某一级的需要得到最低限度满足后，才会追求高一级的需要，如此逐级上升，成为推动继续努力的内在动力。在此假设基础上，马斯洛将人的需求从较低层次到较高层次依次分为如下五类：

1.1 生理需要

维持生存最基本的需求。如饥渴对应的吃喝，衣不蔽体对应的穿，流离失所对应的住等，如果以上需求得不到满足，人类的生存就成了问题，生理需要是这五种分类中最基础亦是最有力量的。

1.2 安全需要

在基础生理需要满足后，另一个需求出现了，即安全需求，为保障自身安全、摆脱心理或生理上的潜在威胁或者危险侵袭风险的需要。

1.3 社会需要

又译作归属和爱的需要、感情需要，是另一层次的需要，即人与人之间友爱和归属于群体的感情需要。

1.4 尊重需要

尊重的需要，简单说可以分成两个部分：其一，自己对自己的尊重，自己对自己能力的认可，充满自信；其二，外界对自己的尊重，受到别人的尊重、信赖和良好评价。

1.5 自我实现需要

最高层次的需要，追求实现个人抱负、理想的需要，能使人感到最大快乐的需要。

以上五类是流传较广的马斯洛需求层次理论，在此基础上马斯洛本人后续又进行了不同的层次扩充，不在本文做详细介绍。

2 结合案例的马斯洛需求层次分析

2.1 生理需要

生理需要是维持生存的最基本需求，也是最有力量的。世间万般事哪有比挨饿更能激发人潜力的呢？

案例1：艰辛的海外劳工

阿联酋，2018 年人均 GDP 约 4.3 万美元，建筑行业产值为 807 亿美元（据美国公司 *Research and Markets* 报告）。与其金额巨大的建筑行业产值相称的是数量庞大的外籍劳工，劳工A便是该群体中的一员。劳工A来自孟加拉国，该国 2018 年人均 GDP 仅 1698 美元，不到阿联酋同年人均 GDP 的零头。劳工A，二十岁左右，家里兄弟姐妹六个，排行老大，因家里没有稳定的收入，全家经常吃了上顿没下顿。为了填饱肚子，劳工A来到了阿联酋，在工地上干杂工，每月收入约 300 美元。阿联酋夏季气温高达近 50℃，工地环境极其艰苦，但对于劳工A来说，这些艰苦不算什么，管吃管住，每月还有不菲的薪酬，这份工作已是梦寐以求的了，因此，他在工地上工作也异常卖力。

这是一个典型的生理需要驱动的例子。在海外工程与国内工程实际中，恰恰是这样的工人存在着巨大的差异。海外工程的外籍劳工，经常来自众多不同的国家，风俗习惯各不相同，且劳动技能和对项目的贡献能力与国内工人远不可同日而语。但他们却是海外工程中基数最大的一群人，对其的管理效果直接影响到工程进度、质量与效益。根据马斯洛需求层次论，给予其相对固定的工作和收入可以满足其生存需要，但在管理实际中，还需要借助更多的管理手段实现激励，如可以通过提供环境适宜的宿舍、适应各国劳工饮食习惯的饮食等来达到激励的效果。

2.2 安全需要

保障自身心理和生理安全的需求。这个安全不仅是狭义上的人身安全，也指心理上的安全，获得安全感的需要。

案例 2：热门的油漆岗位

笔者经历的卡塔尔某项目在进行装修施工的过程中，曾一度出现油漆进度吃紧的现象。为了赶上进度，便要求从劳务市场招募一些熟练的油漆工补充紧缺的劳动力。招募中出现了一个有趣的现象，即在试用期内发现，一部分未通过试工的劳工并非油漆工，而是熟练的架子工。经过深入工人内部了解后知晓，架子工每天在不同的工地进行脚手架搭设，时刻面临高坠、跌落等高危风险，再加上自然环境恶劣，工作又多在室外，还要面对风沙和高温的严酷考验，虽然时薪较高，但这些架子工或多或少都经历过或见到过各种各样的安全事故，虽然他们不得不依赖这份高薪来支撑国内家人的生活，但心理上总对这个岗位充满了不安感。因此，当遇到时薪与架子工所差无几的油漆工时，因为安全更有保障，所以引发大量架子工前来谎报试工。

在这个案例中，这些架子工为追求安全需要而试图更换工作环境和岗位的行为，恰恰验证了在满足了最基本的生理需要之后，安全需要的涌现。安全的工作环境能促进劳动效率的提升，在海外工程中更是如此。但大部分外籍劳工有较好的安全意识却没有系统性的安全知识，所以项目不仅应该在安全工作上加强硬件设施的投入，更应该加强安全教育，对劳工进行安全操作规程宣贯，满足劳工的安全需要，从而激发他们的劳动效率。

2.3 社会需要

人与人之间友爱和归属于群体的感情需要，个人理解，从这一层次就开始脱离温饱，更趋向包含人的社会属性的一部分需求。

案例 3：成为团队一分子

刚刚踏出大学的校门，笔者以一名新工程人的身份踏上了异国的土地。初到异乡，被新工作和对新环境的好奇填满，倒也觉得很充实。但在慢慢适应了工作之后，渐感生活上的枯燥和独在异乡的孤单，工作上也产生了倦态。正是这个时候，笔者参加了项目的一次团建活动，活动中，一向以工作严肃示人的项目领导，像兄长般与大家聊生活、话家常，消除因职务产生的隔阂感，同事们也一起笑闹、谈天谈地，温馨、热闹的氛围使大家产生了集体情感的共鸣，彼此之间的关系也更加亲近，被这种氛围包围，笔者深深感受到自己成为团队中的一分子，不再觉得清冷和孤独，工作和生活的心态得到了很好的调试。当生存和安全的需要不再迫切，友爱与归属于群体的感情需要就更加突出。

在海外工程中，由于工程建设的需要，大家一般都是长期驻外，有时因文化与习惯的差异，有时因缺少陪伴与关爱，有时因环境和条件的艰苦，都会对大家的心理或生活、工作状态产生一定的影响。加强人文关怀，建立团队的共同目标、信念与行为习惯，增强归属感，提高凝聚力，不仅有助于在海外工程中留住人才，最大限度地激发人才的积极性，更有助于提高团队的协作力和工作效率，为项目创造最大的价值。

2.4 尊重的需要

自己对自己的尊重，自己对自己能力的认可，充满自信；外界对自己的尊重，受到别人的尊重、信赖和良好评价。

案例 4：守诺的分包经理 B

在我工作过的某国际总承包项目上，曾有一个负责专业燃气系统深化设计和施工的分包商经理 B。与管理其他分包商不同的是，我们在对该分包商的管理中不需要事无巨细地监督，甚至不需要耗费太多的精力，他们的工作就可以满足工程总控计划的要求。别看经理 B 年轻，但是他的工作很有风格，每次开会碰面，总是穿着干净简洁的商务装，语言谈吐简洁干脆，在明白项目节点和需要配合的事情后，总会招牌式回复："Ok! Leave it to us. We will do our part."几乎每次，他的承诺都会兑现，倘若计划实施有所拖延，他也会主动反馈并采取措施。

他的工作给大家留下了很深刻的印象，也赢得了大家更多的尊重与信赖。在一次与他攀谈时，他说他的父亲从小便教他记住两件事：一是做人要自信，二是做人要守诺。自信是他知道自己擅长干什么，守诺是他知道自己应该干什么，自信是获得自己的尊重，守诺是要获得别人的尊重。他认为，这两点是他长期以来的追求，是工作和商誉的基础，也是他立足于异国他乡备受认可的原因。

这是一个典型的尊重需要的例子。由此看出，在海外工程中，应该更加注重培养和鼓励员工对"尊重"价值的需求，如详细制定工作要求和规范，帮助员工建立对工作最大的尊重和尊重的标准；尊重员工的劳动价值，匹配与其相当的薪酬绩效；尊重员工的个人价值，畅通晋升的渠道和通路；尊重员工的情感需求，增强与员工之间的情感联系和思想沟通等。用自我尊重和他人尊重的双向特征，更好地激发员工的自我驱动，无论是对自我价值的实现，还是对工作的贡献都起到了积极的促进作用。

2.5 自我实现

自我实现是最高层次的需要，激励着人朝着理想不断前进，朝着自我价值的实现不断前进，是最高层次的驱动。

在人类历史的长河中，以自我实现为动力而最终实现理想的名人志士不胜枚举，如：世界上第一个真正的女护士，开创了护理事业的南丁格尔；两弹一星功勋钱学森先生等。但在我过往的工作经历中以我局限的认知和经历，还没有遇到以自我实现需求为动力的典型个例。这也从侧面反映了自我实现这个需求层次之高之罕见。当然如果有一天你有幸碰到了以自我实现的需求为驱动的人，恭喜你，你可以从他身上学到很多。

3 几个建议

马斯洛需求层次理论被广泛地应用在生产活动和企业管理中，现代企业的发展很大程度上依赖于企业员工，人的每种行为都是其需求客观存在的反映。随着我国建筑企业在国际工程领域的发展，尤其是我国建筑业劳动力趋于老龄化，后备力量补充略显乏力，且海外项目当下正遭受着比国内更严重的新冠疫情影响，我国出海的建筑企业如何更好地招募到心仪的新员工，留住熟练的中坚力量，如何让国际工程老兵"退役"回国后继续发挥热量，这是企业不得不面临和解决的问题。

借助马斯洛需求层次理论，通过其系统化的需求划分，像阶梯一样，按照层次主题，分析从业人员的需求层次，对不同的需求层次采用不同的激励手段，避免"撒胡椒面"似地无针对性的激励成本投入，在当下竞争激烈的市场环境和成本压力下，不失为一种有效提高公司人力效能的良好手段。针对国际工程的特点，有以下建议分享。

3.1 公司层面

3.1.1 完善人力资源管理

在建筑业发展的一段时期内，人力资源工作被错误地简单化了，局限在按照工资标准招聘，而缺失了人力资源岗位较为核心的人力资源开发、利用和管理职能。采用科学的测评问卷、访谈等方式，摸排员工需求层次，并制定对应的薪酬和激励措施也是其工作的重点。公司可以向行业头部公司或互联网企业学习，建立人力资源合伙人制度（HRBP）来提升人力资源管理效率，更好地促进公司和主营业务的发展。

3.1.2 加强员工管理能力的培训

项目是在一定的约束条件下（主要是限定时间、限定资源），具有明确目标的一次性任务。针对其一次性的特点，好的项目管理模式不是一成不变的，而是要根据项目的特点和实施阶段，适时地调整管理方式。这就要求项目团队有较强的管理能力。加强员工管理知识技能的培训，无疑能对提高团队管理能力起到促进作用。让项目管理不再单纯地依靠团队的既往经验，让系统化的管理知识为团队管理赋能，提高项目管理效能。

3.2 个人层面

项目成员是项目团队的基石，如果团队成员有相似的认知和管理理念，能大大地提高沟通效率，打破部门间的管理壁垒。单从需求层次方面，团队成员个体做到以下几条，可以很好地促进团队相似认知和管理理念的形成。

3.2.1 尊重他人的需求层次

千人千面，不同的生活环境造就了不同的人生观、世界观和价值观，不要以己度人，要适时地站在别人角度去考虑事情，能更好地形成和谐的团队氛围。

3.2.2 接受自己处于的需求层次

做一个勇敢的人，勇于剖析自己，分析自己做出的正确或错误决策的出发点和自己需求层次间的丝丝联系，坦然地接受，然后尝试改进，成为更好的自己。由每一位团队成员进步的累积，从量变到质变，从而促进团队整体的进步，助力项目管理目标的达成。

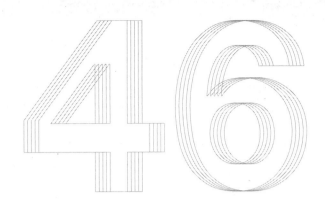

见证与解析：国际工程项目人力资源的国际化和本土化

王道好

1 亲历见证

记得我第一次出国工作，是在 20 世纪 80 年代中期，那是一个中资公司在中东承建的水利工程总承包项目。当时，项目上的人力资源，从管理、设计和技术人员到一线作业人员，全部来自国内相关单位。其中，项目所需的数十名非熟练工，是施工单位在国内长期使用的进城务工人员，全部来自鄂西北山区某县，一度在当地引起不小的轰动。当时，在项目所在国，还有一批来自国内的纺织女工，以极低的劳务价格，在该国一家棉纺厂打工。

第二次参加国际工程项目建设，是 20 世纪 90 年代初期，在中美洲小国一个水电站项目上。项目部成员和技术工人从国内各合作单位派出，而普通力工则全部在当地招聘。我作为首批赴现场的项目部成员，在项目初期还参与负责了当地工人的招聘录用管理工作。这是我所经历的第一个人力资源本土化的项目。

时间到了世纪之交，我第三次出国工作，并首次担任项目经理，负责南亚一个金属结构 EPC 项目的实施。项目管理和技术人员是中方人员，而作业工人，包括熟练工和非熟练工，以及后勤服务用工，全部在项目所在国就地招用。因此，项目人力资源的本土化又向前迈进了一步。

2008 年，我们在中东某国开始承建一个国际连锁酒店项目。项目部的管理和技术人员中，大部分来自国内，也有一部分是在当地聘用的国际人才，如机电、质检工程师和管理人员等。而作业人员中，熟练工来自国内，非熟练工则从第三国招录。这算是一个人力资源国际化和本土化的国际工程项目。

后来，在中东地区承接的一个大型公共建筑项目上，我们除了在项目团队和作业人员方面继续实行国际化和本土化策略外，还首次大胆聘请了一位长期在本地区工作、具有丰富项目管理经验的国际人才担任项目经理。因此，人力资源的国际化和本土化程度得到进一步深化和实质性提升。

近些年，我曾参与或参观了一些中资公司的国际工程项目。走进项目部办公室，发现项目管理和技术团队完全是一支国际化、本土化的团队，从项目经理到设计、施工、合同、技术、质量、HSE、机电，乃至行政后勤，几乎所有的部门负责人或员工，都能见到外国人的身影，有时甚至外国面孔占了大多数。而工地的作业人员也是来自世界各地，有中国人，也有当地人或者来自第三国劳工。这样的项目，在人力资源的来源上已经完全实现了国际化、本土化。

可以说，笔者以个人的国际工程从业经历，见证了中国企业数十年来在国际工程项目上人力资源国际化、本土化的渐进发展历程。

2 原因分析

在经济学中，所谓"国际化"是企业有意识地追逐国际市场的行为体现。它既包括产品国际流动，也包括生产要素的国际流动。而"本土化"，是指从事跨国生产和经营活动过程中，为迅速适应东道国的经济、文化、政治环境所采取的淡化企业的母国色彩，在人员、资金、产品零部件的来源、技术开发等方面都实施当地化的经营策略，其实质是将生产、营销、管理、人事等经营诸方面全方位融入东道国经济中的过程，并将企业文化融入和植根于当地文化模式的过程。

国际工程本身作为一种跨国交易的工程产品，兼具国际性和工程产品的双重属性。国际工程项目是这种特殊产品的生产交付过程，项目所需人力资源作为重要的生产要素，必然发生国际流动。这种流动有两条途径：一是从工程产品的生产经营企业所在国流向工程产品的生产交付现场，亦即项目所在国；二是从企业所在国之外的第三国流向项目所在国。这第二条途径就是我们所说的项目人力资源国际化。而项目人力资源的本土化是指企业在产品生产交付过程中利用了项目所在国的人力资源。站在工程企业的角度来看，人力资源本土化是其国际化的一种特殊表现形式。

国际工程项目人力资源的国际化、本土化，有其深刻的内在逻辑，可以说是中国国际工程行业发展到一定阶段后的必然选择。

中国自20世纪80年代实行改革开放的基本国策后，工程企业纷纷走出国门，参与国际工程市场的合作与竞争。起初，人们受旧有传统和体制的影响，思想意识还相对保守，加上本国社会经济发展水平低下，人口和就业基数庞大，因而在国际市场竞争中形成了人力资源成本的比较优势，中国企业在国际经营中，不仅没有想到，也无需在人力资源上实施国际化和本土化。相反，中国由于人力资源成本低、技能优、效率高、好管理等优势，成为国际市场上人力资源不可忽视的输出国，由此产生的经济收益也成为增加国家、企业和个人家庭经济收入、改善经济状况的来源之一。

但是，随着改革开放的进一步扩大，国际经济合作竞争的加深，特别是中国加入WTO，以及国际经济全球化浪潮的到来，中国企业的内外经营环境发生了深刻的变化。一方面，国际工程企业经过多年的发展，其经营规模和范围逐步扩大，相应地对人力资源的需求也随之增加。另一方面，社会经济的发展进步，导致人们择业观念的改变和对未来期望的提升；同时，人口规模增长持续低迷发展，加之社会结构的转型、大众教育程度的提高以及社会就业形态的变化，造成了国际工程行业的社会人力资源供应渐趋短缺。另外，中国社会经济经过长期高速发展，人们的经济收入明显提高，由此带来企业人力资源成本的大幅度上升，原来在国际市场竞争中的人力资源成本优势逐渐丧失。因此，国际工程企业的用工需求与社会供应、经济成本的矛盾日益凸显。

现代国际工程行业起源于西方发达国家，当下所通行的规则由西方国家制定和掌控，他们具有长期的运行管理经验和优秀的人才，这是他们在国际工程市场竞争中的先天优势。同时，越来越多的发展中国家纷纷加入国际工程市场竞争合作中，为市场组织提供充足廉价的劳动力，其动员、管理和服务能力日渐提高。因此，中国企业在国际工程市场上，要同时面对西方发达国家和其他发展中国家的竞争压力。

另外，中国企业在国际市场合作竞争实践中，时常遭遇不同文化间的冲突与摩擦，还要面临适应当地经营环境等问题。而且，中国企业要想在长期的国际市场合作竞争中进一步发展壮大，还需考虑自身的品牌形象塑造问题，是仅仅以纯中国公司的形象，还是以国际化公司或者带有某种当地公司色彩的形象示人？再者，一些国家为保护本国利益，促进当地就业，或者出于其他政治目的，对外来投资就业的人口有着严格的限制，并明确要求外资须雇佣本地雇员的比例数量。

凡此种种因素，是中国企业在国际工程市场经营中必须面对的问题，也成为众多企业选择人力资源国际化和本土化策略的主要动因。

3 优势与问题

项目人力资源的国际化和本土化有如下一些优势：1）具有不同民族文化背景的人融合在一起，可以相互借鉴学习，取长补短，优化了项目人力资源结构，具有类似物种进化的生物学优势；2）弥补中国企业自身人才数量不足和质量不高的短板；3）国际和本土人才，熟悉项目管理的国际惯例和当地经营环境，又无语言障碍，很容易进入角色；4）带动中方员工尽快成长进步；5）改善项目与当地社会的公共关系；6）优化项目资源配置，节省录用时间，提高人力资源使用效率；7）减少项目结束时的后顾之忧；8）一些国际或本土人力资源，特别是作业层劳工，具有显著的成本优势；9）淡化企业的中国形象，提升其国际化、本土化形象。

同时，国际工程项目人力资源国际化、本土化也存在一些问题和障碍，主要表现为不同文化间的差异引起员工间的矛盾冲突，导致团队内部相互间的内耗和不信任感增加，影响项目管理绩效。另外，一些外籍员工对企业的忠诚度和使命感不强，工作积极性不高，甚至发生有损企业或项目利益的行为。而项目上一旦发生与外籍员工相关的问题和纠纷，处理起来难度较大，稍有不慎容易引发严重的政治外交或暴力冲突事件，造成不良的国际影响。而且，项目上外籍员工一般都缺乏与企业总部的沟通联系，如果过度国际化、本土化，同时又缺乏有效的监督管理机制措施，则有引发项目管理失控的风险。

4 管理对策

国际工程项目人力资源国际化、本土化管理，关键是加强项目的跨文化建设管理，形成多种文化融合共生的项目文化。项目跨文化管理，是指对项目所涉及的不同文化背景的人、事和物的管理，目的是在跨文化条件下，项目如何采取措施克服文化冲突，进行卓有成效的管理。跨文化管理的手段，可以针对不同的具体情况，分别采取移植、嫁接、融合和规避等项目文化的建设管理策略。在具体的做法上，可以有计划地开展外籍员工的培训和宣贯，建立和实施基于绩效的公平合理的薪酬制度及职业晋升机制等。企业总部在增进与项目外籍员工的沟通联系的同时，还要加强对项目运行的有效监督管理。

另外，项目对人力资源国际化、本土化应保持灵活开放的态度，不单单是将项目本地或第三国的人力资源招录到项目团队中来加以利用，还可以通过与国际或当地的人力社会资源进行多种形式的合作，利用商务合同、法律事务、公共关系代理、劳务分包等方面的机构或个人，或者通过互联网渠道获取人力资源，来为项目部提供相应的专业服务，做到"不求为我所有，但求为我所用"即可。

维护项目团队员工尊严案例分析

王道好

1 两个案例

一向寡言少语、性情温和的小李，却在大庭广众之下，受到迈克尔突如其来的粗暴对待，个人尊严受到严重伤害。

事情发生在一个境内涉外石化工程项目的建设工地上，这是一个由中外两家企业联合承包的 EPC 项目。根据双方的合作协议，小李是中方派出的质检工程师，迈克尔是外方派出的现场工程师。

那天，小李完成施工质量例行检查后，从现场回到办公室，正在电脑前准备质检文件。这时，迈克尔急匆匆地跑到小李办公桌前，满脸怒气，指着小李的鼻子一直不停地骂骂咧咧，质问他为什么不让浇筑混凝土。

小李的办公桌设在项目部的公共办公区，中方经理听到外面迈克尔的吵闹声后，便从办公室里出来一看究竟，只见迈克尔盛气凌人对着小李大发脾气。小李因为不懂英语，加之性情柔弱木讷，便一直沉默不语，只顾在电脑前忙他自己的事情，只是满脸早已羞得通红。

中方经理见状后，心想不管小李对错与否，迈克尔都不应该如此粗野地对待他，于是立即上前严肃地制止了迈克尔的言行。

事后中方经理了解到，迈克尔因为抓施工进度心切，在分包商匆忙完成立模扎钢筋后，就直接通知业主工程师和其他相关方准备浇筑混凝土。但是，小李在现场检查质量时却发现，钢筋绑扎不符合要求，还锈迹未除，底板上的垃圾也没有清理。按规范要求，在这种情况下是不能浇筑混凝土的，于是通知取消了原定的浇筑计划。

了解了事情的原委后，中方经理便去找外方经理沟通，认为即使小李工作有错，迈克尔也不应该以这种有失体面的方式待人，更何况小李作为质检工程师，严把施工质量关是其职责所在。外方经理当即表示歉意，后又责成迈克尔亲自来向中方经理道歉。中方经理看到迈克尔一脸羞愧的样子，就领着他去见小李。在公共办公区，迈克尔当众向小李表示真诚道歉，从而挽回了小李的个人尊严。

此后，项目上类似事件再也没有发生，中外双方的合作关系更加融洽，特别是迈克尔比以前礼貌客气了很多，小李则一直尽职尽责地工作到项目结束。

无独有偶，数年后，几乎同样的场景，在万里之遥的中东某建筑工地上再次上演。这是一家中资国有企业承包的高层房屋建筑项目，项目总监由企业总部从国内派出，项目经理则在当地聘请外籍职业经理人担任。

事情发生在项目经理办公室。项目总监召集了项目经理和土建分包商，正准备研究现场施工进度问题。这时，现场工程师小王走进办公室，向项目经理请示汇报工作。项目经理则傲慢地半躺在扶手椅里，习惯性地眯缝双眼，不屑地看着小王。当得知小王未按他要求准备一份文件时，项目经理"嗖"地一声从扶手椅坐起，拉下脸来，指着小王破口大骂。面对上司的不停责骂，小王只能谦卑地面带微笑，嘴里几次欲言又止，一时不知如何应对眼前的尴尬处境。

令人不解的是，坐在一旁的项目总监却一直无动于衷，好像眼前发生的一切与他无关似的。实际上处在他的位置，此刻出面挽回一点儿下属颜面不过是举手之劳。倒是土建分包商实在看不下去了，就客气地提醒项目经理，请注意说话的方式。分包商眼见他的话没起到效果，撂下一句："这种行为无法接受。这是你们内部的事，我先撤了！"就愤然起身离开了办公室，心中对两位项目领导的表现不免产生难以磨灭的阴影。

不知道是不是因为这件事，不久后小王就主动辞职离开了项目，据说直接跳槽到另一家中资公司的海外项目上。再后来，项目部的其他主要中方管理人员，包括项目总工、项目副经理、合同经理、财务经理、采购经理等，也都陆续离开了项目。因为项目执行得非常被动，项目总监最终也被公司总部中途调离了。

或许，每一位项目员工的离开，背后都有各自特殊的原因。但是，作为团队首要领导的那位项目总监，最后几乎成了孤家寡人，项目没办法继续执行下去了，其在项目和团队管理中的所作所为，难道不值得反思吗？

2 员工尊严分析

上述两个案例的核心是如何对待员工尊严问题。所谓尊严，有两层意思：一指尊贵庄严；二指可尊敬的或者不容侵犯的身份或地位。在项目管理中所涉及的员工尊严，其含义主要是后者，即员工在工作中所拥有的正常的应被其他人尊重的权利，属于职场尊严的范畴，通常具有以下三个特点：一是规则性，即职场有一定的规则和秩序，上级对下级以及同事之间都有一些约定的沟通及行为方式，一旦破坏了这些规则，就可能侵犯他人尊严，如当众辱骂下属，或者是强迫下属做一些不符合常规的事情。二是契约性，就是说，职场是建立在契约基础上，劳动合同规定了员工应该做的和不应该做的事情，同时也约定公司的行为。因此，一些日常的生活场合可以做的事和说的话，在职场上就是禁忌，一旦这样做，就可能侵犯了员工的尊严，甚至可能构成犯罪。三是公开性，由于职场是一个公开的场合，个人的一举一动都几乎无隐私可言，因此，在隐私场合的一些言语行为一旦公开化，就可能会变成一种"侮辱性"行为。

在项目管理过程中，维护每一位项目员工的人格尊严是十分重要和必要的。首先，从人性的角度来看，被他人尊重是人生而为人的正当心理需求，必须予以满足。其次，从法律的角度来看，相关法律保障每一个公民生而自由并享有相等的尊严与权利，伤害员工尊严为法律所不容，情节严重的甚至构成犯罪。再从管理者的角度来看，要想赢得下属员工的尊重，必须先学会尊重下属，所谓将心比心。

在现代管理中，以人为本的管理理念已逐渐深入人心，维护员工尊严是这一理念的具体体现。在各类生产要素中，人力资源是最富弹性的一种，因此如何充分利用人力资源，是管理者必须面临的关键问题。在项目管理工作中，只有切实维护好员工尊严，保障员工的权利不受侵害，才能有效增强团队凝聚力，提高员工忠诚度，最大限度挖掘员工潜能，调动员工工作热情和积极性，从而提高工作效率，降低管理成本，为项目创造更大价值。

而项目管理是一项团队作业，项目经理作为团队领导者，要认识到员工队伍中蕴藏着无穷的智慧和力量，充分了解他们，相信他们，听取他们的合理意见建议，放手让他们各负其责，这样不仅能让管理项目变得省心容易，而且自身能从中增长管理智慧和才干。

维护员工尊严也是项目文化建设的重要内容。项目经理要在项目团队中，努力营造一种相互尊重、相互支持的和谐团队关系和良性文化氛围，从而提高团队整体的战斗力。实际上，项目经理个人或项目处在危急关头时团队成员们的表现，最能体现这个项目团队内部关系的好坏和战斗力的强弱。所以，要以平时对员工足够的关心照顾、理解尊重和支持帮助，换取项目经理个人和项目在危急和关键时刻员工们的不离不弃、团结一心和挺身而出。

3 举措建议

3.1 树立尊重员工意识，贯彻以人为本理念

尊重他人既是人际交往的基本原则，也是项目人力资源管理的基础。项目经理要意识到，项目上的每一位员工，在人格上是平等的，在身份上是相同的，只有岗位分工的不同，没有身份的高低贵贱之分，每一项工作都值得尊重，每一份劳动都体现了人的价值。

既然现代项目管理是一项团队作业，那么单靠项目经理一己之力就难以胜任，必须依靠整个管理团队发挥作用。而尊重是一个项目团队的灵魂，有灵魂的团队就能形成一个所向披靡的整体，没有灵魂的团队则是一盘散沙，即使每个人都非常强大也无济于事。因此，项目经理只有树立尊重员工的意识，坚持以人为本的理念，才能率领项目团队发挥整体效能，共同完成项目经营管理目标。

3.2 改进行为举止，真诚礼貌待人

一些项目经理封建官本位思想严重，自以为天高皇帝远，老子天下第一，在项目上充当着土皇帝、官老爷，不知道尊重员工，工作中遇到问题，不从自身找毛病，而是对员工轻则批评辱骂，重则罚款降职，直接触碰了员工的底线，员工必然会被激怒，产生对抗心理，工作上消极怠工敷衍塞责。其结果是渐渐地与团队成员离心离德，项目管理也终陷于被动失败。

尊重员工不妨先从改变自己的行为举止风格做起，放下架子，降低身段，与员工真诚交往，以礼相待。

真诚是态度，项目经理要建立自己在项目团队中的影响力，靠的不只是个人能力，与成员之间的感情交流也必不可少。所谓"士为知己者死"，作为项目领导者，

如果能够用心地对待员工，与员工建立知心信任的关系，员工自然会以真心回报，在工作上会更加努力和积极配合。

礼貌是方式，项目经理要注意做到，在称呼员工姓名职位时尽量礼貌尊重，在与员工沟通交流时表现得谦和容人，在团体活动中言行高雅彬彬有礼。在为人处世中、在行为动机上尽量减少他人付出的代价，尽量增大他人的益处；在言辞上尽量夸大别人给自己的好处，尽量缩小自己付出的代价。

3.3 妥善对待员工的工作失误

团队成员在工作中出现失误在所难免，项目经理要有容忍员工犯错的肚量，留给员工改错的机会。项目经理如果发现员工的行为会给项目造成损失，可以立即上前阻止，但不应不分青红皂白就当众批评甚至羞辱员工，给员工一个下马威，更不宜采取经济或肉体处罚等简单粗暴的手段，而是在弄清事情的原委后再作决断。

如果员工行为的确有错，也要注意处理问题的方式方法。对于非员工主观恶意所为（比如，可能是在执行其上司的指令）的问题，则不应由其承担全部责任。对于员工偶尔为之的小错，项目经理可以佯装不知，或仅作善意的提醒，点到为止即可。对于担任一定领导职务的下属，可采取旁敲侧击敲山震虎的方式。即便错误严重到需要当面直接批评的，为顾及员工的面子，也应尽量在私下进行，且言辞上要实事求是，不搞无限上纲上线，更不能有侮辱人格的言行。不过，可以根据所犯错误的性质和造成的影响等具体情况，选择公开处理结果以儆效尤。更重要的是，要帮助员工纠正错误，一起找到解决问题的方法，以免同样的错误再次发生。同时，还要给员工将功补过的机会，而不是一棍子把员工打死，将员工逼上绝路，更不能小肚鸡肠公报私仇。当然，对于情节性质特别严重构成犯罪的，也不能一味姑息包庇，可视具体情况选择诉诸法律手段。

3.4 适当授权，发挥员工潜能

一些项目经理惯于大权独揽，只给员工分配工作任务，却不授予应有的权利，要求员工事无巨细都须向他请示汇报，还喜欢对工作细节指指点点，强迫员工非按自己的指令行事不可，弄得员工完全没有自由发挥的余地，感觉自己像提线木偶一样受人摆布，工作对他来说毫无乐趣和成就感可言。

一个工作岗位就意味着一份责任，同时也拥有一定的权利。项目经理在给员工安排一个工作岗位时，不仅要明确其职责范围，还要赋予相应的权利。项目经理要充分信任员工，支持他在责权范围内大胆开展工作，最大限度地发挥其主人翁精神和内在潜力智慧。项目经理所要的是员工的工作结果，不应过多干预其工作中的路径方法等细节。这样做既充分尊重了员工，也有效减轻了自己身上的工作负担，何乐而不为呢。

3.5 善于听取员工意见建议

员工队伍中蕴藏着无穷的智慧，特别是一些员工长期从事专业性的具体工作，其专业能力往往是项目经理所不能企及的。项目经理在作决策前，对决策是否科学合理及其被接受的程度和实施后的效果，不一定能准确把握。一项决策实施后产生的实际结果是好是坏，项目经理也不一定完全了解。因此，项目经理有必要广泛听取员工的意见建议，了解他们的真实想法，摸清项目管理的真实情况。让员工参与项目管理的决策过程，能让他们感受到被尊重。他们的意见建议一旦被采纳，还能让他们产生成就感和自豪感。

3.6 多赞扬肯定员工的优点和工作成果

希望获得他人的认可和赞扬，是人之常情。项目经理要善于利用人性的这一特点，对员工的优点多加褒扬肯定，即使是小到一个肯定的眼神、一个友好的手势或一句由衷的赞许，也会让员工备受鼓舞。对员工出色的工作表现及时肯定、赞扬有加，可以使员工认识到自己在团队中的位置和价值、在领导心中的形象，从而提升员工的自信和承担重任的勇气；同时又密切了与员工的关系，并能在团队中起到积极的示范效应。

3.7 保障员工权益，改善员工工作生活条件

一些项目出于节省成本的考虑，提供给员工极低的薪资待遇，还随意克扣长期拖欠，提供的饮食、居住和办公条件恶劣，环境卫生管理脏乱差，远不及当地同类员工待遇的平均水平，甚至比项目分包的条件还差。在这样不体面的条件下工作和生活，员工很难有尊严可言，在作为总包商的一员，面对分包管理时也缺乏应有的底气。

随着社会文明进步和人们对生活品质的要求逐步提高，这种忽视员工为人的基本尊严、一味追求经济利益的做法，是不能与现代管理理念相适应的。所以，尽管在项目管理中经济上会遭遇各种困难，还是要切实保障项目员工应有的劳动所得，尽力为员工提供相对良好的工作和生活条件。如果个别员工一时遭遇严重的家庭经济困难，项目可以在条件允许的情况下，尽力帮助员工摆脱窘境。

3.8 引入竞争机制，给优秀员工提供上升通道

有些尊严是要靠员工自身的努力来赢得，项目部要在团队中引入优胜劣汰的竞争机制，并将员工的个人收入与其工作绩效挂钩，从而营造一种公平竞争、良性互动的内部环境。对于那些责任心和能力强、工作努力、业绩突出、品行端正的优秀员工，要大胆提拔任用，为他们职业发展提供晋升通道。这样的员工既能在团队中为自己赢得尊重，也必将激发其他团队成员奋发向上的热情和希望。

3.9 关键时刻捍卫员工尊严

项目员工在工作生活的内外交往中，难免与人发生矛盾冲突，个人尊严可能因此受到威胁。在这种关键时刻，项目领导要挺身而出，及时解救员工于危难之中，保护其个人尊严不受伤害。即便员工本身有错在先，也可以出面阻止事态进一步恶化，从中调停以其他理性方式化解矛盾。尤其是在上级领导越级批评或羞辱自己的员工时，项目经理要酌情考虑，是否应出面为员工解围或主动承担一定的责任，这样既体现出自己的责任担当，也能为员工挽回一些颜面。否则，像上述第二个案例中的项目总监那样，关键时刻置员工尊严于不管不顾，最终只落得个众叛亲离黯然离场的结局。可以想象，如果他在个人尊严遭遇危机之时，恐怕很难有员工愿意为之赴汤蹈火拔刀相助，大家不幸灾乐祸落井下石就已经是善良了。

项目管理博弈中的冷血与温情
——项目相关方互动案例叙事

王道好

在中东某国，一家大型中资央企（以下简称"总包方"）承接了当地私人业主开发的超高层商用公寓楼工程总承包项目，随后转手整体分包给了另一家地方国有中资企业（以下简称"二包方"）全面负责实施。在此之前，这两家中资企业以相同的合作模式，在同一地段刚刚完成了一个高层商用公寓楼项目合同，项目执行结果以严重经济亏损而告终。

二包方的现场项目部基本上是上个项目管理团队的原班人马。项目开工后，二包方通过有限邀请议标的方式，与一家在当地注册的中资劳务公司（下称"劳务分包方"）商签建筑主体结构混凝土施工劳务分包合同。在合同谈判过程中，二包方项目负责人对劳务分包的报价一压再压，同时一再承诺："请放心，我保证一定让你们赚钱，绝对赚钱！"话说到这种份上，劳务分包方基于对二包的信任，数次修改降低报价。最终，双方以当地市场平均水平 70% 的价格，签订了劳务分包合同。

在此之前，劳务分包方在中东地区有长达十余年的工程劳务专业服务经验。根据劳务分包方的惯常做法和双方事先达成的一致，项目所需的劳务人员中，主要技术管理人员和工长为劳务公司派出的中国籍员工，其他熟练和半熟练工以总包方的名义申请工作签证从第三国招录，相关费用（包括签证和落地后的食宿交通等）由二包方垫付，并逐步从劳务进度结算款中扣除。

合同签订后，劳务分包方开始按计划进行人员动迁，中方人员持劳务公司的工作签证陆续到场开始工作。但是，到第三国招聘劳工的工作却迟迟不能开始，原因是二包方既没有按合同约定支付动迁预付款，也没有资金垫付招募劳务所需的费用。按理说，项目刚刚启动，业主支付的预付款刚刚到账，二包方应该有充裕的流动资金，二包方在商签分包合同时也是这么说的，怎么项目刚开始就缺钱了呢？究其因原来是二包方在实施上一个项目中出现了巨额亏损，总包方将大部分预付款用到了填补这笔亏损上了。

但是，项目一旦正式开工，工程进度不能拖延。无奈之下，二包方只好配合劳务分包方在当地市场寻找劳务公司合作。当地市场提供的劳务不仅价格高、技能差，而且不好管理，工作效率低。等到自有劳务从第三国进场时，已经是半年以后的事了。无疑在这半年时间里，劳务分包方的现场管理额外增加了工作难度和成本支出。

在劳务分包合同执行过程中，劳务分包方自愿地承担了许多合同以外的工作。在劳务分包方看来，二包方是他们的客户，本着竭诚服务的原则，自然要替客户分忧解难，相信帮客户也是在帮自己，以期通过帮助客户来建立互助互信的合作关系，更何况劳务分包方在中东经营时间更长，对当地的情况更了解，也有更多的国际工程特别是房建项目管理经验。比如，二包方打算在主体结构施工中采用的钢筋套筒连接工艺和模板支撑及爬模体系，这本来是二包方自己内部的技术决策问题，劳务分包方由于先前有过使用这两套系统的经验，便主动参与其中，从专业的角度帮助进行方案比较，亲赴多个工地现场实地考察比较，多次与供应商进行技术沟通，在此基础上提出最终的决策方案供二包方参考。而且，劳务分包方在此之前曾与总包方在当地有过成功的项目合作经验，所以就利用双方建立起来的良好关系，经常主动为二包方开展公关活动，在二包方与总包方之间出现不和谐现象时，帮助分析问题原因，厘清二者关系和矛盾焦点，并积极从中斡旋调解。二包方在开展对外交往感到手足无措时，劳务分包方不仅为其出谋划策，还无偿提供贵重礼品供其使用。二包方在项目内部管理遇到问题时，劳务分包方积极建言献策，当急需专业人才时则推荐合适人选。二包方想在当地注册成立公司，升级经营资质，劳务分包方又为其寻找当地的代理公司和合作伙伴，参与商谈合作方案。甚至二包方项目负责人在个人职业晋升遇到困惑，或夫妻关系出现矛盾时，劳务分包方负责人也要为之提供及时的心理安慰和应对良策。可以说，劳务分包方日常提供的额外服务和帮助数不胜数，以为人心都是肉长的，只要己方平时竭尽全力付出了，关键时刻一定能收到应有的回报。

但事实并非如此。如前所述，由于二包方与总包方之间在上一个项目合作中存在经济纠纷，而业主支付的工程款全部进入总包方的公司账户，导致本项目开工后不久就出现资金短缺问题，进而影响到二包方对劳务分包方的进度款支付。开工当年 8 月份完成的基础底板混凝土施工人工费结算，虽然双方及时办理了结算手续，但二包方却未能按合同规定一次性全额支付。劳务分包方对二包方遭遇的经济困境十分理解，并没有向对方施加压力，而是想方设法按工程进度计划要求正常施工，期望在年底能得到全额支付。但是，劳务分包方的良好希望再次落空，直到春节来临，二包方支付的欠款仅够发劳务分包方中方员工的工资，至于劳务分包方现场负责人的工作报酬、公司管理费、先期垫付的项目启动费用及合理的利润等，全部无法从结算工程款中兑现。即便如此，春节来临前，二包方项目负责人的家属来项目探亲，为充分顾及其个人颜面，劳务分包方也没有采取任何过激行为来讨要应付工程款。

因为工程款不能及时得到结算和支付，劳务分包方意识到经营风险的存在，相应地采取了一系列的防范措施，主要包括：1）项目施工中所需一切对外支付开销，均申请由二包方直接承担，如果二包方无力支付，宁可选择停工待料也不再继续为项目垫资；2）减少施工项，原本应由其承担的模板安装和预应力施工劳务，劳务分包方以无资金增加人力资源为由，返还二包方自己组织施工；3）缩减项目上的中方人员数量，员工中凡有回国意愿的，在不影响施工管理的前提下尽量安排回国，使项目现场的中方人员规模保持在最低限度。

春节后，眼看上年 8 月的进度款已拖欠达半年之久，仍然无法得到全额支付，随后几个月完成的工程进度款又拖着不办理结算，劳务分包方认为项目经营风险进一步加大，自己已经无力也没有必要继续在项目上免费干下去了。于是，劳务分包方主动提出要求解除劳务服务合同。双方商定，劳务分包方作为一个组织不再参与项目建设，但为不影响工程进度，其在现场的所有中外员工，有意愿留下来的，将统一交由二包方负责组织生产管理，并承担一切后续费用。

随后，双方开始办理退场工程款结算。按照二包方提供的结算数据，劳务分包方完成工程进度 360 万当地币（以下金额均以当地币计），二包方实际支付和代付510 万。就是说，劳务分包方不仅不能结算到任何进度款，还亏欠二包方 150 万。这完全超出了劳务分包方的预料，在劳务分包方看来，根据以往的经验和在本项目实施中所作的粗略成本分析测算，以这样的合同价格水平，虽说想赚大钱不太可能，但是绝不至于出现如此严重的亏损。于是，劳务分包方要求提供详细的结算资料。初步查看资料后，劳务分包方果然发现多项不合理的扣款和漏项，主要包括：

（1）多扣劳工签证和营地食宿费用 52.7 万。

劳务分包方为项目招用的劳工，其签证和租用营地的食宿费用均按两年计算，到结算时实际只用了 6 个月时间，理应只承担这 6 个月的费用。剩余的时间由二包方继续使用和管理这些劳务，需自行承担相关费用。而且，两年到期后，劳务签证押金和 10% 的营地押金是可以退还的，营地租金中所含 5% 所得税可以抵扣，这些费用不能仍由劳务分包方承担。

（2）二包方自招钢筋和模板分包质保金 10.5 万。

二包方为加快施工进度，自行在当地另招了一些钢筋和模板安装分包商，由其直接管理，本劳务分包方不参与任何管理，自然不应承担其质保责任。

（3）模板材料费用 32.9 万。

在项目初期二包方模板支撑系统和爬模体系选型过程中，虽然劳务分包方无偿提供了技术支持，但这些材料到场后，由于种种原因，劳务分包方不再承担模板安装施工，就没有义务承担模板材料费。

（4）防水分包索赔费用 7.3 万。

现场的防水分包商过于强势，因成品破坏向二包方索赔修理费 7.3 万当地币。劳务分包方在以前项目施工中也遇到过类似的情况，都是由总包方责成防水分包免费修复。道理非常简单，因为现场参与工程建设的人员和单位众多，作为分包商，防水分包商有责任采取适当措施做好自己的成品保护，总包方没有义务替其照看保护成品，总包方所需要的是分包方提供的防水设施能起到真正的作用，而不是什么防水施工成品，这正像业主所需要的是能发挥合同要求的功能的建筑工程产品，而没有义务在工程施工中替承包商保护什么混凝土成品一样。在此次垫层施工中，劳务分包方可能破坏了部分防水层，但也不排除其他方现场人员造成破坏的可能。而且，劳务分包方整个垫层施工的人工费合同价为 7.9 万，本已属严重亏损项，再让其承担其中的所谓防水修理费，相当于劳务分包方在开工初期的两三个月基本全免费地干，这种做法于情于理都是讲不通的。作为各分包商的共同客户，二包方应做到公平公正，而不是柿子拣软的捏，自己无能对付分包商，就让另一家分包商来背锅。

（5）前期欠款 41.3 万。

即基础底板混凝土施工人工费已办理结算尚未支付的欠款。

以上合计 144.7 万，再加上其他多项不合理扣款 20 万，共计约 165 万。扣除这些不合理扣款，劳务分包方最终结算结果尚有 15 万的盈余。另外，劳务分包方还提出了变更索赔诉求，主要包括以下三项：

（1）钢筋车丝加工人工费

钢筋采用套筒连接是在双方合同签订后，二包方决定采用的技术，所以现场钢筋车丝加工是原合同外工作项。劳务分包方在未与二包方就价格达成一致的情况下，听从其工作安排，开始组织加工生产。后因双方价格期望值差别过大，二包方收回该项工作，改为自行组织生产。经初步测算，二包方组织生产的单个成本在 5 当地币以上，远远高出劳务分包方的报价。这样，二包方在完成地下室一层的车丝加工后，又指定劳务分包方续接此项工作，截止到主体结构标准层四层板以下，劳务分包方共完成套丝 5 万多个，所耗人工费需确定合理单价并予支付。

（2）现场额外钢筋制作人工费

根据双方合同约定，钢筋加工由二包方在场外厂家制作成型后运抵现场，劳务分包方只负责钢筋现场卸货和绑扎安装。实际在施工过程中，因钢筋成品材料供应不及时、错误、缺失、半成品或厂家不愿意加工等原因，导致劳务分包方钢筋绑扎施工无法正常进行。为确保工程进度，劳务分包方根据二包方安排，组织人员在现场进行临时加工制作或更改。自开工至结算日，此项工作共耗费中方工长 1360 工时，7260 外籍工时，此项工作超出了劳务分包方原合同责任范围，应予额外支付。

（3）高价劳务价差补偿

如前所述，在人员动迁阶段，因二包方未能按事先约定提供资金支持，导致项目所需劳务未能按计划进场。为不影响整体施工进度，劳务分包方只能临时从当地市场雇佣高价劳务，合计用工时 8 万小时。经测算市场高价劳务比自有劳务成本高出 4 当地币 / 小时，为此劳务分包方额外支付成本 32 万当地币，应给予合理补偿。

除此之外，劳务分包方还提出，因二包方现场临时用工或因图纸批复、材料供应延误等原因，劳务分包方共向二包方提供额外劳务用工或停工待料 2 万余工时，待确认支付。

在核查二包方提供的结算资料时，劳务分包方还发现了几项有背人之常情的收费细节。

第一项是对其负责人周某食宿的收费。二包方在自己租用的项目部员工宿舍中的一个三人间房间，为周某提供了一个床位，这样周某平时下班后就与项目部管理人员一同起居生活。至于所发生的费用，二包方起初只是含糊其辞地说："先住着吧，到时候象征性地收一点就行了。"为此，劳务分包方对二包方心存感激。但是，令其没想到的是，最终的收费远非"象征性"。周某对其在二包方宿舍住宿和用餐有详细的记录，根据所记录的 258 天居住期的统计，周某有 128 天的时间没有在二包方宿舍居住用餐，二包方却按 258 天全数计收。而且收费标准偏高，如果按其收费费率乘以项目宿舍现有居住人数，结果超出了其支付的房屋租金。换句话说，二包方从周某食宿费中还可以小赚一笔。这样一来，劳务分包方原本存有的感激之情，就显得有些多余了。

另一项是对租用中巴的收费。根据当地政府规定，所有当地的在建项目，必须根据项目规模大小，租用一定数量的政府提供的中巴车，据说政府所收租金将用于当地残疾人救助等公益事业。二包方租用的中巴车数量除自用外，还有一辆长期闲置。而劳务分包方中方人员通勤正好需要一辆中巴车，本可以从当地市场租用，但为减少二包方租车的经济损失，就改用了二包方闲置的那辆中巴。关于租金，二包方仍然是那句话："先用着吧，到时候象征性地收一点儿。"最终，实际计收费用在偿付政府的租金后，二包方还能略赚一小笔。

最不可思议的一项是对救急厨师用餐的收费。有一段时间，二包方项目部宿舍食堂唯一的厨师因故不能上班做饭，项目部员工只好轮流做饭，大家将就着用餐。见到这种情况，劳务分包方就主动安排手下一名厨艺最好的工长，停下自己手中的现场领班工作，来为项目部员工做饭。临时厨师每天早晚的接送和工作报酬等费用，都由劳务分包方自己主动承担。厨师在食堂做饭，自然也在食堂用餐。最后双方结算时，二包方竟还按标准计收临时厨师的饭费。

劳务分包方将对结算资料核查后形成的意见及索赔诉求，以书面信函的方式发给二包方项目部，希望双方就结算问题友好协商解决，但始终得不到二包方的正面回应。这期间，项目的经济困境进一步加剧，因经济纠纷和项目进度等问题，二包方与总包方的关系更加紧张。在此情景下，总包方召集二包方公司总部领导来现场商谈解决问题。双方协商结果是，二包方调离现场项目负责人，安排总部旗下另一公司全权接管项目，并由该公司新派现场负责人，带领项目部原班人马继续对外履行项目合同。

在二包方进行内部交接期间，劳务分包方的退场结算被推诿搁置下来。劳务分包方去找新任项目负责人于某，对方以刚接手项目对过去情况不了解为由，要劳务分包方去找原负责人。而原负责人此时正忙于离场到南亚某国承接新项目，总是来去匆匆，根本无暇顾及劳务分包方的诉求。

在经过数月的被冷落拖延后，眼看工程款结算希望渺茫，劳务分包方也想过借助法律手段解决问题，但转念一想，本项目属内部转包，二包方对外不具备法律主体资格，若要起诉对方必然把总包方牵扯进去，势必破坏双方早先建立起来的良好合作关系。再说在当地走法律程序，不仅聘请专业律师是一笔不小的开销，而且可能耗时漫长，一个案子判下来，拖上数月甚至多年也是常有的事，最终结果还难以预料。毕竟案子所涉金额不大，虽然劳务分包方在项目上干了一年多分文未赚，但因为提前预见到了潜在风险，除了初期投入部分资金外，后期也没有倒贴什么资金，有限的亏损还是在可承受的范围内，与其在此无望地空耗下去，不如尽早脱身寻找新的商机。也许面对糟心事儿，最为经济的止损办法就是尽快脱身。经过这样的理性分析研判后，周某选择不再与二包方继续纠缠，决定注销当地的公司和员工签证后回国。

回国前，发生了几件令人玩味的事情。二包方原项目负责人在首次起身前往南亚国家考察承接新项目之前，曾有意邀请周某一同前往，周某则选择沉默以对。新接手项目的公司领导以前曾与周某有过接触了解，先是有意让他以个人的身份参与到本项目的后续管理中来，后又多次诚邀他到非洲某在建项目考察，有意让他接手负责项目管理，最终均被婉言拒绝了，因为一年来在项目上的经历，让他内心对这个公司及其内部的人彻底失去了信任。而在他回国前后发生的事，恰恰印证了他这种选择的明智。

由于周某不仅有丰富的国际工程经验，而且最早介入本项目，对项目执行全程很了解，又是二包方项目部的局外人，对项目部的工作和个人看法会更加深刻、客观和大胆。二包方项目新负责人到任后，就多次主动找周某谈话，以便了解与项目相关的真实情况，并获得有价值的改进建议。毕竟劳务分包方遭受的损失与现任没什么直接关系，双方因此很快建立了良好的个人关系。

动身回国前，周某专门找新负责人说，他手下的一位中方员工，先期已经回国了，因为没有从项目上结算到工程款，劳务分包方一直处于亏损状态，无力支付该员工半年的工资，所以拜托该新负责人能从项目上代为支付。为表达诚意，周某还专门在外宴请了二包方负责人和合同结算工程师。该新负责人也多次表示一定支付。回国后不久，周某数次通过微信与该新负责人联系，询问此事的进展。开头一两次，该新负责人还勉强糊弄敷衍一下，再后来就完全不回应其关切了，拖欠的员工工资最终不了了之。

周某回国大约半年后，新冠肺炎疫情突然暴发，并迅速在全球蔓延，各行各业因此受到严重冲击。难以想象，周某如果当初没有选择及时从项目撤离，而是固执地为了一点蝇头小利坚守境外，面对持续肆虐全球的新冠疫情，他个人和公司会遭遇怎样的困境和损失。这一切似乎在冥冥之中，正好应验了一句古言："塞翁失马焉知非福"！

卓越项目经理成长之路的三步台阶

王道好

　　一直以来，人类共同面临着三个基本问题：1）我是谁？2）我从哪里来？3）我要向哪里去？同样地，项目经理在其职业生涯中也会面对三个基本问题。本文的内容，从哲学的意义上来看，主要是与大家分享笔者对项目经理所面临的三个基本问题的看法，具体地说，就是探讨下面三个问题：1）项目经理是干什么的（我是谁）？2）在做项目经理之前，需有怎样的经历和知识能力储备（我从哪里来）？3）项目经理如何成长和提高（我要向哪里去）？

1 走向项目经理岗位

1.1 初识项目经理

1.1.1 项目经理的定义

　　国际工程项目的项目经理是国际工程企业法定代表人在所承包的国际项目上的委托代理人。

1.1.2 项目经理的作用

项目经理作为承包商在项目上的负责人，经授权将代表承包商负责对外履行项目合同；对内负责项目实施，包括项目的质量、进度、费用及安全环境卫生等全面的管理责任；对上实现企业下达的项目经营目标；对下是项目管理团队的领导者、核心和灵魂人物。

因此，项目经理的称职与否在很大程度上决定着项目实施的成败。有人说，选对了一个项目经理，一个项目就成功了一半，足见项目经理在项目实施管理过程中举足轻重的地位和作用。

1.1.3 项目经理的职责

项目经理的主要职责包括：

1）贯彻执行承包商所在国、项目所在国的国家和地方性、行业性相关法律、法规、方针、政策和强制性标准，执行承包商的内部管理制度，维护承包商的合法权益。

2）代表承包商组织实施项目管理，对实现合同约定的项目目标负责。

3）对项目实施全过程进行策划、组织、协调和控制，完成承包商组织下达的综合性项目目标任务。

4）在授权范围内负责与业主、工程师、分包商及其他项目干系人的沟通协调，解决项目实施中出现的问题。

5）负责组织处理项目的管理收尾和合同收尾工作。

1.1.4 项目经理的权限

1）组建项目团队，包括提出项目管理团队的组织机构，选择团队成员，确定团队管理制度及成员岗位职责等。

2）在授权范围内履行项目经理的职责。

3）调配使用相关资源，获得有关部门的支持。

4）主持项目管理团队的工作。

5）根据授权协调处理与项目有关的内外部事项。

1.1.5 项目经理的任职条件与标准

（1）设置任职条件与标准的意义

既然项目经理在项目管理团队及项目实施过程中起着如此重要的作用，那么设置项目经理的任职条件和标准，以选拔合格的项目经理，就显得十分重要和必要了。它对国际工程企业来说，至少有三个方面的意义：

1）为承包商企业选择任命合格项目经理提供依据。

2）为正在履职的项目经理提供参照标杆，对照这一标杆检查自己是否合格。如果不合格，找出在哪方面存在不足，如何改进提高，或用其他方法弥补。

3）为有志担当项目经理的人指出努力奋斗的方向。

（2）任职项目经理的一般条件

项目经理属于国际工程企业在生产一线的基层领导，大型项目的项目经理还可能是由国际工程企业中其他更高层级的领导兼任。其任职条件总括起来一句话，就是"德才兼备、身心健康"的高素质复合型人才。就选人用人的德与才的关系来说，现在用人单位形成的普遍共识是，德比才更重要，所以德放在首位。

1）项目经理在德方面的要求

德在这里是一个宽泛的概念，泛指项目经理的道德修养、职业操守和内在精神以及个人品行和性格等方面。

项目经理在德方面应该具有的素养是：爱岗敬业忠于职守，清正廉洁克己奉公，诚实守信遵纪守法，胸怀宽广善良公正，团结合作务实严谨，客观冷静乐观开朗等。总之，是要严于律己，宽以待人，理性行事。

2）项目经理在才方面的要求

才是对项目经理在业务方面的才能、知识、经验和能力的要求，包括与所负责的工程项目相关的各项专业技术、工程管理、商务经济以及法律法规等方面的专业素养，作为项目领导者的决策、组织、领导和沟通能力，处理和协调与业主、相关方之间及承包商内部各专业、部门、人员之间关系的能力，口头和书面语言表达的能力。

项目经理在才方面的其他要求：类似项目的管理经验、相关专业的教育背景和执业资格等。

3）项目经理的身心健康要求

心理素质：项目经理通常要承受来自各方面的巨大压力，每天要面临大量这样那样棘手的问题。因此，项目经理要有良好的心理素质和承压能力，要在思想上意识到，工作中遇到问题是正常的，项目经理的责任就是发现和解决各种各样的问题，遇到问题、困难和麻烦不惧怕、不回避、不推诿、不拖延，以积极和负责任的心态去勇于面对和承担，这既是项目经理的日常工作与责任所在，也是其工作能力和价值的体现，同时更是自己锻炼提高和建立个人职业信誉的机会。良好的心理素质还表现在如何以适当的方式去释放压力和调整心理。

身体健康：如前所述，项目经理要承受巨大的压力，通常要超时超负荷地工作，工作和生活起居没有规律，还有没完没了的应酬等等，这一切都要以健康的体魄为基础和支撑，正所谓"身体是革命的本钱"。

（3）国际工程项目经理的特殊条件

首先，国际工程也是工程，因此上述项目经理的选择一般条件，原则上也普遍适用于国际工程。其次，由于国际工程又有区别于国内工程的特点，其项目经理的选择相应地也有其特殊条件。

1）在德方面，由于项目经理通常要与来自不同于本国本民族的人打交道，这些人的文化背景、民族习俗、政治制度、宗教信仰等方面迥异。因此，项目经理应该具有更加开放的心态，更加宽阔包容的情怀，并应尽快了解、适应和融入当地社会环境。

2）在才方面，要熟悉了解国际工程的管理运作程序，商务条件（如FIDIC条件，银行保函和保险，居住和工作准证制度，结算和税收，汇率与外汇管理，银行开户条件，货物进出口手续与关税等），市场与供应环境，项目所在国或合同规定的政治经济法律制度、法规和技术行业标准等；要有熟练的外语沟通能力和技巧；要有国际工程管理工作经验；有国际认可或合同规定的职业资格（如MCIOB）等等。

（4）关于设置项目经理任职条件意义讨论的延伸

上述这些条件似乎不仅是项目经理的任职条件，也是作为现代文明社会里受过良好教育的职场中人的理想要求，同时也与选拔各级领导干部的任职条件极为类似，这大概也能解释各级领导干部（尤其是施工企业的领导干部）中很多都具有早期在施工一线担当项目经理经验的现象，这里面显然不是偶然的巧合。

1.1.6 项目经理的选拔方法和程序

方法：1）本企业的领导和人力资源主管部门选定；2）社会招聘；3）群众推荐；4）个人毛遂自荐；5）其他，如从上级主管部门的空降，从其他单位借调等。

程序：项目经理一旦选定，应履行一定的法律任命和授权程序，使其具有合法性，其中的授权范围要清晰明确，并书面通知项目业主。

1.2 如何走向项目经理

1.2.1 遵从自己的志向与兴趣

职场中人，在经历了一定时期的社会生活后，应当对自己的职业道路有一个切合自身实际的清晰明确的规划。否则，你会对未来感到困惑茫然，不知道自己到底想要什么，也不知道路该朝哪个方向走。没有明确的目标和方向，生活中像只无头的苍蝇一样误飞乱撞，因而对自己失去了信心，对生活失去了兴趣，最终很可能是一事无成，枉费此生来世一遭。

我们时常听到，成功的艺术家说，搞艺术太艰难、太辛苦，成功的概率太小，奉劝一般人不要去搞什么艺术。文学家说，写小说太费时，爬格子太辛苦，能成名成家的凤毛麟角，吃不了那个苦，耐不住那个寂寞，放不下名利的追求的，千万别去当劳什子的作家。

而搞工程的人常挂在嘴边的一句话是，这压根儿就不是人干的活！实际上，三百六十行，每行都有每行的难处，选择任何一项职业，要想有所建树，都不是轻而易举的。

大家想一想，单是搞工程都那么难，更不要说担当工程上的项目经理了，而且是国际工程的项目经理，那更是难上加难了。他要吃得了常人吃不了的苦，承担起别人无法承担的压力，遭受着别人无法忍受的委屈，不仅自己吃苦受累，还连带家人也跟着牺牲奉献。即使你用了百分之二百的努力，最终的结局也不见得令人满意。从某种程度上说，干工程就像是信徒的修行，没有坚定的信念支撑，不经过九九八十一次磨难，是很难取得真经的。

当然，项目经理也有其独特的吸引力。能带领团队，把一个复杂困难的工程做下来，本身就是能力和价值的体现。工程相比一般的事物体量较大，运作这样的实体，可以提高自身的格局和视野。国际工程项目经理长期身处异国他乡，与不同民族文化的人交往，丰富了其人生的阅历。一个项目经理，在数年的时间里，历经千辛万苦，最终将工程顺利建成后，他心中会油然而生一种自豪感和成就感。而且，当项目经理还有相对较高的经济收入等等。

总之，现实就是这么个情况。在这里，我既不忽悠你去当项目经理，也不吓唬你不要去干这一行。干与不干，完全取决于你自己的价值观、志向和兴趣。而且，在做决定之前，还要好好掂量一下，自身条件是否适合当国际工程的项目经理。要不然，你就应验了那句老话"男怕入错行，女怕嫁错郎"。

1.2.2 轮岗历练

如上所述，项目经理是一个对综合素质要求较高的职业，就像是万金油，虽然不能包治百病，但对众多疾病都或多或少有些疗效。也就是说，项目经理要掌握与项目管理相关的工程技术、商务和管理等业务知识和技能，虽然谈不上样样精通，但至少不是完全的门外汉，有人成心想糊弄你还糊弄不过去。

这种跨学科多项知识技能的获取，可以通过多种工作的轮岗来实现。一个年轻的技术人员，可以先在项目的施工一线干几年施工，再做一做技术工作，然后参与一些设计管理，也在合同成本部门待上一阵子。有可能的话，再调回总部工作几年，了解总部的规矩和管理流程，顺便与总部各职能部门混个脸熟，因为项目经理将来免不了要和这些部门打交道，所以要趁早建立人脉。

1.2.3 熬鹰——年限和路径

这一点与上面的轮岗有些类似，只是特别强调了轮岗的时间和路径。

《孟子》有言："天将降大任于斯人也，必先苦其心志，劳其筋骨，饿其体肤，空乏其身，行拂乱其所为，增益其所不能……"就是说，成大事者，必先经过身心的磨炼。

大家有没有看过《狼图腾》这部小说？书中有一部分介绍了草原猎人如何训练猎鹰的故事。新捕获的野生雄鹰是桀骜不驯的，猎人就剪掉其部分翅羽和喙，在笼子里关上几天，不给或只给少量的食物和水，不让其睡觉，然后用一根长绳拴着，反复地放飞收回，经过一段时间的训练后，最初那只桀骜不驯的雄鹰终于驯化成温顺听话的猎鹰了，这个过程就叫"熬鹰"。

在成为项目经理之前，最好也经历过类似这样的一个过程，所谓"多年的媳妇熬成婆"。上面说的轮岗，不是要你只在各工作做蜻蜓点水似的停留，而是要踏踏实实地工作一段时间，掌握到实实在在的本领。正常情况下，一个新毕业的大学生要成为一个项目经理，应从基层做起，并要经过至少十年的工作实践。这是有一定道理的，因为一般来说，一个工程的周期在两年左右。新分的大学生，第一个工程的两年内，可做现场施工的实习生和技术员；第二个工程的两年在项目的技术部门当工程师；第三个工程的两年再到设计部门当主管工程师；第四个工程当一回成本商务部门的经理，或分管这项工作的项目副经理。在这四个工程中，至少应有一个是国际工程。经过八年的一线实践锻炼后，你再回机关某个部门工作两年，有机会的话利用在总部的时间，在理论上充实提高一下自己。大致经过这么十年漫长痛苦的熬鹰过程后，或许你就可以下工地去担任项目经理了。

1.2.4 理论与实践相结合

如今，"项目"一词已被广泛应用。其他类型的项目笔者不敢妄言，建设工程的项目经理，一定是通过实干干出来的，而不是通过读书读出来的。我曾拜读过一些项目管理的书，一看就是没当过项目经理或缺少实践经验的人写的。理论上一套一套的，但读了这样的书，特别是新人读了这样的书，遇到实施具体的项目，恐怕仍然不知道从何处下手。

当然，这里不是说理论不重要。相反，以笔者自己的切身体会，理论也很重要，一个优秀的项目经理，不仅要有扎实的理论基础，而且还要善于思考总结，能将自己的实际工作经验上升为理论。项目经理的成长之路，就是一个不断地从实践到理论，再从理论回到实践的循环往复过程。

1.3 自身走向项目经理岗位的经历

笔者从 1982 年大学毕业参加工作，到 1997 年第一次担任国际工程的项目经理，中间经历了 15 年，除去中间两年半读研究生的时间，实际工作年限是 12 年半。

在这 15 年里，我先后在 6 个工程项目上工作过，其中 2 个是国际工程，还在公司总部工作过几年。承担的工作任务比较庞杂，作为机械专业毕业的学生，最初曾跟着工人老师傅们修理施工机械；后来也作为专业工程师，单独负责一些重大机电设备的设计、加工、安装调试和运行管理工作；还在国际项目上担任项目经理秘书，从事一些技术文件工作、商务结算、语言翻译、业主后勤服务、场外采购、工程摄影等工作；并且在国内项目上担任过项目副经理，协助项目经理全面负责项目管理工作。另外，还担任过机修厂技术负责人，负责过国外项目营地建设和后勤管理，参加过国际项目资格预审文件编制和投标工作。

在国外工作期间，因为时常与项目经理接触，对这个职业有了初步的感性认识和兴趣，那时就暗自定下事业目标，有朝一日也来当国际工程的项目经理。为此，在读研究生期间，利用业余时间旁听了国际工程管理的相关课程，较为系统地补充了国际工程管理的基础理论知识。

或许可以说，有了十余年的工作准备和积淀后，我被选为国际工程的项目经理，似乎是水到渠成的事了。而且，非常巧合和幸运的是，这个项目的主体是一个金属结构的设计、加工和安装试运行工作，与我此前的工作经历非常契合。

1.4 项目经理的管理

在这里谈项目经理的管理问题，有两个主要目的。一是说，项目经理不要以为在项目上是老子天下第一，无法无天。要明白，你是组织中的一员，必须服从组织的安排和管理。知道了对项目经理管理的基本内容，可以增加项目经理接受上级管理的自觉性。二是为一线的项目经理鼓与呼。我们长期在国外工作的同志，往往有这样的感觉，就是公司把你往国外项目上一派，似乎就不管不问了，有什么好事也轮不到你，有一种被遗忘被抛弃的感觉。因此，笔者认为，对项目经理管理，不仅仅要监督管理好他们，更要关心爱护这些公司的栋梁之材。

严格地说，选拔任命也是项目经理管理的一部分。确定项目经理人选后，对项目经理的管理就是，为项目经理的履职提供适宜的环境条件，规范项目经理的履职行为，对其在项目管理过程中的工作表现和工作绩效进行控制评价，确保项目目标的实现。项目经理管理的主体是项目部的上级组织，如公司总部或公司在项目所在国家或地区设置的分支机构，管理对象是项目经理。

对项目经理的管理工作包括以下一些内容：

（1）以信任尊重为前提

选任项目经理的原则之一是"疑人不用，用人不疑"。选人的过程需要慎重，而一旦确定人选，就要充分信任，相信其工作能力和职业操守，放心让项目经理去按自己的理念、方法和经验实施项目管理。同时，要尊重项目经理的人格，尊重其决策权力。要认真听取和重视项目经理就项目问题提出的看法和意见，不要过多干预或随意否定项目经理在项目管理中做出的决策。

（2）充分授权，明确责任

即在给予充分授权的同时，明确界定项目经理的责任范围，使权力与责任对等适中。权责过大，容易造成对项目经理约束失控；过小又不利于项目经理发挥其应有作用。可以通过授权书、责任状等形式明确其权责。这一点就像《西游记》中的孙悟空，唐僧给他头上戴的紧箍咒显得太小太紧，而如来佛手掌的空间就足够大，可以让孙悟空施展拳脚去折腾，这里面的佛祖与其信徒的胸怀当然不可同日而语。

（3）鼓励支持其大胆开展工作

国际工程项目管理过程中，项目经理会遇到大量错综复杂的问题，工作中有时可能遭受一些难以接受的误解、挫折和压力，甚至是人身攻击和伤害。因此要大力鼓励项目经理，帮助其建立自信心，并采取一定的人身保护措施。同时，一些问题是在项目经理的权力或能力范围内无法解决的，比如一些资源（资金、设备、人才、技术等）的获取，或者与业主上层的重大谈判等，这就需要充分理解项目的难处，通过协调、筹集、委派专家等多种方式，帮助支持项目经理渡过难关。所以，孙悟空一遇到过不去的坎儿，打不过的妖精，就去找菩萨帮忙，总部那些要害部门的领导就是咱们项目经理的菩萨。

（4）加强监督控制

信任支持项目经理的工作，并不等同于放任自流，信马由缰。要建立一套有效制度和机制，对项目经理的履职行为过程实施监督控制，包括规定审批程序和权限，岗位责任制，集体决策制度，定期检查、报表、汇报、述职报告、审计等多种途径和方法，防止项目经理对项目的管理工作偏离正常轨道，甚至走向犯罪的道路。这一点要特别提醒大家，项目经理利用手中的职权干违法乱纪的勾当，最终走向犯罪的深渊，这样的例子可谓屡见不鲜。其实，对于一个人来说，没有什么比生命、健康和自由更重要了。

（5）实施绩效评价考核

实施对项目经理的履职表现和工作绩效的评价考核工作，有以下几层含义：一是要有评价考核制度；二是评价考核办法要切实可行，不应流于形式；三是对其功过是非的衡量评价要客观公正；四是还要对考核结果真正兑现，并及时兑现，做到考核奖罚分明，效果立竿见影。

（6）项目经理的变更处理

包括以下两方面的内容：1）项目经理权限的变更，即由于工作或管理需要对项目经理的原授权范围进行更改调整；2）更换项目经理，在整个项目执行过程中，除非万不得已，不应更换尤其是不应频繁更换项目经理。最近，我接触到一个项目，实施期间换了六任项目经理，这样的项目执行的结果可想而知，据说亏损在10%以上。

一般在出现下列情况时，可能需要考虑更换项目经理：1）业主在初次面试或后期项目实施过程中提出更换项目经理。2）项目经理在项目管理过程中出现严重失误，并给项目造成一定损失，或者有违规违纪行为。在此情况下，除撤销其项目经理职务外，可能还需视具体情况追究相应的责任。3）项目经理主动提出辞职。4）项目上级组织拟安排项目经理担任本项目以外的其他工作岗位。5）其他。

无论什么原因更换项目经理，应尽快选拔任命新项目经理补位，新老之间最好有一个工作交接的过程。

（7）加强对项目经理的人文关怀

优秀的项目经理是工程企业的宝贵财富，在选好用好项目经理的同时，还要关心爱护项目经理，切实帮助解决项目经理工作和生活中的现实困难，加强对项目经理的教育培训工作，为项目经理的成长进步提供良好的环境，为其晋升和职业发展提供有利的通道。

就目前的情形来看，项目经理队伍的职业素质良莠不齐，特别是高素质的国际工程职业经理人十分匮乏，而且人才流失现象颇为严重。尽管我国的国际工程企业大都能意识到项目经理队伍建设的重要性，但尚未真正地开展对项目经理自觉的、系统的和富有成效的管理，一些企业对项目经理的管理过于简单化和物质化，这一现象应引起业界相关方的足够重视。

以上主要讨论的是项目经理是干什么的以及如何成为一个项目经理的问题，也就是回答了我是谁和我从哪里来这两个基本问题。接下来我们着重探讨项目经理如何才能进一步成长和提高，以及作为职业经理人最终能达到的高度，要回答的是要向何处去及如何去的问题。

2 项目经理的成长之路

有的人大学毕业后，就一直在施工一线做工程，也当了多年的项目经理，总的来说，实际经验积累了一些，但执行项目的结果都表现平平。以后就这么吊在那里，上也上不去，下又不愿意下来，在职业发展的道路上遭遇到了无法言明和逾越的障碍和瓶颈，自己也会因此感到迷茫困惑。

出现这种情况，很可能不是因为他业务技能不强，或者工作不够努力，而是因为其在认知上存在某种偏差。做事其实是在做人，而人的行动是受思想意识支配的。做事是操作问题，属于术的层面；思想意识是认知问题，属于道的层面。个人认为，项目经理做到一定程度后，道的问题比术的问题更重要，道的问题解决了，术的问题就迎刃而解了。所以说，一个人的事业发展到一定程度的时候，要想获得进一步的成长和提升，必须重视解决诸如世界观、认识论、方法论等哲学层面的问题。这些正是我们下面要讨论的问题了。

2.1 九级认知和三层洞察力

2.1.1 认知的九个层级

百度百科对"认知"的定义是，人们获得知识或应用知识的过程，或信息加工的过程，这是人的最基本的心理过程。它包括感觉、知觉、记忆、思维、想象和语言等。人脑接受外界输入的信息，经过头脑的加工处理，转换成内在的心理活动，进而支配人的行为，这个过程就是信息加工的过程，也就是认知过程。

有人经过对"认知"这一问题的研究发现，人对世界的认知呈漏斗态势分布，站在漏斗上不同层级上的人，看到的世界是不一样的。最典型的例子，是一位妈妈带着未成年的女儿去逛街。回来后，妈妈让她画一幅逛街的画，结果小女儿满纸画的都是奇奇怪怪类似柱子的东西。妈妈费了很大的劲才看明白，这些看似柱子的东西，其实是人腿。也就是说，以小女孩的高度去看大街，看不到车水马龙或琳琅满目的景象，满眼都是成年人来回移动的腿。

有时，我们会不会遇到这样的情形？就是一个项目经理对其下属说一件事情，无论怎么说都说不通。这是因为两人所站的高度不同，对事物的认知不同，所以，相互间无法顺畅地理解和沟通。

一个人的认知层次，局限了他的层次。下层认知的人，看不到上层认知的世界。在认知漏斗中，越往下，其所见越少，机会越少，越是感受到社会不公，愤怒无比。"井底之蛙"即是如此。相反，越往上，所见越多，机会越多，越是感觉世界美好，风光无限。正所谓"会当凌绝顶，一览众山小"是也。认知漏斗从下到上可以分为以下九个层级：

（1）最底端，只知好恶

这是婴儿时态的人类——饿了就吃，不分场合；撑了就拉，不分地点。哪里有点不舒服就哇哇大哭。

这是极端情绪化的一类。认知不足的困扰，让他们总是陷入窘态，却找不到解决的办法。现实中有很多这样的人，一生也走不出自己的情绪。前一段时间，发生在重庆大桥上的大巴坠江案，那个强夺司机方向盘的女人就是典型的例子，还有开车路上常见的路怒党一族。

我们有的项目经理，喜怒哀乐都写在脸上。跟人交流，三句话不对路就杠上了。这样的项目经理看起来是性格或涵养问题，但背后却是认知上的幼稚肤浅。有人把这说成是"随性""率真"，其实随性与率真是有前提的，所谓"从心而欲不逾矩"是也。

（2）墨守成规

中国的孩子从小就被教育，上学要乖乖听老师的话，要跟党走，要好好学习，将来考个好大学。作业或考试题目都有标准答案，不符合标准答案的都是错的。所以，中国难出诺贝尔奖获得者。

在项目管理中，那些"前怕虎，后怕狼"，对上唯唯诺诺，或照搬书本或过去的老套路，不敢越雷池半步的项目经理，我看也很难有多大出息。

（3）认识到规矩的局限性

乖巧听话墨守成规的孩子进入社会后，多半会遭遇挫折失败。因为这类孩子只是因为恐惧而不敢乱说乱动。所以，我们经常见到，那些小时候调皮捣蛋的孩子，往往长大后反而更有出息。

等到你知道许多所谓的规矩，不过是成年社会出于省心而承袭的惯性，你才能从恐惧中走出来。

从这里，有一条隐秘的贫富分界线。在这条分界线之下，那些过于情绪化的人，墨守成规的人，满心恐惧的人，都会感受到极大的生存压力。必须继续上行，才能突破。

（4）明是非，知大体

人长大成年后，行动能力也随着提升，就要明是非，知道有些事不能做，有些话不能说，就是要遵奉社会的主流价值观。

（5）认识到是非的局限性

这个阶段的人，知道了人类社会是发展变化的。有些看似牢不可破的金科玉律，会随着历史的发展而变得落伍淘汰。这时候的人开始思考，开始行动，开始接受一个不确定的世界。从此不再固执，不再执拗。

因为知道了每个人眼里的世界不同，知道每个人的认知与价值体系完全不同，所以变得温和起来，不发脾气不闹情绪，生存处境开始改变。

我们有的项目经理同国外合作方进行商务谈判，结果谈崩了，回来后很生气，觉得对方很不可理解，没法继续谈下去。其实，没必要生气，因为双方的认知和价值观不同，谈判中各为其主的表现是很正常的，不存在孰是孰非的问题。

（6）认识到现实资源的有限性

人类社会的一切愤怒、冲突、怨气与对抗，都源于资源的匮乏。

我们在项目管理实践中，对可利用资源不足的感受尤为突出，不是缺钱就是缺人。其实，资源与发展需要的矛盾是人类社会运行的普遍规律，这是人的贪婪本性所造成的，因为人或组织一旦手中有一些资源，就想着要做更多更大的事情，结果就造成资源紧张，"人心不足蛇吞象"。比较典型的例子是年轻人一毕业就着急贷款买房。

所以，如果能清楚地认识到这一点，我们在项目管理中就不再为资源短缺而着急上火，而是想着如何充分有效地利用现有资源，或者提前想办法去筹集所需资源。

在这里，有条不可见的生存线，处于这个阶层的人士，是具有一定生存能力的人。在穷寒国度里他们能够存活，在发达国家他们构成中产。在中国，他们是背负着沉重压力的社会中坚，吃饭不愁，钱也不愁。但就是心里总是七上八下，因为他们处于中间状态，心如飘萍，无根可依。这可能是我们许多到城里来打拼的职场中人的生活和心理状态的真实写照。

（7）认识到人的发展性

人的发展性，就是你的选择和努力，可以改变你的环境与命运。所以，这是一条经济自由线。明察趋势，敢于行动的人，总会遇到他们特有的机会。其实，有很多这样奇怪的人士，他们改善自我认知，通过自己的选择和努力，走出命运的低谷，获得展望未来的更好机会。其实，要我说，这一点都不奇怪，这可能是我们大多数所谓成功人士的人生轨迹，许多的励志故事就属此类。所以，我们希望这个社会不要关闭了这些人士的上升通道，否则，这个社会就看不到希望了。

（8）认识到人性和社会规律

认识人性，说透了就是认识自己。认识到自己心中的纠结与残缺，就是认识到每个人与生俱来的苦伤。认识到人在社会上的表现，充满了无尽的矛盾与困惑。认识到人之幼年的缺憾，会构成他终生走不出的陷阱。这时候，你对人再也不会有恨意，再也不会有怨言。因为你知道众生皆苦，终不过是庸人自扰。有了这样的认识，你便有了一点佛性。

（9）认识到人生的至高意义与价值

冲出人性的迷障，就得以机缘问鼎于智慧的极峰。此时，心境澄明，无苦无忧。洞穿了世界的本原，获知了生命的价值与意义。

总之，我们的认知就是这样，从漏斗的底端，一步步向上爬行，跨过九级台阶，经历三个平台，抵达智慧的顶峰。途中每上行一步，都会有豁然开朗的通达感，获得无尽的心灵快感。

说格局，说心胸，说视野，最终说的不过是认知。你如何看待自己，看待世界，看待世道人心？如果看明白了，想清楚了，心就静了，你做起事来就沉稳了，言谈举止也变得优雅得体了。相反，认知不足的人，必困于自己的心，举目所见，只有一些毫无意义的东西，拼命求索，却无改于自己的命运之分毫。这可能正是我们有些做工程的人，穷其一生的努力也无所建树的症结所在。

你的认知在哪个层级，你的人生就在哪个状态。因此，我们做项目管理，要想不断地成长进步，就要从认知的漏斗里爬出来，不做观天于井的青蛙，而是迎着命运，接受自我，于智慧的巅峰，看大千纷纭，观落英缤纷。当你有了这样的认知高度时，在做项目的过程中，你就不再患得失，争输赢，明白是非成败转头空，于是沉下身来，平心静气踏踏实实地做好每一件事，这样才能把项目做好。

2.1.2 三层洞察力

基于上述关于认知的 9 个层级的分析，我们引入项目经理的三层洞察力层次。

实际上，这二者之间存在着某种内在的联系和对应关系。

项目经理作为项目这艘航船上的掌舵人，应具备对事物发展方向和可能性的洞察力和预见性，具有高瞻远瞩把握全局的能力。但是，现实中并不是所有的项目经理都具有非凡的洞察力。我们可以将洞察力分为以下三个层次：

（1）项目经理在现场不能发现问题——不具备洞察力，结果是项目无法进行，这样的人很难称得上是一个合格的项目经理。

（2）在现场能发现现实存在的问题——现实洞察力，结果是项目在进行的过程中矛盾和突发事情不断，四处救火，项目在跌跌撞撞中艰难前行。

（3）能够预见未来可能发生的问题——未来洞察力，结果是尽量避免了可能发生的问题，无法避免的问题即使发生了，也有事先准备的处理预案应对，因而项目能有序顺利推进。我认为，一个项目推进过程中充满了戏剧性是不正常的。

对应上述三种情况，作为类似的体验，大家可以体会一下自己骑自行车或开车的经验：1）盲人骑（驾）车；2）骑（驾）车只看脚下（态度问题）或只能看清脚下（能力问题，近视眼）；3）骑（驾）车看前方，正常行驶。

以一个项目的工期和资金成本来说，一个项目在开工一段时间后，所具备的设备、人力、资金、资源基本都到位了，有关的生产制度和流程也都建立起来了，主要的劳务和分包也都确定了，市场价格也了解透彻了，劳动生产率和成本消耗大致确定下来等等，如果你根据这种现实情况还不能预判，工期是否紧张，能否按期完工，或者资金够不够，何时会出现资金流短缺，最终能不能盈利，很难说你具备未来洞察力。甚至有的项目经理把项目都干完了，心中都是一笔糊涂账，不知道到底赚没赚钱，什么地方赚了，赚了多少钱。记得我做第一个国际项目时，项目合同额约1000万，在项目开工之前，我在心里就预估，项目会盈利200万，结果实际做下来上交利费230万。

2.2 提升格局与系统思维能力

2.2.1 如何增大格局

近一个时期，"格局"一词频繁出现在人们的视野中。一个人的格局，主要是指他的眼光、胸襟、胆识等心理要素的内在布局。格局大小不是区分好人坏人的标准，却是一个人是否能成大器的条件。每个人都有格局，只是各自格局的大小不同。美国人有美国人的格局，"美国优先"就是他们的格局。中国人有中国人的格局，"人类命运共同体"。孰大孰小，一目了然。

电影《一代宗师》里说："习武之人有三个境界：见自己，见天地，见众生"。这句话，可以用来诠释什么是格局。一个人或组织，如果只"见自己"，那是谈不上有多大格局的。能看到天地，能看到众生，把天地众生容纳到自己的思考框架里，这个人就可以说有大格局了。大家只要看一看那些世界上知名公司的成功的企业家，就会发现一个普遍现象，就是他们心中都是有大格局的人，比如任正非、曹德旺、董明珠、比尔.盖茨等，他们心中所想的远远不是要赚多少钱的事情。

现在的问题是，项目经理在其成长过程中，如何提升自己的格局？我想，要想胸中有大格局，成大器，先从拒绝抱怨开始。

（1）拒绝抱怨

一开口抱怨你就输了。抱怨的背后，是对现实永远不满的消极抗拒心理。生活中，有太多这样的人，满嘴要上进，要改变人生，做起事来却全是等待天上掉馅饼儿。他们有太多的理由，解释自己的无能为力，比如没有时间，比如怀才不遇，比如缺乏天时地利等。这种思维模式，其实就是格局太小所致。只看得见自己，一切都要为自己服务。所以，一旦现实有不如意，就必然满嘴抱怨。最终导致自己的人生之路越来越狭窄。

跳出自己视角，停止抱怨，人生的路才会更加宽阔。《高效能人士的七个习惯》里提到，积极主动的人，会专注于影响圈，做自己力所能及的事。消极被动的人总是紧盯着环境问题，对超出个人影响圈范围的事情不放，越来越怨天尤人。一个积极主动的人，会让自己的影响圈越来越大，能控制、能处理的事情，自然会越来越多。而一个消极被动的人，影响圈一定会越来越小，能掌控的事情也会越来越少。

在我们周围，是否也经常听到这样的抱怨，说业主工程师太苛刻，总部支持力度不够，同事工作不积极配合，下属的能力不足，资金总是不够用，工作的环境条件太艰苦等等。似乎一切问题都是外面的，从来没有反省过自己有没有问题，需不需要自我改进。

其实要我说，现实就是这个条件，如果一切都那么容易，还要你来干什么，而且拿着这么高的薪水？

面对自身与环境不相适应时，通常有以下三种处理途径，一是改变环境，使之适应自己；二是改变自己去适应环境；三是逃离当下的环境，寻找一个与自己相适应的新环境待着，那些工程中途干不下去了选择跳槽的人，走的就是这个路数。而一个理性成熟的项目经理，在面对现实的资源状况和环境条件时会认为，没办法，我手中就是这么一副牌，我还得想尽千方百计去用好这些牌，不至最终输了这场游戏。

（2）我赢，也要让你赢

我赢，也要让你赢，是人与人之间关系的底层代码。双赢才能越做越大。商场上的任何合作，都要以双赢为基础，只考虑己方利益的合作，看不见"众生"，必然会以失败告终。

其实，不只是商场，职场、朋友之间、夫妻之间，唯有双赢，关系才能进入良性循环，彼此的利益才能得到最好的保护。一个公司或者个体，如果只盯着自己，很容易就把自己逼到死胡同。

现在做项目有个不好的现象，特别是在国际工程中，就是故意设置陷阱，转嫁风险。业主给你设一个明眼看不见的坑，让你稀里糊涂地往里面跳，本该业主承担的风险也转嫁给承包商。承包商如法炮制，给分包商挖坑儿，把风险再转嫁给分包商。结果，往往是在项目执行过程中，矛盾纠纷不断，最终大家都是输家。

笔者曾遇到过一个总包项目部的一些人，因为是总包，又是一家国有大型知名建筑企业，根本不把手下小分包放在眼里。他们的思维很简单，方法很粗暴："不行就换！"换来换去，一栋不过十多层高的建筑，结构没做完，就有4家小分包单位轮番上阵。你想一想看，结果会好吗？分包单位一个个没赚到钱，无奈地半途而退，无疑都是输家。总包因此增加了成本，耽误了工期，也是输家，而且是最大的输家。

（3）增加认知锚点，让思维框架多元化

有人发现一个很有趣的现象，就是很多出租车司机，旺季的时候早上8点出车，下午3点一数钱袋子够了，收工回家。而在淡季，通常到晚上8点，可能还没挣够钱。公司的份钱，今天的油钱都没有挣够，所以会一直在街上开车转悠，等着人上车。其实，这种行为模式特别傻。正确的做法应该是，旺季的时候拼命工作，淡季的时候，可以多休息，养养身体，陪伴家人。

为什么司机会出现这种错误的行为？原因在于"锚定效应"：把某件事、某种观念，作为自己做所有判断和决策的标准，就是常言所说的"一根筋""认死理""钻牛角尖"等。在上面的例子中，出租车司机把"钱"作为唯一的标准。当你只盯住钱的时候，这个世界的很多维度、很多真相，你是看不到的，你很容易去做出那种愚蠢的决策。

诺贝尔经济学奖得主理查德·塞勒，把出租车司机的这种现象称之为"狭窄框架效应"。当框架非常窄的时候，个体会陷在框架之中，看不到事情的全貌。出租车司机就是陷在了"钱"这个唯一框架里，用钱作为自己行为的唯一标尺，指导自己的行为。

格局大的人，要多为自己增加锚点，让大脑能够容纳更多的事物。认知框架越大，人就越不可能成为短期利益的拥趸，也更不可能陷入烂人、破事中，与对方纠缠不休。

作家何权峰说：看一个人是否成功，不是看他赢了多少人，要看他成就了多少人；看一个人的结局，要看他有多大格局。这就是我们常说的，格局见结局。

总而言之，停止抱怨，主动拓宽自己的影响圈；不只自己赢，也一定要让和你合作的伙伴，员工或者朋友也能赢；增加锚点，让认知框架多元化。做到这三点，我相信，一个项目经理的格局就会越来越大。

2.2.2 系统化思维

这一要求与上面刚提到的"增加认知锚点"存在高度的契合性，从某种程度上说，系统化思维比"增加认知锚点"更进了一步，更强调整体性、全面性。

百度百科将系统思维解释为原则性与灵活性有机结合的基本思维方式。只有系统思维，才能抓住整体，抓住要害，才能不失原则地采取灵活有效的方法处置事务。客观事物是多方面相互联系、发展变化的有机整体。系统思维就是人们运用系统观点，把对象的互相联系的各个方面及其结构和功能进行系统认识的一种思维方法。整体性原则是系统思维方式的核心。这一原则要求人们无论干什么事都要立足整体，从整体与部分、整体与环境的相互作用过程来认识和把握整体。系统思维的其他主要特征还包括结构性、立体性、动态性、综合性等。

项目经理在思考和处理问题的时候，必须从整体出发，把着眼点放在全局上，注重整体效益和整体结果。只要合于整体、全局的利益，就可以充分利用灵活的方法来处置。这个整体，可能还不仅仅是就单独一个项目而言的。

项目经理为什么需要进行系统化思维？我想，主要是基于以下三个方面的主客观要求：1）增加认知锚点的要求；2）科学有效决策的要求；3）工程项目本身就是一个十分复杂的系统，相应地，需要采用系统化的思维去分析处理和实施操作。

2.3 培养积极进取的工作态度

现实生活中，有些人天天在忙着做工作，但却深入不下去，领导交代工作过来，装模作样，应付了事。有些人，也在做工作，却不动脑筋，不想办法，领导让怎么做就怎么做，不会了就推给领导。还有些人，积极主动，有了工作，不但把工作做成，还要把工作做好。同一件事情，不一样的工作态度，就会做出不同的结果。

在职场，一个人能够走多远，除了上面所说的认知层次与格局大小之外，还取决于一个人的工作态度。一个工作态度积极的人，会勤勉认真地做事，坚持不懈地朝着一个目标去努力；会不断学习，不断思考，不断创新，不断进步，一步一个脚印，坚实地走向成功的未来。

要培养积极进取的工作态度，应做到以下几点：

（1）十分耕耘，一分收获

在现实生活中，并不是每一分梦想都会成为现实，也不是每一分努力都会有回报，可是，不能因此而放弃自己的努力，而是用"十分耕耘，一分收获"的心态来看待自己的付出。

这一点在我们建筑工程行业尤为明显。比如我们参加投标，每一次投标，我们的工作都很认真细致，而且加班加点，付出了艰苦的努力，都希望能中标。但是，理想很丰满，现实很骨感，投十次标也不见得能中一个项目。即便如此，我们也不能从此再不参加投标了，还得收拾行囊，重新上路，要有"屡败屡战，越挫越勇"的斗志。

（2）经历越多，进步越快

干项目总是充满矛盾和问题，项目是在克服困难、解决矛盾和问题的过程中一步步推进的。在工作中直面矛盾和问题，用创造力和主动性去完成任务，我们就增长了经验和能力；在经历中，发现自己的弱点，针对不足之处加强学习，我们就增长了知识；在实践中，学习优秀前辈的经验，掌握一项工作的规律，找到改进工作的方法，我们就增长了智慧。

（3）锲而不舍，水滴石穿

没有定性，是职场中人最大的忌讳。在职场，选择好了职业方向，就一定要耐得住寂寞，忍得住委屈。当我们受到挫折的打击，看不到未来的时候，可以冒一下险，在有小部分把握的情况下，坚持一下，或许就迎来了转机。

毛泽东曾说过："最后的胜利往往存在于再坚持一下的努力之中。"我们做事的时候，一次做不好，不要紧，下次接着做，做几次，慢慢就会了。不断地去做，就会做得很精彩。所以，锲而不舍，滴水石穿。

（4）天下大事，必作于细

"不积小流，无以成江河；不积跬步，无以至千里。"波浪滔天的江河，都是由细小的溪流汇集起来的。每一个细小的溪流，每一个前进的脚步，都是迈向成功的基石。细节是平凡的，不足为道，但一个不经意的瑕疵，一个细微的举动……都有可能促成我们的成功，或者导致我们的失败。这一点对于我们做项目的人来说是深有体会的，工地上往往一个很小的细节没有考虑周全，最后问题就恰恰会出在这个细节上。

细节之所以称为细节，就是因为它微小，不足称道。只有克服浮躁的心态，低下骄傲的头，弯下膝盖，认真去寻找，才能看到某些地方细节上的不足，也才能做出相应的改善。只有做好每一个细节，才能成就更伟大的事业。小事不愿做或者做不好，是难以胜任大事的。

（5）多一点梦想，少一点空想

人要多一点梦想，而少一点空想。梦想和空想最大的区别在于行动，在于和现实相结合。现实中很多人梦想着成为千万富翁，成为商界精英，成为政界要员……梦想很多很多，却从不付诸实践，最终不过是空想一场。梦想，要靠拼搏，靠坚持，靠行动，才有可能实现的机会。

2.4 采取卓有成效的行事方式

常言说："言必行，行必果。"言必行强调的是执行力，光说不练，那是假把式。行必果则看重的是结果，或者说是绩效。有时，领导在分配工作时会说："我不管你怎么弄，我要的是结果"，还有邓小平理论，说的都是这个意思。因此，项目经理在项目管理过程中必须注重实效，对自身和下属员工的要求都须如此。现在的问题是，如何才能做到"卓有成效"，也就是说采取什么方式和途径才能达成绩效？管理大师彼得·德鲁克给我们规划了一条路径，这就是：

（1）有效地利用时间

时间无论对个人还是项目而言，都是有限而宝贵的资源，须充分加以利用。对项目经理来说，有三层意思：一是说要利用好自己的时间，首先要记录好时间的使用情况，然后定期检查和分析时间记录，看一看是否得到充分利用，有无需要改进的地方，哪些事情是自己必须做的，哪些是可以让员工去做的等等。二是在分配员工工作时，要合情合理，根据每个人的具体情况，做到既工作饱满又不至于负荷太重，还要规定时间要求。三是在整个项目各项施工工序和时间安排上要科学合理，使项目能均衡平稳地推进，最终达成项目的工期目标。

（2）把眼光集中在贡献上

管理者如果能着眼于贡献，那么他所重视的不仅是方法，而是目标和结果。衡量评价一个人，主要是看他为组织或客户创造了多少价值，或者完成了多少成果，当然，前提是其路径方法符合法规和道德要求，我们不提倡为了结果而不择手段的做法。

（3）充分发挥人的长处

这是对人的尊重，尊重自己，尊重他人。这是管理者的价值观在行为上的体现。所谓"尺有所短，寸有所长"，项目经理无论是对自己还是对员工，都要知人善用，在充分认识了解的基础上，做到扬长避短。

（4）要事优先

这里包含两层意思：一是项目经理在处理日常事务中，要分清轻重缓急，要掂量哪些事情是非自己莫属，哪些是可以让其他人去办的；二是说，针对一个项目，也要分析清楚，哪些是重点难点，哪些是关键环节，这些重点难点和关键环节，项目经理要重点关注，必要的话，还须亲手操刀。像我十多年前做的一个国际酒店项目，四层地下室，我认为基础工程既是项目的开局，也是项目的关键和重点，所以一点也不敢放松。等结构出了地面，各方面的工作安排也就绪了，许多事情交由副经理和部门经理去主抓，我的工作就轻松了许多。

（5）有效的决策

决策的有效性分两步走。

第一步是决策过程的有效性，就是说一个决策，其过程不能久拖不决或议而不决。项目经理经常要召集团队成员开会，讨论问题，作出决策。有话则长，无话则短，大家都很忙很辛苦，没必要也没心思在这里听你没完没了地唠叨。

第二步是执行决策的结果要达到预期的效果。完全达到了预期的结果才叫有效决策，未完全达到的称为低效决策，零效果等于零效率，导致相反的效果则是负效率。现实中，南辕北辙、事与愿违的决策经常发生。

2.5 掌握三种关键技能

罗伯特·L.卡茨（Robert L. Katz）认为，管理者应该掌握三种关键的管理技能，即：技术技能、人际关系技能和概念技能。

技术技能（Technical Skills）是熟练完成工作任务所需要的特定领域的知识与技术。人际关系技能（Interpersonal Skills）是管理者与他人及团队良好合作的能力。概念技能（Conceptual Skills）是管理者用来对抽象、复杂的情况进行思考和概念化的能力。

根据管理者所在管理层级的不同，对管理者拥有这三种技能的要求有所不同。

技术技能对基层管理者更重要，因为他们管理着使用工具和技术来生产组织的产品或向组织的客户提供服务的员工。高层管理者需要将组织视为一个整体，理解各种子单元之间的关系，设想组织如何适应更广阔的环境，因此更偏重于概念技能。而人际关系技能对所有管理者都同等重要，因为所有的管理者都要与人打交道。拥有良好人际关系技能的管理者，能使自己的员工实现最大的潜能，他们知道如何沟通、激发、领导和鼓励热情与信任。

在这三种技能中，项目经理应该侧重哪一种？我想，这首先与看问题时所站的高度不同有关。站在企业总部的高度看，项目经理是基层管理者，相对于总部的领导管理者来说，他应偏重于技术技能。在项目部内部，项目经理是最高管理者，所以相当于项目员工来说，他更需要掌握概念技能。当然，人际关系技能是普遍需要的。

另外，也与项目本身的特点有关。如果项目规模较小，结构简单，人员较少，很多事情需要项目经理亲力亲为。在这种情况下，项目经理更多地需要用到技术技能，比如前面提到的当年我做的第一个项目，规模比较小，只有100多万美元，现场的施工项也不多不大，中方项目管理人员也只有那么三五个人，所以很多事情都是我自己操刀练活儿。而如果项目规模大，结构过程复杂，参与人员众多，则项目经理需要花更多的时间去思考问题，把握全局，则应侧重于应用概念技能，而将绝大部分具体的工作指派给下属完成。像我们前些年在中东一个基础设施项目，占地100多平方公里，合同额100亿。这样大规模的项目，让项目经理去制定进度计划，或者监督现场施工，关注到项目上的每一个细节上，就有些不现实了，可能造成捡了芝麻丢了西瓜、因小失大的局面。

2.6 打造自身的综合实力

所谓实力，顾名思义，就是实实在在的力量、实实在在的能力。实力一词一般用于组织，比如国家或企业，通常包括硬实力和软实力两种，后来有人提出了巧实力的概念。

那么，个人有没有实力一说？我认为是有的。基于这种认识，我们提出了项目经理的硬实力、软实力和巧实力，三位一体就形成了项目经理个人的综合实力。

2.6.1 硬实力

硬实力，以我的理解，指的是项目经理的职业素质，就是前面提到的那些任职条件，重点是其才的方面的要求，德的方面有些是属于硬实力，有些与下面所说的软实力有关。前面已经介绍得比较详细，这里就不多说了。

2.6.2 软实力

软实力，我认为是指项目经理的品性修养。一个优秀的项目经理应具备哪些其他品性修养，形成自身独特的软实力呢？我想包括但不限于以下一些方面：

（1）人格魅力和亲和力

为什么有的项目经理能在身边凝聚一批优秀的团队成员，这些团队成员不畏艰难险阻，不为外部诱惑所动，而甘愿跟着这位项目经理一起打拼？我想，其中有很多因素，但很重要的一点，就是被项目经理个人的人格魅力所吸引。构成个人魅力的因素有很多方面，因此显示出来的每个项目经理的人格魅力也就千姿百态了，比如有的人业务能力突出，有的人为人诚实守信勇于担当，还有的一身正气率先垂范，或者开明民主、公平正直、睿智幽默、关爱包容等等，不一而足。

（2）独特行为风格

说到这里，我想给大家介绍三种比较典型的行事风格。

1）大胆泼辣型，我曾遇到过一位领导，早年也是大型国际工程项目经理出身，他的这种威严霸气的风格给人以一种威风凛凛的敬畏感，我们可以称之为"老虎型"。

2）阳光开朗型，曾经见过这样一位项目经理，他每次见到业主工程师都是笑脸相迎，即便是最基层的现场监工也以礼相待；无论遇到的问题和矛盾多么严重都一笑了之。因此，他与业主团队从上到下都处得非常好。业主项目经理多次说过，这位是他见过的最聪明的中国人，因为可能在他的印象里，中国人都是不苟言笑的。

中国有句古话，叫"伸手不打笑脸人"，一个人对你有再大的愤怒怨气，看到你真诚的笑容也消解了。俗话说，会笑的人运气差不到哪里去。灿烂真诚的笑容，释放出的是内心的坦荡、纯洁、友好和善意，是人间交往最好的磨合剂，能天然地给人以亲近感。这种亲切易沟通的风格我们称之为"孔雀型"。

3）温文尔雅型，这种人以有过设计院或大学教书经历的较为常见，戴一副眼镜，衣着干干净净，说话客客气气，走路不紧不慢，办事有条有理，遇问题能处变不惊。这种理性书卷气的风格让人由衷地产生敬佩感，可称之为"猫头鹰型"。

当然，还有许多其他类型的风格，这里不一一介绍了。我相信，读者中如有当项目经理的，也必然会形成自己的风格特征，至于这种风格特征是否构成有助于你工作的软实力，则另当别论。

（3）文学艺术鉴赏力与素养

从事工程的人，大都是理工科出身，思维方式以理性见长。而文学艺术则以形象思维为主，具备一定的文学艺术素养，可以让你从另一个视角去看待问题，可能由此得到的认知完全不一样。以决策为例，通常有两种方式：一是科学决策，通过系统理性的分析，反复讨论，充分论证，集体决策，最终拍板；还一种是直觉决策，做一个决定也说不出什么特别的理由，只是凭直觉认为应该这样，不应该那样。

世界各地人们的认知或语言可能不一样，但艺术的语言或者人们对艺术的感悟是共同的，可以成为人与人之间沟通理解的桥梁。而且，你如果在做好工程的同时，还拥有较高的艺术品位，无形中就能赢得他人的欣赏和好感。

（4）健康有益的业余爱好

健康有益的业余爱好，不仅有利于强身健体，调节生活，缓解压力，有时还能成为增进友谊、化解矛盾的润滑剂。比如，你喜欢打篮球，客户团队也喜欢打篮球，工作之余双方不妨组织玩一玩篮球，玩着玩着，双方的信任和感情就建立起来了。再比如，你喜欢看足球，谈判对手也是铁杆球迷。谈判的上半场可能刀光剑影，剑拔弩张。正赶上是世界杯举办的时刻，中场休息的时候，双方聊天，聊着聊着就聊到足球了，发现双方在足球上有很多共同点，一时言欢。有了这样的中场休息，进入谈判的下半场，可能很快就会化干戈为玉帛，最终以双方都满意的结局收场。

（5）商务礼仪知识与行为

项目经理免不了要参加一些社交商务活动，有时还是规格很高的活动，比如有国家政要出席的活动。这样的活动，宴会就餐、演讲致辞、着装举止等等，都有一定的约定俗成的礼仪规范要求，懂得并遵从这些规范，你显得举止优雅，彬彬有礼，受人尊敬。否则，你连基本的礼仪常识都不懂，在那种场合随心所欲，表现粗俗，完全像一个另类，不仅让自己当众出丑，而且在其他人心目中贬低了自己的形象。

（6）对国际国内政治经济时事的关注度与敏感度

热点问题不仅很容易成为交往双方共同的话题，而且可能造成现实的影响。2008年的全球金融危机，如果有人对此事敏感，提前下注就赚得盆满钵满，而有的人还在那里死干，结果就赔大发了。这不是危言耸听，都是活生生的现实例子。当年，利比亚危机爆发，如果你对此不敏感，还撅着屁股在那里傻干，一颗炮弹袭来，小命没了。

（7）对社会责任与公益事业的关注与担当

这一点就跟前面所提到的认知层级以及格局中的某些内容相契合了，大家可以想一想，看是否这个道理。

我们有的项目经理在项目执行过程中，有意识地注意保护当地的生态环境，尽可能多地招用当地员工，在项目任务之外为当地老百姓打井修路，改善当地的基础设施条件，捐助支持当地的医疗教育事业等等，既树立承包商良好的社会形象，也体现了项目经理对社会责任与公益事业的担当。

（8）不断学习、积累经验以及持续改进的能力

我觉得，做项目管理，不仅要看与之相关的书，而且要看一些看似与项目管理八竿子打不着的书。很惭愧，我自己不怎么爱读书。我家里有个不大的书柜，藏书一两千册的样子。我自己是理工科出身，做了一辈子的工程。但是，前些年，我书柜里几乎找不到这类专业书，而以社会科学类书籍居多。只是到了近年，我觉得应该提高一下自己业务的理论水平，适当做一点思考研究，想写点书，才增加了一些与管理相关的书。我认为，一位卓越的项目经理，其功夫不应仅仅下在项目之内，更应下在项目之外。

今天，我们在这里讨论项目经理成长的问题。读者当中是否有人抱着这样的目的，就是看了这篇文稿以后，就能当好一个项目经理了。如果有人抱着这样的目的，我就要说，对不起，我恐怕要让您失望。有的人满腹经纶，而且干了一辈子工程，都不好说他能当好一个项目经理。读点专题文字就能当好项目经理，我觉得这种想法未免太天真了。

基于这种认识，本文在内容安排上，除了要带给大家一些关于项目经理的基本知识之外，更多的是介绍有关思维认知和行为原则方法这些形而上的问题。在结构安排上，遵循的是"从踏上项目经理这条特殊的职业生涯之路开始，在项目实践中如何逐步丰富、提高和成长，并最终升华为卓越的管理艺术大师"这样一条项目经理的成才之道，或者说职业发展规律，也是本文的核心思想。

有的项目经理，习惯于做山大王，一切都是"老子说了算"，而且好面子，出了问题总是推给别人，从来不认为自己有毛病，更不会有意识地从中总结经验教训。这种不会反躬自省的人是无法持续进步的。相反，一个人无论他起点多低，天资多平庸，只要他肯坚持不懈地努力学习，工作中善于总结经验教训，日积月累，就有进步的空间和上升的可能。这个就是"勤以补拙"，很朴素的道理。

关于项目经理的软实力，还有很多方面，大家有心的话，在今后的工作中也可以慢慢地去体悟。

2.6.3 巧实力

根据百度百科介绍，"巧实力"是由美国学者苏珊尼·诺瑟 2004 年在《外交》杂志上提出的，强调综合运用硬实力和软实力来实现美国外交目标。后来，美国国务卿希拉里使用了"巧实力"的施政理念，具体地说，就是要通过灵巧运用可由美国支配的所有政策工具，包括外交、经济、军事、政治、法律和文化等各种手段，恢复美国的全球领导力。未来的美国，既要团结朋友，也要接触对手；既要巩固原有联盟，也要展开新的合作。简言之，"巧"就是要变过分依赖硬实力为软硬兼施。

在这里，我们将项目经理的巧实力定义或者说理解为其待人处事的智慧。

智慧的最高境界，我认为是糊涂，不是真糊涂，而是郑板桥所说的"难得糊涂"，也就是揣着明白装糊涂，看见了假装没看见，本该说的克制着就是不说。比如在一个家庭里，婆婆见了媳妇总是不顺眼，老人对年轻人的种种想法和行为总也看不惯，我觉得明智的应对策略就是"装聋作哑"四个字。

最近，我看到一个马云的演讲视频，讲的是早期他和他的团队参加一次融资谈判的事情。他说，谈判的最高境界是闭口不谈。在那次谈判会上，他的团队一直一言不发，都是对方在不停地说这说那，说了几个小时。完了，他的团队回答得很干脆，以"不接受"三个字结束谈判。在这次首轮谈判中，通过对方的不停叙说，马云团队知道了对方的意图和底牌，会后组织商量对策，经过几轮正式或非正式的谈判，双方达成了一致。

曾经在一个项目上，工长分配一个外籍工人干活，结果这个外籍工人不听从工作安排。工长一气之下说，不干你就走吧。外籍工人一听，马上离开了现场。不仅他离开了，跟他一起工作的十几个工友也不干活了。工长一看急了，赶忙给项目经理打电话。项目经理到现场后，把情况一了解，只跟外籍工人三句两句一说，他们全部马上愉快地下去干活去了。

再比如，我们向业主提出索赔要求，需要得到咨询工程师的认可和支持。如果索赔报告中，你把索赔的所有原因和责任都推到咨询工程师身上，我想索赔注定是不会取得成功的。

可见，不同的行为处事方式，结果是不一样的，这里面就有智慧。作为巧实力的智慧，并不是玩小聪明，或者暗地里算计，其背后其实掩藏着一些为人处世的基本原则，包括诚实守信、公平正直、善良友好、合作利他、尊重理解、包容大度等等，这些构成人际交往智慧的底层代码。

比如说，人际交往最重要的一条原则，是彼此间的理解与信任。一个人应该特别珍惜和保护别人对他的理解与信任，而不是滥加利用和消费，否则，过度的利用和消费只会导致你信用额度的透支。在契约社会里，从自己的违约行为中获益，便是人性中的恶，这样的事笔者经常能见到。

2.7 应对东西方文明的冲突

西方文明一个重要的内在特征是，创新的理性思维方式，包括清晰的理性、批判性思考，形而上的追求，抽象思维和演绎推理的能力等。

大中华文明作为东方文明的一个重要分支，是建立在儒释道三教共存的基础上的，追求的是天人合一，人与环境的和谐，求同存异，你好我好大家好（比如习近平总书记提出的"人类命运共同体"），认为世间万事万物并非非此即彼，黑白之间还存在灰色地带，重视家庭社会责任，内敛，中庸、太极、写意画等是这种文明的集中体现。

在国际工程项目实施过程中，项目经理不可避免地会遭遇这种文明的冲突，包括文化价值观、思维方式和具体行为表现的差异。那么，项目经理如何应对这种冲突和差异？我想，应该采取兼容并蓄的胸襟和取长补短的策略。

中国的头号科技企业华为，近期因为孟晚舟事件而成为公众关注的焦点，有关华为成长的故事文章充斥在各种媒体上。通过了解这些资讯，我觉得，华为之所以能取得今天如此巨大的成功，最主要的原因，是中国人的勤劳智慧、当今中国的工程师红利与美式企业管理体系及狼性文化的结合，是东西方文化融合的结晶。这里面，中国人智慧的底蕴显然是东方的哲学文化，美式企业管理体系自然是西方文化的外现。而狼性文化一般人认为是进攻性、贪婪及不服输的代名词，体现的是弱肉强食的丛林法则；其实，狼也很有智慧，讲究策略技巧、团队合作、地位尊卑以及家庭成员之间的关爱等等，这些都明显带有东方文化的特点。

关于项目经理如何成长提高就讨论到这里，总括起来共有七点认识，在哲学上，前面两点属于认识论的问题，后面五点可归于方法论的范畴。

3 项目经理的履职过程

项目经理是一个特殊的岗位，对于项目管理团队来说，他是项目的首要领导；对于公司总部来说，他又是一个具体项目的执行者。这种特殊岗位职责定位，就要求一个项目经理须兼具领导力和执行力这两种能力。而不同的领导力和执行力，又决定了其执行项目的层次和结果。

3.1 项目经理的领导力

德鲁克说，领导力就是把一个人的视野提到更高的境界，把一个人的成就提到更高的标准，锤炼其人格，使之超越通常的局限。然后才能把一个人的潜力、持续的创新动力开发出来，让他做出他自己以前想都不敢想的那种成就。

领导力的本质是影响力，是对他人或组织产生影响的能力。国际工程的项目经理就应该具备国际化领导力。而国际化领导力，其影响的对象可能包括来自不同国家、不同民族、不同宗教信仰的人和组织，甚至是当地政府部门。对领导一个团队而言，会产生团队凝聚力和感召力，利于组织可持续发展。对组织间合作而言，则会引导对方，实现共赢。领导力涉及的方面包括关注人际关系与组织间关系、变革与创新（挑战现状）、长期愿景、信任、做正确的事、激励与冲突解决等。

国际工程项目经理的领导力主要包括两方面：一是对项目团队的领导能力；二是对外部团队和组织的影响力。协调与整合是项目经理的核心工作，包括内外部资源的整合以及项目管理过程、知识与人员的整合。

（1）项目团队领导力

项目团队领导力是指项目经理以自己的言行和人格魄力影响团队成员，使得团队成员快快乐乐地、心甘情愿地和满怀热情地为实现项目目标而努力的艺术过程。在国际工程项目中，由于团队成员可能来自不同的国家和民族，具有不同的宗教信仰，项目经理还须具有跨文化领导力。

（2）对外部团队和组织的影响力

对外部团队和组织的影响力是指在实施项目过程中，对业主、咨询方、分包商、供应商、公众、媒体等外部利益相关者群体和组织施加的影响。具体的要素包括：

1）客户（业主）意识，即严格遵守合同约定，主动与业主保持及时互动沟通，针对业主需求，提出自己独立且专业的观点，积极帮助业主进行决策，提供可行的增值服务。

2）利益相关者管理意识，即应以一种有利于社会可持续发展的方式关注社会问题，志愿履行社会义务，这种义务是一种超合同义务。因此，利益相关者管理责任包括环境保护、安全生产、社会道德伦理以及公共利益等方面，由经济责任、持续发展责任、法律责任和道德责任等构成。

3.2 项目经理的执行力

所谓执行力，就是一个人获取结果的行动能力。那么，身为项目经理，他的执行力是什么呢？以我的理解，就是其履行项目管理职责达成项目目标的能力，说白了，就是要能"练活儿"。

通常管理的职能包括决策、计划、组织、实施、监控、评价等。前面介绍了项目经理的三项基本能力，即技术、人际关系和概念能力，我觉得，履行好这些职责，就集中体现或综合应用了一个项目经理这三种关键技能。比如，决策和评价需要运用项目经理的概念技能，计划和监控需要项目经理的技术技能，而管理职能的每一个环节都需要动用项目经理的人际关系沟通技能。

关于管理的职能，在一般的管理学著作中都介绍得比较详细透彻，笔者不打算逐一展开来讨论。

3.3 执行项目管理的三个层次

项目经理的不同风格和不同能力，其负责实施项目所呈现的状态和结果也不尽相同。这种不同的状态就处在不同的层次上，大致可分为三个层次，就是：1）一个人的项目；2）人治的项目；3）无为而治的项目。

（1）项目经理具有干好项目的意愿和热情，能够吃苦敬业、任劳任怨，还时常偏好于自己以前擅长的专业领域，但未能发挥项目管理团队领头羊的作用，往往是自己累得半死，团队的其他成员却无所事事地在一边干看着，执行结果不理想——一个人的项目。

（2）项目经理如果在现场，雷厉风行，支撑项目能够比较顺利地进行。一旦离开现场，项目立刻停了下来，问题不断，电话不断，执行结果也许还好——人治的项目。笔者认为，一个项目弄成了没有项目经理在场就没法干，或者一个企业离开了某位领导就玩不转了，这样的项目经理不是好的项目经理，这样的企业领导也不是一个好领导。

（3）项目经理通过建立和实施一套完整的组织架构和管理体系来运作项目，使整个项目团队像一部健康的机器一样正常运转，项目经理的作用表面上看似弱化了，即便他暂时离开现场，项目也能正常推进，很少收到求救电话的骚扰，执行结果能达到甚至可能超出预期的目的——以系统的法治实现项目经理个人的无为而治。

4 项目经理的升华之路

4.1 项目经理的三个境界

有时候，人们对项目经理的要求太过严苛，现实中可能很难发现和选拔到合乎要求的项目经理。实际上，这些要求可能远远超出了合格项目经理的基本条件而趋于达到卓越的程度。那么，在实际选拔中，如果不能达到卓越，就退而求其次，选择一位优秀的项目经理。如果仍然达不到，再降低标准，选出一名合格的项目经理，这是最基本的底线。由此导出了项目经理从合格（Qualified）到优秀（Excellent）再到卓越（Great）的三个层次，而一个卓越的职业经理人往往是可遇不可求的。

如果以百分制评价一个项目经理，那么合格项目经理就是 60 分，优秀的项目经理大约在 85 分左右，卓越的项目经理应该在 95 分以上。大家在大学里参加过多次考试，不知是否有这样的感觉，就是考 60 分很容易，考 85 分就比较困难了，要达到 95 分以上就难上加难了。

有人将项目经理的成长过程用一个金字塔图形表示出来（图1）。图中显示出，一个项目经理要练就成为一名成熟的项目经理，需要 20 年以上的工作经验。以我的理解，这大约相当于一个优秀的项目经理。但优秀不等于卓越。

对一个职业项目经理来说，合格只是开始，要达到优秀就要付出加倍的努力，

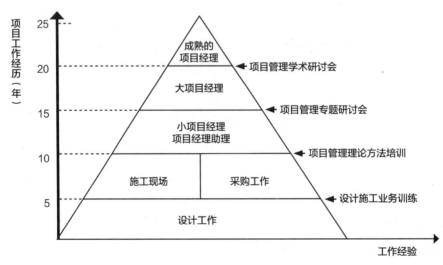

图 1 项目经理的成长过程

而要臻于完美,则不见得是你仅靠后天的努力就一定能达到的。没有一种"心怀苍生,悲天悯人,物我两忘"的博大情怀,就很难成就一番伟业。实际上,一个职业经理人对项目管理真谛的探索之路是永无止境的,终其一生的努力,也未必能达到真理的彼岸。

4.2 项目管理的艺术化

4.2.1 艺术与管理艺术

艺术有很丰富的内涵,其中一种内涵是指一种创造性的方式。实际上,一个管理者在经过长期的管理实践后,具备很高的专业素养和才能,积累了丰富的知识和经验,在针对具体的项目管理问题时,能综合考虑各种因素,熟练地将其管理知识、经验和技巧加以创造性地运用,并取得近乎完美的效果,管理的过程对于一个管理者来说,就像一个艺术大师在创作艺术作品一样。正是从这种意义上说,这位管理者不再是对管理技巧的简单复制和运用,而是达到了艺术的水准和境界,其逐步形成的独特的富有创造性的管理方法、技巧、手段和风格,堪称管理艺术。

因此,管理艺术可以定义为管理活动中的一种高超的手段和方法,它是在长期的管理实践中总结出来的,建立在一定的素养、才能、知识、经验基础上的有创造性的管理技巧。

4.2.2 管理技术与管理艺术

就管理技术与管理艺术的关系而言,管理技术是管理艺术的基础,管理艺术是管理技术的升华。这就好比画家的艺术创作,管理技术是画家已经掌握的基本绘画技能及握在手中的画笔,管理艺术就是画家进行艺术创作的过程,通过对手中画笔娴熟运用来表达画家心中的思想和情感,并在形式上取得画面的完美艺术效果。由此可见,在管理技术方面,首先要求管理者掌握一定的管理理论、管理方法和相关的专业知识,主要包括哲学、经济学、管理学等方面的理论,以及系统论、信息论、控制论和现代数学等方面的知识以及与具体的工程技术相关的一些知识。但光有这些还不够,还要在管理实践中加以应用。只有在实践中,才能使管理者掌握的管理技术及由此建立的管理体系得到检验。经检验是正确的理论、政策、制度、方法又可用来指导实践。通过实践,管理者自身的管理技能也能得到相应的提高。

当然,仅有管理技术还不够,还需将之加以娴熟的和富有创造性的应用,在实践应用过程中进一步提高和升华，成为管理艺术，这可能是一个极其漫长艰苦的修炼过程。有的人虽然受过良好的项目管理的专业教育，乃至成为学富五车的理论家，或者有的人从事了一辈子项目管理的实际工作等等，都未必能真正管好项目，更遑论成为管理艺术大师了。毕竟世上管理者众，而能成就如德鲁克、乔布斯那样管理伟业者寡。

4.2.3 管理艺术的特点

如果说艺术是人类实践活动的一种形式，也就是说艺术来源于实践；那么，国际工程项目就是培植项目管理艺术的一方沃土。人们常说，世上没有两片完全相同的树叶。同样地，世上也没有两个完全相同的工程。即便有，也恐难让同一个项目管理者幸运地碰上。每一个工程项目都有不同的规模、性质和目标，面临的自然和社会环境迥异，项目参与者也是四面八方形形色色，实施过程中出现的各种问题和矛盾，既错综复杂又千差万别，这种情形在国际工程项目上尤为突出。工程项目的这些特点客观上要求管理者要实事求是，具体问题具体对待，灵活地运用管理知识、经验和技巧加以应对。所以说，将管理技巧因地制宜、实事求是地运用于管理实践中，是管理艺术的一个明显特征。

管理艺术另一个突出特点是创造性。管理活动通常会遇到两种情况。第一种情况是，人们在认识客观事物及其规律的基础上，总结以往的经验，并使之制度化、规范化、公式化，形成完整的管理体系，体现了管理的经验性、制度性和规范性。在今后的管理活动中，只要其适用条件没变，可以完全照抄照搬原来的经验做法，这是管理技术的应用，体现了管理的实践性。

而现实中遇到更多的是第二种情况，即：以往成功的经验做法适用的条件发生了变化，出现了新情况、新问题。这时，管理者就不能拘泥于以往的那些经验、制度和规范，而要审时度势，凭借自身的智慧、知识和能力，在进行系统分析和综合考虑后，采用新点子、新办法、新招数、新思路，因地制宜地处理问题，以达到最佳的管理效果。这一过程体现出管理的灵活多样性、新颖创造性和系统综合性，就上升为管理艺术。关于这一点，我常说的是，我几十年工作的最大经验，就是不照搬经验办事。

重要的是，项目管理艺术作为一种创造性的活动方式，具有私人性，是与管理者个人密切相关的，除了管理者个人的基本素质外，还包括个人的禀赋、气质、境界以及机遇、环境等诸多因素。它需要管理者具有敏锐的洞察力，能够较快地依凭直觉，发现问题，找出原因，解决问题。并且要善于总结，反复实践。还要具有挑战传统、大胆创新的勇气，不惧失败百折不挠的精神气概，历经多次锤炼、磨砺，甚至艰难困苦的过程而可能终成大器。

正如艺术家在艺术创作过程中，总是在其艺术作品上倾注了自己的感情和志趣一样，管理者在处理问题时也往往带有个人的感情色彩和倾向。就像艺术家将其创作的作品视如己出的孩子一样，一个管理者与项目之间往往也会建立起母子情深的血肉联系。真正的艺术作品，能引起人们感情共鸣，有着强大的感染力和吸引力，带给人一种审美享受。同样地，卓越的管理者都是在用心用情做事，能做到说话使人爱听，为人令人信服，做事叫人向往，处理问题往往能被人情不自禁地欣然接受，因此，能在人们心目中生发很强的号召力和凝聚力，彰显其独特的人格魅力。而与这样的人在一起共事合作则受益匪浅，不啻是自己人生的一段美好体验。从这一点说，真正的管理艺术大师不仅应具备很高的智商和德商，而且应具备很高的情商，三者融合统一的不同样貌，彰显其与众不同的大家风范。

总而言之，我们认为，一个管理者的事业就是一个从管理技术到管理艺术的升华过程，一条从必然王国通向自由王国的艰难曲折的求索之路。卓越的项目经理应该是一位真正的管理艺术大师，这是每一位项目管理者应追求的终极目标。

一个职业经理人的背影
——项目经理离职案例

王道好

项目进展到一大半的时候，项目经理张先生突然撂挑子不干了。李经理不得不临危受命，来接手处理这个乱摊子。

李经理是公司为开拓国际工程业务，四年前引进的职业经理人，具有长期在国际工程一线从事经营管理的经验，入职公司后一直在本地区的一个大型建筑工程中担任项目经理，近期项目刚刚成功地完成竣工交付。李经理因在项目履职期间的突出表现，曾受到集团领导的公开表扬，并荣获集团年度"优秀项目经理"称号。所以，在这次项目经理出现岗位空缺时，李经理就成了公司里的不二人选。

这是位于波斯湾半岛上的一个大型综合住宅小区工程总承包项目，由公司以集团名义竞标获得。由于投标过程中的工作失误，造成项目合同价格严重偏低，加上建设过程中出现较大的决策不当和管理不善，造成项目资金严重短缺和施工进度拖期。而合同执行过程中不断发生的设计变更，还有业主咨询一贯的办事效率低下，导致项目工期进一步拖延。原本 600 天的合同工期，干了 3 年多才完成大约 60% 的工程量。张先生首次担任项目经理，大约因为不堪项目资金和工期的双重压力，不得已才选择辞职的吧。等到李经理准备接手时，整个项目施工基本处于半停工状态。

正式接手项目前，李经理了解到，如果继续履行完项目合同，公司的经济损失将远超 10% 的履约担保。在他看来，既然亏损如此严重，不如以中止合同为条件，同业主进行协商谈判，争取获得合理的经济补偿后再继续履约。退一步说，即使协商失败，最终承包商不得不中途退场，所遭受的经济损失也要远低于硬撑着干完项目。当然，不可避免地，集团会因此在当地市场遭受一定的信誉损失。这种处理方式虽然有些冒险，但在国际工程实践中并非没有先例。李经理深知，这样重大的举措，不是他作为一个项目经理能擅自决定的，于是向公司领导大胆提出了自己的想法，并表示如果领导同意，他可以先私下去试探一下业主的反应。但是，公司领导没有或者说不敢冒险采纳他的建议。

接手项目后，李经理着重做了以下几件事：

1. 设法筹措资金，解决项目资金断流问题

实际上，业主的驻地代表也了解承包商存在的资金问题，但作为个人，他爱莫能助，所能做的就是按照合同规定，及时办理完承包商的进度结算款程序，上报公司尽快支付。所以，承包商没有正当理由要求获得额外的资金支付。而在自己的权限范围内，李经理又无权向外借贷举债。唯一的筹资途径只剩下寻求公司的资金支持。

于是，李经理以项目部的名义，向公司提交书面报告，说明项目面临的资金困境，陈述资金救助的合理性和紧迫性，并参加公司和集团为解决项目资金召集的专题会议。报告提交了一个又一个，会议开了一次又一次，问题终于反映到了集团主管领导那里。数月后，集团和公司的领导们亲临项目现场视察。领导们在当面向业主作出继续履约的承诺后，项目终于获得公司的一笔资金支持，暂时缓解了项目资金紧张的状况。

2. 积极处理分包问题，尽快复工复产

因为承包商资金紧张，大量拖欠分包商的进度结算款，导致一些分包商减缓了分包项目施工，一些分包商则撤离了施工现场，个别实力薄弱的分包商甚至入不敷出到了破产的边缘。收到公司的救助资金后，项目部就根据工程施工轻重缓急的需要，以立即恢复分包施工为条件，有限度地兑现分包商的进度结算款。对于确实无力继续履约的分包商，果断采取清算措施，接管其分包任务，自行负责组织力量恢复施工。

3. 压缩管理团队规模，明确岗位责任范围

在前任项目经理离职后的一段时间内，公司为留住从其他项目下场的员工，将大量富余人员安排进了项目部，项目部管理人员规模一度超过了百人，严重超出了项目管理的正常需要，不仅造成项目成本支出增加，加大亏损程度，而且导致项目

部管理工作人浮于事，降低了管理效率。针对这种情况，李经理开始梳理管理需求，优化调整项目部内部组织结构，精简不必要的岗位人员，明确规定了项目部所属各职能部门的管理工作内容，由部门经理对其全面负责，并要求部门经理根据本部门的具体情况，将管理工作内容合理分解到下属各个岗位的员工。经精简调整后，不仅项目部的规模缩小了一半，而且项目管理范围得到全面覆盖，管理的流程关系也顺畅了。

4. 建立成本管理体系，实施成本动态控制

接手前，项目部缺乏对工程成本实行有效监控，项目运行成本到底处于什么状态，大家都不完全了解。于是，李经理亲自负责主抓，安排了一个工程师专门从事成本分析工作，各相关部门为配合成本管理提供必要的统计数据资料。成本分析随工程进度每月进行一次，形成书面的成本分析报告，做到了对项目运行成本的动态监控。

经分析发现，就项目的整体经营状况而言，项目净负债已经高达合同总价的40%，后期如果项目的经营状况不能得到改善，预计最终潜亏将超过合同总价的60%。项目的收支严重失衡，一些单项的进度款结算甚至不够支付人工费开支，由此说明项目中标时的合同价格严重偏低，也反映出项目施工管理中存在的一个问题，即项目初期集团未能提供项目所需的劳务签证，导致项目部不能自招引入足够的劳工，不足部分只好采用当地劳务公司提供的工人。劳务公司按照当地的惯例，不接受计件支付的合同条件，而提供的工人不仅价格偏高，而且技能差、体力弱，工作效率低下，必然拉高项目的生产成本。

经项目部共同努力，现场施工和经营管理逐步恢复正常。李经理对项目的整体经营状况有了进一步的了解，深知资金短缺始终是困扰项目管理的主要问题，公司已提供的资金支持，只能缓解一时的困难，不可能从根本上解决问题。所以，如何筹措和合理使用资金就成了他在项目管理工作中的重点。

因为严重的工期拖延和巨大的潜亏风险，项目成为公司重点关注的目标，不断有公司领导来现场视察指导工作。李经理利用同公司领导当面汇报交流工作的机会，提出希望公司给以进一步的资金支持。领导答复说："公司也没有钱，你应该想办法找业主要钱，而不是总找公司要钱。再说，项目到底还需要贴进去多少钱，你告诉我。"李经理心里暗想，当初我提出向业主施压要钱的方案，公司领导们没有一个敢拍板，如今却要我想办法找业主要钱！李经理不便硬顶领导，只好回复说："如果业主拖欠我们的钱没有要回来，那是项目部的无能和不作为。实际上业主该给我们的进度结算款都按时支付了，项目部没有正当理由再找业主要钱。至于还需

要多少钱也很难说死，只能说，照目前的情形看，项目部所做的成本预测是最终亏损60%，如果没有进一步资金支持，项目进度无限期拖下去，最终结果实难预料。"李经理曾提出，希望领导能亲自去拜会业主一次，以显示公司对项目的高度重视，也算是对自己工作的一种支持。但这种看似举手之劳的事，却被领导直接回绝了。

另一位公司领导在驻现场督导工作期间，提出公司要跟项目部签订经营责任状，明确项目部需完成的工期、利润等一系列经营指标及其激励条件。李经理则表示，要签责任状可以，必须加上公司根据项目需要提供资金支持的条件。没有公司的资金支持，项目部根本无法完成公司下达的任务指标。面对李经理提出的要求，领导始终没有正面回应，只是一次又一次地登门劝说催逼，可谓苦口婆心。李经理心想，这种画饼充饥的做法简直就是个笑话，自己长期在国有工程企业单位工作，对这种形式主义做法太熟悉了。项目都亏损成这个样子了，还奢谈什么利润。别说项目不可能赚钱，即便赚钱公司也不会真正兑现奖励的。想通了这一点，大家不过是在玩游戏，自己何必当真？为给领导一个面子，让他回国后好有一个交代，李经理索性爽快地在责任状上签了字。

一位新上任的公司领导，根据工作分工分管国际工程业务，晋升前曾在公司下属单位担任领导岗位，长期从事国内区域性建设工程业务。新官上任三把火，新领导上任后的第一把火烧向了李经理所在的项目上。新领导来现场调研时提出要求，项目须在4个月内完成施工，8个月内正式交付业主使用。李经理暗自思量，这个项目在前任项目经理负责期间，用3年8个月的时间完成了大约60%的施工任务，自己接手后用半年时间完成了15%。在目前的情势下，要用短短4个月时间干完剩余25%的工程量，虽说不是完全没有可能，但难度巨大，毕竟国际工程不能像国内时常所做的那样，为了抢工可以不惜投入巨额资源，采取人海战术突击完成。面对新领导的热切希望，李经理婉转地答道："完成这样的任务也不是没有可能，前提是要为项目提供充裕的资金，增加大量的劳动力投入，并且能得到业主咨询在批复文件和质检验收中全方位的支持配合。"

针对项目劳动力短缺的现状，新领导当即作出决定，从国内下属单位成建制引入一支作业队伍。面对领导这样好心的帮扶决定，李经理暗自叫苦不迭，因为他对体制内作业工人在项目上的惯常作为太了解了，无论是在国际项目还是国内项目，这些工人在工地上大多数是不会亲自干活的，充其量不过是充当现场的旁站监工罢了，真正干活的是外聘农民工或外籍劳工。所以，在他看来，这种看似驰援项目的安排，其实是在给项目添乱。

有一次，新领导在与李经理交流时说："这些年我在国内工作，每月工资大约

1 万元，我觉得已经很多了，供一家人的日常开销绰绰有余。"言外之意，作为一个项目经理，公司付给李经理的报酬太高了。果然，新领导回国后，很快公司就以正式文件的形式，给项目部下发新的工资管理规定，并要求项目立即遵照执行，连李经理来项目后一直未付的工资也按新规计酬。按新规计算，李经理的工资报酬比他在上一个项目削减了一半，大约相当于他 10 年前在国内担任项目经理时的薪资待遇。

在项目日常管理的忙碌中，不知不觉地，李经理来项目已经半年了。半年里，李经理有一个生活习惯，每当夜幕降临，他会独自外出去散步。这是他独处的时刻，也是他静心思考的时刻。他在建设工程行业摸爬滚打一辈子，深知国际项目管理的不易，尽管说项目经理在项目管理中的作用很重要，但影响项目最终成败的因素很多，有些东西远不是区区一个项目经理所能左右的。或许领导们过于高估他的能力与作用了，以为他一到项目就能轻易地扭转乾坤，让项目起死回生。回顾过去他成功经管的那几个国际项目，并非因为他个人有多大能耐，多少带有运气的成分，碰巧在项目实施的环境条件中诸多有利因素聚合在一起，他不过是善加利用，外加自己的一点坚持而已。这些天来，公司看似很重视这个项目，领导们接连不断地亲临现场，但实际提供的支持帮助非常有限，反倒是一些做法让他个人倍感压力和心寒。眼看项目流动资金渐近枯竭，新的资金来源又不知在何处，一度恢复的工程施工进度必将再次减缓拖延下去，项目的经济亏损也会成为一个无底洞。但面对这一切，他却深感无力改变。作为职业经理人，他不忍心看着项目就这样在他手下无限期拖延下去。本着对工作负责的态度，他想，既然自己无能做好项目，那就明智一点，趁早把位子让出来，免得耽误了公司和项目。在他独自一人，在炙热的空气包围中，漫步在境外那些空旷寂静的街巷里时，时常深感孤独、压抑、无力又无助，心中一时间五味杂陈，不禁仰天长叹。

既然去意已定，他便当面向公司领导提出了辞职申请，希望公司尽快安排人来项目交接工作。为不影响项目的正常运转，李经理没有把辞职的想法透露给项目部任何员工，每天照常上下班。在处理项目管理日常事务之外，他把工作重心聚焦在与业主咨询进行协商谈判，解决两个重要的问题：一是针对前期已经发生尚未确认的一系列设计变更，进行价格索赔谈判，并以设计变更为由，力争获得更长的工期延展，规避后期施工误期罚款的风险；二是向业主提出以银行保函置换被业主暂扣的 10% 质保金，提前释放的这一大笔资金，将用于项目实施中的各种对外支付，会在相当长一段时间内有效缓解项目资金短缺局面。

在这两个问题上基本与业主商定后，李经理觉得对公司和项目也算是有了一个交代，是时候该离开了。正好这段时间，身体出现一些异样，他便以身体不适需回国问诊为由，向公司提交了书面辞呈。

公司领导们在国内总部研究决定，由下属海外事业部的一位领导王经理来接替工作。王经理曾在一个大型国际项目上担任项目副经理，负责工程施工，后来作为上级领导到这个项目蹲点，协助项目现场生产管理，当时正在国内休假，大约因为不愿接手这个乱摊子，迟迟没有返回项目就任。李经理得知领导们的决定后不禁暗自摇头，因为他知道，王经理外语能力不强，无法与业主咨询正常进行沟通交流，而且在他蹲点项目期间，在有限的几次与业主咨询的接触中，没有给业主咨询留下好的印象。按照合同规定，承包商新项目经理上任前，要先经过业主咨询的面试，他担心王经理面试通不过。

无奈之下，李经理私下找项目合同部经理刘先生，希望他出任项目经理。虽然刘先生没有担任国外项目经理的经历，但毕竟他来项目比较早，对项目情况熟悉，而且外语不错，能直接与业主咨询交流，在以往的交往中双方关系也处得比较融洽，所以更容易被业主咨询接受。但是，公司领导的决定又不能公然违抗，在说服刘先生同意接任后，李经理就向集团和公司常驻该国的领导提出了一个折中方案，即对外报称刘经理为项目经理，对内仍然由王经理负责项目。方案获批后，李经理向业主咨询提出了请假申请，声称因个人事务需要离开项目一段时间，在离开项目期间，由刘先生代行承包商项目经理职责。

接手9个月后，李经理最终离开了项目。临行前的那天下午，李经理在工地主持开完最后一次内部工作例会后，像往常一样下班回到宿舍，简单收拾完个人行李后就准备动身了。没有去与人告别，也没有人来送行，就像往日里任何一趟再平常不过的跨国旅行一样，他拖着一个拉杆箱，独自悄然沉入茫茫夜色里，身后留下一个孤独而模糊的背影。

图书在版编目（CIP）数据

国际工程管理经典案例解析 50 讲 / 王道好等编著.
—北京：中国建筑工业出版社，2022.7
ISBN 978-7-112-27671-4

Ⅰ.①国… Ⅱ.①王… Ⅲ.①国际承包工程—工程管
理—案例—中国 Ⅳ.① F746.18

中国版本图书馆CIP数据核字（2022）第135914号

随着中国工程建设领域的腾飞，项目管理也成了各大国际公司及管理人员至关重要的管理重点，如何在繁忙的工作中，利用碎片化的时间学习专业性、可实操性的项目管理知识，也成为从业者关注的重点、难点。针对这一难点，拥有 20 多年项目管理一线经验的王道好老师，与业内多位有长期国际工程工作经验的专家共同编写完成《国际工程管理经典案例解析 50 讲》一书，该书主要包括市场营销篇、项目招标投标篇、在建项目管理篇等，通过案例介绍，分析国际工程项目管理的重难点。

责任编辑：朱晓瑜
责任校对：张　颖

国际工程管理经典案例解析50讲
王道好　卢亚琴　蓝庆川　方　涛　李浩然　编著
*
中国建筑工业出版社出版、发行（北京海淀三里河路9号）
各地新华书店、建筑书店经销
北京海视强森文化传媒有限公司制版
河北鹏润印刷有限公司印刷
*
开本：787毫米×1092毫米　1/16　印张：20½　字数：390千字
2022年8月第一版　2022年8月第一次印刷
定价：**69.00**元
ISBN 978-7-112-27671-4
（39707）